LE HOLD-UP DE SARKOZY

Emmanuel Berretta

LE HOLD-UP
DE SARKOZY

Intrigues, lobbying et coups tordus
dans les médias

Fayard

Cet ouvrage est publié sous la direction
de Sylvie Pierre-Brossolette

ISBN : 978-2-213-65498-0
© Librairie Arthème Fayard, 2010.

INTRODUCTION

La France attendait un « président du pouvoir d'achat », elle eut un champion de la télécommande... Parce que la politique est désormais pure communication, la communication est devenue une politique. Un mode de vie même pour Nicolas Sarkozy, président-star, élevé à la Blédine télévisuelle. Tandis qu'il arbore Ray-Ban et tee-shirt pour des footings télévisés, la sueur de l'athlète se confond avec son ardeur à réformer le pays à grandes foulées.

C'est ainsi. Le chef de l'État a plus d'atomes crochus avec Arthur tout court qu'avec Arthur Rimbaud. Après le Loft et la Star Ac', la France de 2007 accouche du premier président de la République qui soit aussi un « enfant de la télé ». Mais pas celle de TF1 avec son clinquant, ses pubs, son voyeurisme light. Celle des années 1970, quand deux chaînes publiques, faiblement coupées par « la réclame », se tiraient sourdement la bourre... C'est en tout cas devant ce petit écran que le petit Nicolas se forgea une culture générale. La télé fut son université du savoir et c'est à elle qu'enfin devenu président il souhaite rendre hommage, en répétant sur tous les tons que France Télévisions ne délivre pas assez de programmes de qualité. Si Jacques Chancel – son ami – n'était pas si vieux, il est certain que la question de la succession de Patrick de Carolis ne se poserait même plus.

À côté des programmes, il y a l'influence. Un terrain sur lequel Nicolas Sarkozy a montré d'excellentes dispositions. Ses nombreux amis dans les médias attestent de sa volonté non pas de contrôler (il n'est quand même pas sot), mais de peser sur la vie médiatique et de tenir dans ses mains, à tout moment, un moyen de pression, même psychologique.

C'est tout le sens des trois hold-up de son quinquennat. Hold-up sur la nomination des présidents de France Télévisions et Radio France. Hold-up sur l'image de la France dans le monde, via France 24 et RFI, où il place Christine Ockrent, la compagne de son ministre des Affaires étrangères. Hold-up politicien sur les saltimbanques, la famille traditionnelle de la gauche, dont il sert les intérêts par la loi Hadopi, protectrice des droits d'auteurs.

A-t-il fait pire que ses prédécesseurs ? Pas vraiment. Un petit exercice de mémoire ne fait jamais de mal dans ce domaine. De Gaulle et Pompidou contrôlaient l'unique chaîne publique, la « voix de la France ». Valéry Giscard d'Estaing scinda l'ORTF en 1974 pour détruire ce bastion du syndicalisme rouge. Et France Inter fila doux pendant quelque temps... Mitterrand créa des chaînes privées pour les remettre entre des « mains amies » : Canal + à André Rousselet, son directeur de cabinet, TV6, alliance de NRJ et Gaumont, deux entreprises privilégiées par Mitterrand. Quant à La Cinq, elle échut à Silvio Berlusconi, le financier des socialistes italiens. Jacques Chirac rebattit les cartes : TV6 laissa la place à M6, confiée à Suez-Lyonnaise des eaux, plus proche du RPR. La Cinq changea de mains pour tomber dans le giron de Robert Hersant, puis de Jean-Luc Lagardère. TF1 fut privatisée en faveur de Francis Bouygues. Édouard Balladur, prétendant au sceptre présidentiel, précipita la chute d'André Rousselet afin de faire tomber Canal + du côté d'intérêts qui lui étaient favorables au moment où lui-même apparaissait comme le mieux placé dans la course à l'Élysée. Lionel Jospin favorisa les projets mondiaux de Jean-Marie Messier, le PDG de Vivendi Universal, lequel, en retour, appliqua avec zèle la politique des 35 heures dans son groupe. Bousculé par une interview sans concession de Claude Sérillon au 20 heures de France 2[1], Lionel Jospin a fait savoir qu'il ne reviendrait plus sur la chaîne dans

---

1. Le 13 septembre 1999.

de telles conditions. Sérillon est écarté du JT en juillet 2001, coupable d'impertinences à l'égard de l'ensemble des politiques...

Jacques Chirac, de retour aux commandes, demanda la tête de quelques journalistes, dont celle de mon patron au *Point*, Franz-Olivier Giesbert, et ne l'obtint pas. Nicolas Sarkozy aussi. Sans plus de succès. Si bien que, dans ce domaine, on peut dire qu'aucun président ne fut exemplaire.

Mais Nicolas Sarkozy se distingue essentiellement par son style : coups de menton, coups de gueule, coups de pied dans le tas pour faire avancer une réforme audiovisuelle qu'il n'avait pas annoncée clairement dans son programme présidentiel. C'est peu dire que le corps social ne réclamait pas à grands cris la suppression de la publicité sur France Télévisions.

Une chaîne néanmoins échappe totalement à son analyse : Arte. La chaîne franco-allemande repose sur un traité interétatique avec l'Allemagne au terme duquel les deux États co-financent ce canal commun. Ce sont, en 2010, 242 millions d'euros qui sortent de la poche du contribuable français et autant du côté allemand. Arte coûte presque 500 millions d'euros et ne pèse que 1,3 % de l'audience en France. Et encore moins en Allemagne. Ses programmes sont d'une exceptionnelle qualité. À titre de comparaison, France 4, la dernière-née du service publique, ne coûte que 30 millions d'euros, soit seize fois moins cher. Le volontarisme du président de la République s'arrête à la porte d'Arte alors que cette chaîne coûte 663 000 euros par jour. Il ne prendra jamais en compte l'offre de programmes d'Arte quand il reprochera à Patrick de Carolis de ne pas diffuser assez d'opéras... Étrange oubli. Car s'il y a bien une chaîne, reçue par tous les Français et financée par eux, dont l'une des spécialités majeures est l'art lyrique, c'est bien Arte ! Pourquoi demander à France 2 ce qu'Arte réussit à merveille ? Qui d'autre que TF1 a intérêt à ce que France Télévisions devienne élitiste et lui abandonne ainsi un public populaire, amateur des émissions de Patrick Sébastien ou des jeux de Nagui à midi et le soir avant le journal télévisé ?

Et pourtant, trois ans après l'élection présidentielle, Martin Bouygues ne peut compter que sur lui-même. L'homme qui devait tant profiter du report de la pub a dû diligenter ses lobbyistes de TF1 auprès des parlementaires pour abaisser au maximum les taxes nouvellement créées par Nicolas Sarkozy qui grèvent deux de ses entreprises : TF1 d'un coté, Bouygues Télécom de l'autre. Des taxes qu'il conteste avec la dernière énergie si bien que, n'y tenant plus, Martin Bouygues, membre de la Fédération française des Télécoms, s'est décidé à porter l'affaire en contentieux devant la Commission de Bruxelles. Nicolas Sarkozy attaqué par Martin Bouygues, on aura tout vu ! Et le pire, c'est qu'il gagne... Le 28 janvier 2010, Bruxelles déclare la taxe sur les télécoms « incompatible avec le droit européen ». Bouygues et ses copains Vivendi, Orange, infligent la pire déconvenue au chef de l'État dont l'improvisation risque de conduire les finances publiques dans le mur.

Même chose à propos de la quatrième licence mobile. L'héritier de Francis n'en voulait pas. Il l'a même écrit à son ami président. Celui-ci a fait semblant de regimber et puis, finalement, la procédure initiée par son gouvernement a suivi son cours. Et la quatrième licence mobile a été attribuée à Free, une calamité pour Bouygues Télécom.

Pas très heureux, Martin Bouygues. Pas très heureux, Patrick de Carolis. En vérité, le président de la République ne pense qu'à lui-même. Il poursuit une politique de tout à l'ego, dans l'improvisation la plus totale, en méprisant Christine Albanel, sa ministre de la Culture, qu'il ne tient au courant de rien, en forçant la main à sa majorité, en marchandant avec les centristes qui tiennent le Sénat...

I

SARKOZY, LE TÉLÉCRATE

Chapitre 1

Les secrets d'un casting

Avec Nicolas Sarkozy, il faut que ça rutile, que ça brille, que ça épate la galerie. Christine Albanel représente, cependant, l'exact contraire. La ministre de la Culture n'a rien à voir avec le cercle fermé du Président : difficile de l'imaginer autour d'un buffet rillettes avec Hortefeux, Morano ou Estrosi. Elle a déjà du mal à supporter Henri Guaino, qu'elle aime comparer en privé à Dominique de Villepin pour ses foucades et ses exaltations. Dans le casting des ministres à la mode « story telling », elle apparaît comme « l'erreur de casting » d'un président soucieux d'aligner ses « dames de pique », les Dati, Yade et autres Amara... En fille de la bonne bourgeoisie toulousaine, Albanel, l'agrégée de lettres, s'est forgé une solide érudition littéraire, la seule vraie passion que ses proches lui connaissent.

Deux hommes ont vraiment compté dans sa vie. D'abord son père, à qui elle voue une grande vénération, un médecin à l'ancienne qui assurait les gardes de nuit et soignait riches comme pauvres avec un mélange de bonhomie et de rudesse, la marque des vrais humanistes. Et puis, naturellement, Jacques Chirac qu'elle accompagne pendant vingt ans, ce qui fait d'elle une authentique politique et sans doute depuis au moins aussi longtemps que Nicolas Sarkozy, à ceci près qu'elle ne s'est jamais frottée au choix du peuple. Engagée à vingt-six ans auprès d'Anne-Aymone Giscard d'Estaing, elle devient rapidement la plume de Jacques Chirac, écrivant ses discours importants, dont celui du Vel d'Hiv[1]. Ses convictions l'inclinent à incarner cette droite catholique, un brin réac, se défiant du politiquement correct ambiant. Elle conserve de ce long compagnonnage chiraquien quelques réflexes politiques, comme, par exemple, cette extrême prudence dans son expression publique (alors qu'elle a la langue si bien pendue) et un total dégoût pour tout ce qui n'est pas tangible et concret. Quand son cabinet tente de lui vendre une idée fumeuse à grands coups de comité de pilotage, de comité de programmation, de groupes de travail, de séminaires d'encadrement, elle prend un air profondément ennuyé, ensuite son regard se fait ironique puis mordant et de sa voix douce, elle conclut : « Et ça va servir à quoi, tout cela ? »

Dans le pack chiraquien, elle incarnait naturellement la tendance droitière et montrait toujours la plus grande exaspération pour les tendances tiers-mondistes de « Chichi » et son goût pour l'Extrême-Orient et les civilisations premières.

C'est probablement parce qu'elle entend incarner la ligne politique bien de droite autour de Chirac qu'elle n'a jamais rompu les liens avec Nicolas Sarkozy, même lorsque ce dernier fut banni de la Chiraquie dès 1993. Avant cette déchirure, Sarkozy et Albanel ont beaucoup travaillé ensemble. Entre 1990 et 1993, ils avaient rendez-vous tous les lundis à 9 heures. Et quand la défaite de Balladur est survenue et que Nicolas Sarkozy est tombé dans le néant politique, Christine Albanel a continué de déjeuner avec lui régulièrement, plaidant sa cause à l'Élysée, y compris auprès de Bernadette Chirac... Tout cela lui semble bien loin, à vrai dire. Car le même Nicolas Sarkozy qu'elle contribua à sortir de l'impasse n'a pas pris la peine d'annoncer à sa ministre qu'elle quittait le gouvernement à l'été 2009. Fillon servit de messager. Et depuis son éviction, pas un seul coup de fil du président. Pas un. Le silence absolu. Douloureux...

---

[1]. Sur la reconnaissance de la responsabilité de la France dans la déportation des Juifs durant la guerre.

Albanel admirait l'énergie, le culot, la volonté de Sarkozy. L'idée qu'un responsable politique se réclame enfin d'une « droite décomplexée » lui était agréable. Sarkozy voyait en elle une alliée efficace et discrète. Il était frappé par l'épaisseur de son carnet d'adresses dans le monde intellectuel. Une chose le dérangeait néanmoins : son franc-parler en petit comité. Sarkozy n'a jamais trop aimé qu'on insiste sur ses idées parfois un peu courtes...

Car en passant de Chirac à Sarkozy, Albanel n'a rien changé à son style : direct, franc et ironique. Ce dont le grand public est loin de se douter. Albanel fait rire des tablées entières. Elle possède un talent inouï pour décrire les scènes les plus cocasses ou les plus absurdes. Franck Riester, le jeune député UMP qui sera le rapporteur de la loi Hadopi, se souvient encore d'un voyage à Cannes en compagnie d'Albanel à l'occasion du festival : « J'ai ri de bout en bout. Elle a un don incroyable pour décrire les gens. » Son cabinet aussi se roulait par terre quand elle racontait ses souvenirs de voyages officiels avec Chirac. Comme cette fois où, lors d'un déplacement en Afrique, un ancien ministre qui avait peur de l'avion s'était trompé dans les dosages médicamenteux. Des effets secondaires imprévus étaient apparus. Il avait fallu l'empêcher de passer en revue les gardes d'honneur des pays africains dans lesquels Chirac atterrissait... Ses collaborateurs pleuraient de rire.

Albanel, c'est aussi un œil de lynx, capable de peindre le portrait psychologique d'une personne qu'elle connaît à peine. « Ses analyses étaient d'une précision diabolique et mettaient toujours le doigt sur le point de faiblesse de la personne concernée, parfois avec une méchanceté d'autant plus cruelle qu'elle avait parfaitement identifié l'endroit où ça faisait mal », se souvient l'un de ses conseillers.

Quelque chose la rapproche spontanément de Nicolas Sarkozy : son animosité envers Villepin. Est-ce pour cette raison qu'elle intègre très tôt le petit *think tank* autour de Sarkozy pendant la campagne présidentielle ? En tout cas, elle fait partie de cette boîte à idées dans laquelle on retrouve Nicolas Bazire, Nicolas Baverez, Henri de Castries, Claude Guéant, Henri Guaino, Georges-Marc Benamou... C'est aussi à cette occasion qu'elle copine avec Cécilia qui sera par la suite sans doute son plus ferme soutien dans l'entourage du Président.

Durant la campagne, elle insiste auprès du candidat pour nouer des liens avec le monde artistique et l'incite à relever le défi de la lutte contre le pillage des œuvres sur Internet. Elle ne se doute pas à l'époque de tous les soucis que va lui causer par la suite ce combat. Elle réussit enfin, non sans malice, à convaincre le futur Président de ne pas fusionner le ministère de la Culture avec celui de l'Éducation nationale.

Le 5 mai 2007, Christine Albanel est au *Fouquet's*, invitée par Cécilia. « Nicolas était très nerveux, raconte un ancien ami du couple. Cécilia n'arrivait pas et il ne voulait pas aller à la Concorde seul. Cécilia finit par arriver, livide, hagarde. Elle fond en larmes dans les bras de Christine Albanel en lui disant, éperdue, "mais comment je vais faire ?" Albanel lui prodigue quelques bonnes paroles qui ont manifestement leur effet. Je ne sais pas ce qu'elles se sont dit. Christine n'a jamais voulu me le dire. Et Cécilia est partie pour la Concorde. »

Albanel est restée au *Fouquet's* avec Bazire, de Castries, Baverez... Elle regarde la télévision qui passe en boucle. Soudain, elle pâlit. Elle voit apparaître sur l'écran Mireille Mathieu qui essaye de faire entonner par la foule la chanson « Mille colombes » et Enrico Macias qui lance un tonitruant « ah qu'elles sont jolies les filles de Sarkozy ! ». Elle devine autour d'elle les sourires de commisération. Elle sait à l'avance que les milieux culturels vont se déchaîner contre ce concert qui fut en définitive la première erreur majeure de communication du nouveau Président. Trop improvisé, trop ringard. Autour d'elle, il n'y a que des proches ou des amis. Pourtant, ils sont nombreux à penser : « Toi, tu ne vas pas rigoler comme ministre de la Culture de Sarko. »

Non, Albanel ne va pas beaucoup s'amuser tandis que le Président, lui, va trouver un malin plaisir à brouiller les pistes, masquer son jeu et prendre à lui seul des décisions là où on ne l'attend pas.

Carolis sur un échiquier

Dimanche 21 septembre 2008, le ciel étale une couche grisâtre au-dessus du siège de France Télévisions, près du pont du Garigliano, dans le XVe arrondissement de Paris. Une queue joyeuse s'est formée au pied du siège. En cette Journée du patrimoine, la télévision publique ouvre ses portes. Je retrouve Patrick de Carolis, accompagné de son attachée de presse, Aurélie Ferton. Il remonte la rangée en signant des autographes. Le sourire qu'il délivre au public qui apprécie toujours en lui, trois ans après son retrait de l'antenne, l'animateur de « Des racines et des ailes », masque le fond de son humeur : maussade, inquiète, écœurée.

Comme à chaque rentrée, Carolis reçoit un journaliste pour faire le point. Nous remontons au septième étage, celui de la direction. Bastien Millot, le directeur de la communication du groupe et fin politique, nous accueille dans son bureau qui domine la Seine. Nous sommes trois. Pas de témoin. Carolis allume une cigarette. Au diable les consignes de sécurité ! Son regard noir et son sourcil soucieux laissent augurer que l'heure est aux confidences amères. Le fracas de son étripage public il y a trois mois avec Nicolas Sarkozy est dans toutes les têtes. Sa démission plane. Et il l'a laissé entendre lui-même sur RTL, fin juin : « Si le compte n'y est pas, je prendrai mes responsabilités. »

J'évoque cette hypothèse. Il tire sur sa cigarette, expire un nuage de fumée. Et lâche, sombre : « De toute façon, je n'irai pas au bout du mandat. Je continue jusqu'en janvier 2010. Et à six mois de la fin, j'arrête. Je leur fais cadeau des six derniers mois. » Bastien Millot sent bien que son patron n'est pas dans son assiette et évoque des pistes de reconversion : « Vous pourriez vous lancer en politique ? Au centre droit ? »

Carolis balaie d'un revers de main. Sa préoccupation du moment consiste à achever son mandat sur une réussite : la réforme de France Télévisions en société unique. Une façon de marquer définitivement l'audiovisuel public de son empreinte. « Il y aura eu un avant et un après cette réforme », tente-t-il de se persuader. Nous sortons de l'été des JO de Pékin. Fan de sports, le président de la République, depuis la résidence du cap Nègre, aurait apprécié la couverture de l'événement par l'équipe des sports de France Télévisions. Le jugement a été rapporté à Carolis. Ce qui lui met un peu de baume au cœur. Cependant, après les tombereaux de critiques dont il a été couvert par le chef de l'État, l'onguent est trop mince. Comment leurs relations se sont-elles dégradées ? En a-t-il toujours été ainsi ? En dépit de sa grande intelligence et de son redoutable sens tactique, Carolis va longtemps se fourvoyer et ce n'est qu'après avoir commis de grossières erreurs qu'il saura tirer le meilleur parti de la situation difficile dans laquelle Nicolas Sarkozy va le placer.

Carolis abat la carte Bernadette

Son passé de journaliste, son expérience de la télévision, ses succès dans le monde de la production, ses émissions à la fois culturelles et grand public en font une personnalité importante du paysage audiovisuel français. Il faut ajouter à cela une allure de grand d'Espagne – ses ennemis disent de danseur de tango. Toujours tiré à quatre épingles, Patrick de Carolis choisit longuement les vêtements qu'il porte. Il tient ce goût vestimentaire de son père, tailleur à Arles, qu'il ne manque jamais d'évoquer dans ses discussions privées.

Carolis est un homme qui va vite. Il a une haute opinion de lui-même et ses amis – ils sont nombreux – trouvent que ce n'est pas immérité tant pour sa taille que pour sa science de la télévision. Néanmoins, certains lui reprochent un caractère cyclothymique, une tendance à tout noircir, comme en ce jour de septembre 2008. On lui connaît aussi des colères parfois phénoménales.

Carolis n'est pas à l'aise dans le monde politico-administratif. Il sort d'une modeste école de journalisme et regarde ses collaborateurs ainsi que le petit monde des ministères et des administrations qui sortent de grandes écoles avec ce mélange d'admiration et de mépris. « Ils ont beau avoir fait l'ENA, je suis bien plus puissant qu'eux », doit-il se dire en son for intérieur. Cette inexpérience des rouages de l'État, Philippe Baudillon en atteste. L'ancien directeur général de France 2, un villepiniste, a fait partie de la première équipe de Carolis avant de la quitter en décembre 2007. « Quand Nicolas Sarkozy est élu, Carolis le rencontre quelques fois au cours de l'été, se souvient l'ancien patron de France 2. Sarkozy a trouvé exactement les mots qu'il fallait pour flatter son ego. Si bien que, début septembre 2007, quand je le retrouve, Carolis est en lévitation ! Or, mes sources au sein de l'appareil d'État me laissent à penser que l'Élysée ne lui veut pas que du bien... Je tente de l'en avertir à plusieurs reprises. Il ne m'écoute pas, persuadé d'avoir la confiance du président. » Carolis reste sourd au mauvais présage de son lieutenant qui propose de mettre son carnet d'adresses à sa disposition. Carolis n'utilisera jamais le réseau de Baudillon dans l'appareil d'État... « Pour la bonne et simple raison qu'il ne me l'a jamais proposé », affirme-t-il aujourd'hui.

Il faut se méfier des dagues qui traînent... On n'arrive pas à la tête de France Télévisions sans se faire des ennemis. Et Carolis n'en est pas dépourvu. Néanmoins, tout le monde lui reconnaît l'art éprouvé de savoir faire le gros dos dans les épreuves. Mais ces coups reçus et parfois donnés le minent. Carolis n'est pas un professionnel de la politique et de la haute fonction publique. Ce monde le dépasse et il ne l'aime pas. Il sait très bien qu'il n'en fait pas partie, ce que ses interlocuteurs lui disent de façon plus ou moins subliminale. Il est un journaliste qui a monté une société de production. Rien de moins mais rien de plus. Carolis se méfie à juste titre de la technostructure. Il connaît sa capacité à exclure ceux qui n'en font pas partie. Et par rapport à Marc Tessier, patron de France Télévisions jusqu'en 2005, digne inspecteur des finances, tutoyant la moitié du gouvernement et du CAC 40, peu d'observateurs, même avisés, pouvaient donner une chance à Carolis de devenir le futur patron de l'audiovisuel public.

Mais si Carolis n'a pas fait l'ENA, il n'en a pas moins appliqué la maxime *ad augusta per angusta*[1]. Car, même s'il affecte de dire qu'il s'est décidé au dernier moment pour déposer sa candidature au CSA afin de devenir PDG de France Télévisions, tous ses proches savaient parfaitement qu'il en rêvait depuis des années.

Marc Tessier semble cependant difficilement délogeable. Gestionnaire habile, il apparaît proche du pouvoir en place et notamment du Premier ministre Villepin, ce qui lui donne toutes les chances d'être renouvelé pour un second mandat.

---

1. Aller vers le plus haut par des voies étroites.

Toutefois, pour être choisi par le CSA, les appuis politiques, même au plus haut niveau, ne suffisent pas toujours. Il faut connaître les sages et les caresser dans le sens du poil, à commencer par le très susceptible et à fleur de peau Dominique Baudis.

Carolis a compris qu'il n'aurait pas l'appui du Premier ministre et de son ministre de la Culture, Renaud Donnedieu de Vabres. Il se dit alors que, par des voies détournées, il est possible d'influer sur la décision. D'où l'idée d'un livre d'entretiens avec Bernadette Chirac. Carolis a tout pour plaire à la terrible première dame : grand, bien élevé, bien habillé, poli, respectueux et accessoirement d'une évidente notoriété, ce qui ne peut pas gâcher le succès du livre en question. C'est un triomphe éditorial : il est vrai que Bernadette Chirac est adorée du grand public, lequel ne soupçonne pas son caractère difficile au quotidien. Bernadette ne tarit pas d'éloges sur Carolis, ce qui contrebalance l'absence de soutien du Premier ministre, Dominique de Villepin.

C'est une très bonne affaire pour Patrick de Carolis. Avoir le soutien inconditionnel de la femme la plus influente de tout Paris ne peut lui nuire. Il forme un tandem avec Patrice Duhamel, son fidèle ami, rompu aux arcanes de la politique. Le producteur Nicolas Traube rejoint une petite *task force* en vue de piloter cette candidature. Duhamel, pressenti pour mener l'attelage, s'en voit dissuader par Dominique Baudis qui a sondé les sages du CSA : aucune majorité ne se dégage en sa faveur au sein de l'instance. Simone Harari et Norbert Balit, deux rivaux, obtiennent chacun une voix. Baudis essaie de les dissuader afin de favoriser Duhamel. En vain. Harari refuse d'abandonner. La candidature Duhamel est compromise.

Mais pour Carolis, le coup est jouable. Duhamel, également douché dans ses prétentions par Renaud Donnedieu de Vabres lors d'un entretien rue de Valois, accepte le rôle de second pourvu que son ami l'emporte. Le « switch » entre les deux hommes s'effectue en mars 2005, à quatre mois de la décision du CSA.

Baudis a un compte à régler avec Tessier depuis l'affaire Alègre, qui a vu France 2 s'enfoncer dans le bourbier des rumeurs toulousaines [1].

---

[1]. Le journal télévisé de France 2 a notamment diffusé les accusations fallacieuses, sinon délirantes, d'un acteur de l'affaire, le fameux Djamel, lequel se présentait comme le fils caché de Michael Jackson et impliquait Tony Blair dans l'affaire Alègre...

À l'Élysée, Jacques Chirac est assailli par sa fille et son épouse. Claude Chirac soutient mordicus Tessier tandis que Bernadette neutralise l'influence de sa fille pour réserver la place à son chouchou. « Pris entre l'une et l'autre, Chirac décide de ne pas choisir », confie Dominique Baudis. Mais les conseillers de l'Élysée ont plutôt tendance à écouter Claude, qui a étendu son emprise sur le palais. Il faut que Bernadette se mette un jour très en colère contre Frédéric Salat-Baroux, secrétaire général de la présidence, pour contrer l'influence de sa fille.

Baudis, lui, se charge d'embarquer le CSA derrière Carolis. Les maladresses de Villepin à quelques jours de la décision vont l'y aider. Le Premier ministre a, en effet, profité d'un entretien à la presse pour faire savoir sa préférence en faveur de Tessier. Une muflerie sans nom ! Rien de tel pour faire basculer les sages qui hésiteraient encore à se rallier au choix de Carolis... Dans la nuit qui précède le vote, un sage reçoit un coup de fil de l'Élysée le pressant de ne pas voter pour Carolis. Ulcéré par cette ultime pression, ce membre du CSA va prévenir Carolis le matin, à 8 h 30 : « Je suis tellement choqué que je vais voter pour vous », confie-t-il à Carolis. Trente minutes plus tard, le scrutin est plié.

Le 6 juillet 2005, Patrick de Carolis devient le nouveau PDG de France Télévisions dès le premier tour, à cinq voix contre quatre. Mais le pacte scellé avec Patrice Duhamel va énormément peser sur le fonctionnement du tandem : Carolis sait ce qu'il doit à son second. Il n'osera jamais lui dire « non » frontalement.

Patrice Duhamel ou « Mister Wizz »

Carolis et Duhamel n'ont, en vérité, rien prévu. Leur équipe ? À part Geneviève Giard pour France 3 et Claude-Yves Robin pour France 5, les jeux sont ouverts. En attendant leur prise de fonction, le 24 août, le tandem se trouve confiné par Marc Tessier dans un cagibi, situé dans un immeuble en face du siège... C'est là, dans ces locaux exigus et miteux, que le tandem traverse l'été et que défile, entre juillet et août, un incroyable casting pour diriger le groupe ! Carolis va montrer un art consommé à choisir des profils qui pourront lui être utiles, même si – et c'est curieux – il n'utilisera pas toutes les ficelles et s'aveuglera lui-même sur les intentions du pouvoir à son égard...

Pour les programmes du groupe, pas de discussion : Patrice Duhamel s'impose. Les deux hommes partagent une complicité vieille de trente ans, quand le jeune Carolis fit son entrée, en 1975, au service politique de TF1, alors dans le service public, dont Duhamel assurait la direction. Carolis sait qu'il doit aussi son élection aux incroyables réseaux dont dispose Duhamel. Il y a celui des centristes, Giscard et Raffarin en tête, ceux de son beau-père Jacques Saint-Cricq, patriarche de la presse régionale, ceux de son frère Alain Duhamel, inoxydable observateur de la vie politique française, et les innombrables hommes et femmes de télévision que Duhamel a croisés tout au long de sa carrière. Nicolas Sarkozy n'a pas échappé à son tamis. « Je l'ai connu dans les années 1978-1980 », confie-t-il. Sarkozy se sent plus proche de Duhamel que de Carolis. Lorsqu'il aura un message à faire passer, c'est le téléphone de Duhamel qui retentira... Il a confiance en ce journaliste. Lorsque, en 2002, le ministre de l'Intérieur se lance dans la course à l'Élysée, tissant autour de lui une toile de « visiteurs du soir » qui prépareront chacun à leur façon son avènement, surprise, Patrice Duhamel figure dans ce réseau. À l'époque, il a trouvé refuge au *Figaro Magazine* après avoir quitté la direction générale de France 3. Le jeune et suractif ministre de l'Intérieur du gouvernement Raffarin le reçoit à de nombreuses reprises dans son bureau en compagnie de feu Jean-Michel Gaillard (décédé d'un cancer en juillet 2005), l'ami regretté de Duhamel. Gaillard a d'ailleurs co-écrit avec Sarkozy le scénario du téléfilm *Leclerc, un rêve d'Indochine* qui sera diffusé sur France 3, en 2003, et adapté pour la télévision le *Mandel* de Sarkozy produit par Jacques Kirsner. Pourquoi ces trois hommes se rencontrent-ils si souvent ? Et de quoi parlent-ils ? La réponse ne manque pas de sel : de supprimer la publicité sur France Télévisions. Ils ébauchent en effet le programme culturel du futur candidat. Duhamel et Gaillard rédigent une note qui prévoit la fin de la pub sur le service public et sa compensation par une hausse de la redevance étalée sur cinq ans... On retrouvera d'ailleurs la trace de cette idée pendant la campagne présidentielle de Nicolas Sarkozy, du moins jusqu'en décembre 2006. Je rencontre le député UMP Dominique Paillé, l'un des artisans du programme, qui me déroule la même idée : suppression de la pub et augmentation de la redevance. Sitôt l'article sorti dans Le Point, l'UMP publie un démenti. Pour le candidat Sarkozy, plus question d'augmenter les impôts, pas même la redevance... Paillé mange son chapeau et nie m'avoir tenu ces propos. Ce jour-là, j'ai perdu toute estime pour cet individu.

Patrice Duhamel illustre parfaitement trois mots de la langue française : l'inquiétude, l'anxiété et le pessimisme. Trois maux qui le rongent et qui, en se combinant, font de lui une vigie imaginative. Duhamel vaporise ses angoisses au sommet de France Télévisions, ce qui lui vaut un surnom : « Wizard Stress ». Très vite, le diminutif « Wizz » supplante l'expression complète. Dans les temps mouvementés qui attendent la présidence Carolis, les crises d'angoisse répétées de Duhamel vont beaucoup contribuer à épuiser les nerfs de Bastien Millot, Camille Pascal, le secrétaire général de France Télévisions et Damien Cuier, l'homme des finances, du juridique et des ressources humaines. Tous trois tenteront de former un cordon sanitaire autour de Carolis afin de le protéger des poussées d'anxiété de Duhamel. Exemple : un journaliste rapporte à Duhamel que Sarkozy aurait dit du mal de Carolis dans un cocktail. « Que cela soit vrai, faux, déformé, amplifié, peu importe, racontent ses subalternes. Duhamel décroche son téléphone et alimente un écho dans la presse sur la colère du château. Puis, lorsque l'écho est publié, il fonce dans le bureau de Carolis et lui brandit la publication sous le nez. Ensuite, il nous faut des heures pour faire redescendre le feu de la marmite et empêcher Carolis de tout envoyer promener... C'est ce qu'on a fini par appeler entre nous un "coup de wizz". L'expression a même généré un verbe : se faire wizzer. » Au fond, pour Duhamel, mieux vaut crier au loup contre un caniche. C'est aussi une façon de tenir Carolis sous son contrôle en ajoutant à son stress...

Pour autant, Patrice Duhamel demeure un homme d'une grande qualité, capable d'un humour fin. Un grand professionnel qui connaît mieux que quiconque les arcanes de la télévision et qui se trompe moins souvent que d'autres pour jauger le poids en Audimat de telle ou telle émission. C'est un métier qui ne s'invente pas et il y a sur le marché peu d'individus qui ont cette capacité à programmer : Rodolphe Belmer chez Canal +, Bibiane Godefroid, Thomas Valentin chez M6 en sont les meilleurs exemples, ainsi qu'Étienne Mougeotte, le sphynx déchu des programmes de la Une, un maître de la discipline. Mais ils sont peu nombreux et non interchangeables...

Un facteur d'angoisse pour Patrice Duhamel : il arrive à la tête des programmes de France Télévisions dans sa soixantième année. Marié à Nathalie Saint-Cricq, journaliste politique de France 2, de plusieurs années sa cadette, c'est un père de famille attentif qui, sur les conseils de son épouse, ne sort que rarement le soir, privilégiant sa vie de famille. Son âge le préoccupe et ce suractif ne supporte pas l'idée qu'un jour il puisse cesser toute activité tandis que son épouse continuerait à travailler. Or, son poste fait partie de ceux qui sont les plus sujets à l'éjection immédiate. Patrick de Carolis ne devait pas ignorer grand-chose de cette angoisse car, en prenant ses fonctions, le nouveau PDG a pris soin de faire signer à son ami Duhamel un CDI et non un contrat de mandataire social révocable. Il avait le choix. Pour son ami, il a choisi la sécurité... Les deux hommes sont assez complémentaires : Duhamel travaille à plein rendement dans la sérénité et se décompose par gros temps. Carolis, un peu dilettante par temps calme, s'affirme grand capitaine quand souffle la tempête.

Thierry Bert, la vigie des chiffres

Pour le reste de son équipe, Carolis dresse un véritable plan de bataille : il va devoir donner des gages aux politiques, à la haute administration et au CSA sans pour autant oublier de faire un ou deux coups politiques dans l'air du temps.

La négociation budgétaire et celle du contrat d'objectifs et de moyens sont stratégiques pour l'avenir du groupe. Carolis a besoin d'argent pour le virage éditorial qu'il souhaite faire prendre à France Télévisions. Pour cela, il lui faut quelqu'un qui tienne tête à Bercy et qui soit complice avec le ministère de la Communication. Carolis choisit alors Thierry Bert, chef de l'inspection générale des Finances. Thierry Bert est à bien des égards l'exact opposé de Patrick de Carolis. Bert est un pur produit de la très haute fonction publique : neveu de Raymond Barre, normalien, major de sa promotion de l'ENA dans laquelle figurait un certain Jean-Marie Messier, il fut, en 1987, conseiller pour les affaires européennes au cabinet d'Édouard Balladur, le parrain politique de Nicolas Sarkozy. Il faisait aussi partie du cabinet de François Mitterrand entre 1992 et 1995 quand Balladur était Premier ministre.

Petit, rond, l'œil pétillant de malice et d'intelligence, Thierry Bert s'ennuyait ferme à l'inspection des Finances. En 2000, la réforme qu'il avait préconisée de rapprochement des services du Trésor public et des impôts avait bruyamment échoué, entraînant le départ du ministre des Finances d'alors, Christian Sautter, remplacé par Laurent Fabius.

Thierry Bert est une personnalité à la fois hors du commun et attachante. Il adore cultiver son image de « parrain » d'une génération d'inspecteurs des finances. Adepte de l'humour noir, il affiche sur la porte de son bureau à France Télévisions une grande tête de mort... Les visiteurs de marque qui passeront devant cette affiche avant de rejoindre le bureau de Patrick de Carolis se demanderont longtemps qui peut loger dans ce bureau, loin de se douter qu'il s'agit de l'homme qui tient le plus sérieusement du monde les cordons de la bourse de la télé publique...

« C'est un affectif avant tout, qui a une grande sensibilité qu'il s'efforce de masquer, racontent ses proches. Et puis Thierry est un homme qui vit hors du temps, qui adore la littérature. C'est un grand mystique de surcroît, passionné par la religion. Il aurait été un homme d'église admirable. »

Quand il était à Bercy, Thierry Bert adorait rudoyer gentiment tous ces jeunes de l'inspection des Finances. La légende veut qu'il adressait aux plus ambitieux d'entre eux sa carte de visite à laquelle était accrochée une épingle avec le mot suivant : « En cas de gonflement inopiné de la tête, enfoncez cet instrument au milieu du crâne. » « On était un peu inquiet toutefois quand Thierry nous a dit qu'il rejoignait France Télévisions, témoigne un proche. On se demandait comment il allait pouvoir s'entendre avec Carolis et Duhamel et, surtout, comment il allait survivre dans ce milieu de la télévision très dur avec des fortes personnalités à l'égo surdimensionné. »

Les premiers temps furent faciles car Thierry Bert sait être à la fois charmant et efficace. C'est ainsi qu'il négocia un remarquable contrat d'objectifs et de moyens avec Renaud Donnedieu de Vabres, lequel arracha – « arracher est bien le terme », confirme ce dernier – au Premier ministre Dominique de Villepin une hausse de 3 % par an de la dotation de l'État. C'est en effet beaucoup plus simple de discuter avec la direction du Budget quand le numéro 2 de France Télévisions a été le patron de l'inspection des Finances et est un proche de la directrice adjointe du cabinet de Donnedieu, Laurence Franceschini, qui lui voue une admiration sans bornes.

Mais Thierry Bert ne sait pas composer. Lorsqu'il est persuadé d'avoir raison, à l'instar d'autres inspecteurs des finances comme Alain Juppé ou Jean-Marie Messier, il n'en démord pas. C'est ainsi qu'une violente querelle éclate avec Carolis sur la filière de production de France 3. Bert plaide pour davantage de rationalité financière et Carolis, plus politique, ne veut pas mettre le feu aux poudres dans la maison. Par souci d'économies, Bert souhaite également fermer France 4, la dernière-née des chaînes publiques. Le ton monte, des paroles très violentes, parfois personnelles sont échangées. Thierry Bert n'est pas un courtisan. Il refuse de courber l'échine. Il décide de quitter le groupe. Nous sommes en mai 2007. Il aura tenu un peu moins de deux ans.

Carolis a besoin de techniciens mais également de fins politiques. Il sait que l'étoile du chiraquisme est déclinante et qu'il faut passer à une nouvelle génération. Dans l'équipe de Nicolas Sarkozy, toutes les énergies sont tendues vers la campagne présidentielle qui s'annonce. Carolis n'a pas d'atomes crochus particuliers avec Sarkozy et son équipe. Il décide – un choix audacieux – de faire le pari de Jean-François Copé, alors ministre du Budget, en recrutant deux de ses proches collaborateurs : Damien Cuier et Bastien Millot.

Bastien Millot : une cible pour la Sarkozie

Bastien Millot est un choix à risque. Petit et rond, l'homme est un fin politique. Dans le système Copé, il est incontournable et indispensable. « C'est une pièce maîtresse », dit de lui Copé, qui n'hésite pas, à la mairie de Meaux, à s'appuyer sur sa remarquable puissance de travail. À l'été 2005, Carolis le rattrape *in extremis* : Millot est sur le point de signer son contrat de directeur de la communication de... TF1 !

Le seul problème, mais il est de taille : Millot a le malheur d'être catalogué comme l'une des fines gâchettes de Villepin dans la lutte anti-Sarkozy. Le directeur de la communication de France Télévisions devient l'homme à abattre pour la Sarkozie, à l'instigation de Pierre Charon, l'un des proches conseillers du nouveau Président. Chaque affaire ou pseudo-affaire concernant le maire de Neuilly lui est imputée. La présence de Bastien Millot dans la garde rapprochée de Carolis n'est pas vue comme un signe positif par Nicolas Sarkozy et son équipe. Comme par hasard, c'est Bastien Millot qui accompagnait Carolis à RTL quand fut prononcé le fameux mot de « stupide » qui visait le président de la République. « On ne prête qu'aux riches », sourit Millot.

Damien Cuier est très différent. Grand et sec, calme, dissimulant sous une sévère paire de lunettes un humour à l'anglo-saxonne, Cuier cherche à se mettre très vite à l'abri du petit jeu politique. En ancien de la direction du Budget, il a plus de goût et de compétences pour les affaires financières et économiques. Cuier, un Copé Boy ? Certes, il a travaillé cinq mois au cabinet de Copé au Budget. Mais on oublie souvent qu'il a passé sept mois au cabinet de Nicolas Sarkozy dans ce même ministère... Il était prévu qu'il soit le directeur de cabinet de Patrice Duhamel. Il devient donc celui de Patrick de Carolis, puis, au départ de Thierry Bert, il récupère l'essentiel des fonctions du grand argentier du groupe. « C'est alors qu'il s'est révélé, raconte un de ses proches. Damien est un garçon très malin et rapide mais c'est aussi un grand dilettante. Il a été piqué dans son orgueil lorsque des bonnes âmes à l'Élysée ont considéré qu'il était bien jeune pour accéder à de telles fonctions. Carolis l'a soutenu et il s'est totalement investi dans sa tâche. » À trente-six ans, un groupe de 11 000 personnes repose sur sa maîtrise des leviers ! Et Patrick de Carolis, davantage tourné vers la poésie, s'en remettra complètement à lui pour débroussailler les lourds dossiers de cette présidence. Aucun des chocs à venir ne perturbera l'humeur égale de ce jeune homme qui ira loin, très loin.

« Damien Cuier est quelqu'un avec qui il est très agréable de travailler, raconte Christophe Tardieu, directeur adjoint du cabinet d'Albanel. Son principal souci dans la vie est qu'il ne peut pas se lever tôt. Il loupait toujours une bonne part de nos petits déjeuners de travail sur la réforme du cahier des charges de France Télévisions, ce qui était bien dommage car c'était un élément modérateur. »

Carolis sait que, malgré sa victoire, il n'a pas que des amis au CSA. Michel Boyon, sans être un ennemi, ne lui voue pas une grande estime... De toute façon, en ces temps mouvants, il est indispensable d'acquérir des appuis du côté du régulateur. Il décide alors de recruter Camille Pascal, fidèle des fidèles de Dominique Baudis, à l'époque président du CSA. Cet agrégé d'histoire connaît bien le milieu de la culture et de la communication. Il a fréquenté, en son temps, le cabinet de Douste-Blazy avec lequel il est brouillé à mort à la suite de l'affaire Alègre. C'est Camille Pascal qui apprit lui-même à Dominique Baudis les rumeurs qui le concernaient. Les deux hommes sont liés par une indéfectible fidélité et une totale confiance. Camille Pascal a aussi une autre vie que celle de la télévision. Ce passionné d'histoire habite Versailles et adore écrire sur le Grand Siècle : il est ainsi l'auteur d'une biographie de très bonne tenue sur Marie-Louise O'Murphy, maîtresse de Louis XV et l'une des stars de son célèbre Parc-aux-cerfs.

Carolis lui confie un premier dossier épineux : gérer Bernadette Chirac. Camille Pascal passe un test de probité en réussissant à dégoter 340 volontaires, au débotté, dans le cadre d'une collecte de dons par téléphone supervisée par l'épouse de Jacques Chirac. Toujours de bonne humeur, il sait faire rire quand l'atmosphère est trop pesante grâce à un humour fin et un sens de l'observation peu commun. En outre, ses passages dans les cabinets de Douste-Blazy et de Baudis ont considérablement enrichi son carnet d'adresses politico-médiatique. En mai 2007, tout le monde d'ailleurs se félicite à France Télévisions de savoir que Camille Pascal est un ami de la ministre Christine Albanel et très proche de son directeur adjoint de cabinet Christophe Tardieu, son voisin à Versailles. « Et comme de surcroît Damien Cuier et Mathieu Gallet, conseiller d'Albanel en charge des médias, sont également amis, on pensait vraiment que cela allait nous simplifier la tâche, raconte un dirigeant de France Télévisions. En fait, l'expérience a démontré que ce n'était pas si simple et que cela ne nous a pas évité des coups fourrés. »

Pour autant, d'autres sont moins sévères et considèrent que le « téléphone rouge » entre Christophe Tardieu et Camille Pascal a souvent sonné pendant ces deux années très rudes et désamorcé bien des drames.

C'est donc un recrutement très politique que Carolis a su effectuer afin de compenser son manque d'expérience politico-administrative. Les pièces du drame sont en place, la tragédie peut commencer.

Chapitre 2

Le tango de l'été

Lorsque Nicolas Sarkozy compose le gouvernement Fillon, le nom d'Albanel comme titulaire de la rue de Valois est sur toutes les lèvres depuis longtemps. Dans les premiers jours de mai, l'annonce officielle ne surprend guère un Patrick de Carolis très satisfait du choix présidentiel.

Ses relations avec Donnedieu de Vabres n'étaient pas vraiment mauvaises, mais celles entre Patrice Duhamel et le ministre l'étaient franchement. « Duhamel avait gardé une dent contre moi parce que je n'avais pas soutenu sa candidature à la présidence de France Télévisions. Il m'en a voulu de ma sincérité, estime RDDV. Du reste, on ne peut pas dire que j'aie abusé des antennes publiques. En deux ans, je n'ai fait qu'un seul JT de 20 heures. » Disons plus généralement qu'il n'y avait guère d'atomes crochus entre l'état-major du groupe public et le cabinet du ministre. À l'instar de la moitié de la place de Paris, Carolis ne supportait pas un membre du cabinet de Donnedieu, qui avait annexé à son profit le Grand Trianon de Versailles comme résidence de week-end. L'histoire de petits soupers avait fait, en son temps, le tour de la capitale. D'autant que l'intéressé était le premier à s'en vanter.

Si Versailles m'était « compté »...

Le 12 mai 2007, les premières balles jaunes s'échangent dans l'enceinte du stade Roland-Garros. Carolis attend la visite de la nouvelle ministre au pied des cars-régies qui permettent à France 2 et France 3 de retransmettre le tournoi, fleuron du Grand Chelem. Albanel débarque, presque accablée d'avoir à assumer son rôle. Sa timidité met mal à l'aise tous ceux qui croisent son regard et ils ne sont pas nombreux tant la ministre se sent dans ses petits souliers. Carolis s'est offert de lui montrer les images des Internationaux de tennis en haute définition, la régie numérique et les applications à destination des mobiles. On sent bien qu'elle s'en fiche mais elle est polie. Et patiente. L'agrégée de lettres opine aux explications techniques qu'on lui fournit... Carolis couve sa ministre plus précieusement qu'une pierre philosophale. Serait-ce leur première rencontre ? Loin de là.

Leur premier tango s'est déroulé à Versailles, en 2004. À l'époque présentateur et coproducteur du magazine « Des racines et des ailes », Carolis avait demandé à Albanel d'accueillir une équipe de tournage pendant près d'un an pour filmer les pièces secrètes du château. Carolis lui avait très bien vendu sa proposition : pour la première fois, on allait montrer sa nouvelle présidente en pleine action et faire rêver les Français. Albanel avait accepté sans difficulté. Elle souhaitait justement ouvrir le château de Versailles sur l'extérieur et le faire mieux aimer du grand public français. Elle était persuadée que le tournage de séquences dans les coulisses du château, dans ces petites pièces dans lesquelles les touristes ne pénètrent jamais, allait passionner les Français. Et puis, plusieurs chantiers méritaient le détour : la restauration de la galerie des Glaces, prise en charge par un grand mécène, Antoine Zacharias, qui a défrayé la chronique par la suite, et celle du bosquet des Trois Fontaines par les American Friends of Versailles. Les scènes tournées avec ces Américaines richissimes qui versent des torrents de larmes tant leur émotion est grande sont d'anthologie. Carolis tient là un excellent produit.

Le succès d'audience est énorme. Carolis fait un triomphe et il appelle immédiatement Albanel. Rendez-vous est pris pour filmer la suite qui connaîtra également un grand succès.

Ce sont donc deux complices qui se retrouvent dans les allées de Roland-Garros. Naturellement, Albanel est loin d'être une inconnue pour Patrice Duhamel qu'elle tutoie chaleureusement. Du reste, on se demande quel homme politique de droite n'a pas été proche à un moment ou à un autre de Patrice Duhamel. Enfin, Albanel apprécie beaucoup Camille Pascal.

Le tableau pourrait sembler idyllique. Il n'en est rien. Derrière ce vernis d'aménité, Albanel connaît les emportements dont Carolis peut faire preuve. Elle n'ignore pas non plus à quel point il est complexe de gérer une maison de 11 000 salariés. Par ailleurs, la ministre veut absolument éviter toute immixtion dans la politique générale de France Télévisions. Elle n'est pas du genre à donner des grands tapes dans le dos de ce brave « Carolo », comme l'appellent trivialement ses collaborateurs, pour le féliciter pour telle ou telle émission, ni à afficher une bruyante et pseudo complicité. Albanel n'est pas une interventionniste acharnée : ainsi, en un peu plus de deux ans, sa rareté à l'antenne est encore plus accentuée que celle de RDDV. On ne l'aura aperçue qu'une seule fois pendant cinq minutes dans « Ce soir ou jamais », l'émission culturelle de Frédéric Taddéi sur France 3...

De son côté, Patrick de Carolis est très respectueux de l'ordre des choses. Il n'entend pas déranger une ministre en permanence pour lui raconter ses misères ou ses soucis. Et Albanel n'aime pas décrocher son téléphone pour évoquer tel ou tel problème. C'est donc une forme très particulière de déficit de communication entre Albanel et Carolis qui va s'instituer, au grand désespoir de leurs collaborateurs qui s'acharneront pendant deux ans à faire en sorte que le PDG de France Télévisions et la ministre de la Culture échangent de vive voix sur tous les problèmes de la réforme et non par des intermédiaires. Les conversations téléphoniques entre les deux personnages sont devenues des événements salués avec soulagement par leurs équipes respectives comme des lancements réussis de capsule spatiale. « Ça y est, ils se sont parlé ! » résonnait comme la plus belle des victoires.

Carolis a compris qu'il allait devoir donner des gages à Nicolas Sarkozy. Il demeure circonspect vis-à-vis de ce président avec lequel le tutoiement est si facile et qui connaît très bien le monde des médias. Trop bien sans doute. Il sait que, politiquement, il n'est pas en odeur de sainteté au château. Contrairement à son ami Duhamel, comme on l'a vu plus haut. En tout cas, le tandem dirigeant France Télévisions se méfie comme de la peste de ce Georges-Marc Benamou, conseiller culture et médias du nouveau chef de l'État, dont certains disent déjà qu'il brigue le poste de... PDG de France Télévisions.

La première rencontre avec Benamou a lieu début juin. Le conseiller reçoit les deux hommes dans son grand bureau, rue de l'Élysée, autour de la table basse. Le rendez-vous ne manque pas de cocasserie car, juste avant l'élection, Benamou était de l'autre côté de la table, à France Télévisions, venant réclamer la prolongation de son émission « Histoires en chanson » sur France 3 (coproduite avec son frère, Stéphane Benamou)... La réponse de Duhamel avait été : niet, niet, et niet. Parfois, c'est bête, on parle trop vite.

Chapitre 3

Plus de culture, donc plus de pub

Nicolas Sarkozy a toujours eu une certaine idée du service public de l'audiovisuel. Il n'a jamais caché qu'il aimerait que le service public diffuse des programmes qui l'ont fait rêver étant enfant. Nul ne conteste aujourd'hui que « Les dossiers de l'écran », « Le grand échiquier » de son ami Jacques Chancel, « Au théâtre ce soir », « La tête et les jambes » constituaient des émissions de grande qualité qui faisaient honneur au service public. Ce sont ces programmes-là que le Président a comme référence permanente et non ceux des nouvelles chaînes privées qui se sont constituées à partir du mandat de François Mitterrand.

UN OPÉRA À QUELQUES SOUS

Carolis comprend vite la tendance naturelle du nouvel hôte de l'Élysée. Avec la complicité de Catherine Pégard (ex-rédactrice en chef politique du *Point*, tout juste recrutée par Sarkozy), il organise un déplacement du président de la République à Orange pour la retransmission, en direct, sur France 2 de l'opéra de Verdi, *Le Trouvère*, lors des Chorégies. Las, le livret du *Trouvère* raconte une histoire de bohémiens complètement abracadabrantesque et un léger mistral souffle. Il couvre parfois la voix des excellents chanteurs présents sur la scène. Et puis l'opéra dure plus de trois heures... Sarkozy s'ennuie ferme, cherche à le cacher mais en vain. On ne le reverra plus assister à un quelconque opéra.

Mais si Sarkozy bâille à l'opéra, sur le papier, la volonté des deux hommes de refonder une télé publique haut de gamme est identique. Du reste, Carolis a fondé son programme sur la qualité de son « virage éditorial », ce qui lui a valu en partie son élection par le CSA.

Ce tournant devrait se traduire à l'antenne par des émissions plus culturelles, des fictions adaptant de grands auteurs, davantage de cinéma, des émissions littéraires, la captation plus régulière de pièces de théâtre, etc. Il est vrai qu'avec son bouquet de deux chaînes hertziennes et de trois chaînes de la TNT, France Télévisions a de quoi faire. Le hic : la qualité coûte plus cher que le tout-venant audiovisuel. La retransmission en direct de l'opéra de Verdi sur France 2, peu suivie par le public, a creusé un déficit de 500 000 euros dans les comptes du groupe. Le lendemain du voyage à Orange, Nicolas Sarkozy appelle Carolis pour le féliciter. « Je perds de l'argent. Si je veux rester dans mon budget, il me faut une coupure publicitaire dans les émissions de flux, qui ne sont pas des émissions de création », insiste le PDG de France Télévisions. Dans l'enthousiasme des Chorégies, le chef de l'État acquiesce.

Le plus cher reste, par essence, la fiction française, considérée à tort ou à raison comme « le genre noble » du petit écran. Ainsi, la série de prestige des Maupassant dépasse allègrement le million d'euros par soir quand la rediffusion d'un feuilleton américain dont le public raffole est toujours en deçà de 100 000 euros. La qualité a un prix. Cet adage est souvent vérifié en télévision...

Pire ! Non seulement la « culture » coûte plus cher à produire mais elle rapporte moins en termes publicitaires. Or, à ce moment-là, le groupe France Télévisions dépend des subsides de la « réclame » pour environ un tiers de ses recettes. Un feuilleton américain garantit, quoi qu'il arrive, des parts d'audience confortables et les annonceurs ne rechignent pas à des tarifs élevés. Leur retour sur investissement sera réel et ils sont à peu près certains d'être vus par des millions de téléspectateurs. Le pari est plus osé pour des programmes culturels où les annonceurs se bousculent moins. En effet, l'audience y est moins assurée, même si France Télévisions a rencontré des succès remarquables avec la série des Maupassant.

L'équation n'est pas très compliquée : plus de culture nécessite plus d'argent. Voilà comment Carolis s'est mis en tête d'obtenir de l'État une rallonge financière qu'il estime à 20 millions d'euros par an. Il sait très bien que l'époque n'est pas à une augmentation des crédits de l'État. Aussi, il opte pour un choix original : demander à être autorisé à pratiquer une coupure publicitaire dans les programmes dits « de flux », c'est-à-dire principalement les jeux télévisés ou les magazines de plateau. Et c'est exactement ce qu'il fait au cours de ses premières réunions avec Nicolas Sarkozy, à l'Élysée, début juillet 2007. La première rencontre se déroule dans un climat serein. Christine Albanel, qui assiste aux trois réunions de l'été 2007, est la seule à tordre le nez devant cette idée : l'augmentation des coupures publicitaires lui paraît aller à l'encontre de l'identité du service public. Nicolas Sarkozy, lui, donne son accord et va jusqu'à prendre le risque de l'annoncer aux patrons de la presse quotidienne régionale qu'il rencontre au cours de l'été.

En fait, ce n'est pas la première fois que le PDG de France Télévisions essaie de placer de nouvelles coupures pub. Déjà, quelques mois avant l'élection de Nicolas Sarkozy, sous la présidence Chirac, il avait tenté de profiter de l'examen au Parlement de la loi sur la télévision du futur, en novembre 2006, pour faire passer quelques amendements dans ce sens... Et quel député était le complice de Carolis pour déposer cet amendement à l'Assemblée nationale ? L'un des porte-parole de l'UMP, Dominique Paillé ! On retrouve dans l'exposé sommaire de cet amendement exactement les mots que Carolis utilisera plus tard pour convaincre Nicolas Sarkozy. « L'autorisation de la publicité dans les programmes de flux permettra au service public de dégager un supplément de ressources d'environ 20 millions d'euros chaque année, et de renforcer cet effort sans précédent en faveur de la création », écrit Paillé. Enfin, façon de parler. Il y a plus de chances que cet amendement ait été rédigé au septième étage de France Télévisions que sur les pupitres de l'Assemblée nationale. Mais Carolis, prévoyant, avait trouvé d'autres bonnes âmes pour le porter : on retrouve exactement la même rédaction (mais sous un autre numéro d'amendement) sous la plume de Roger-Gérard Schwartzenberg, député radical, et encore le même déposé par la Niçoise Muriel Marland-Militello (UMP). Carolis avait raison d'être prévoyant car aucun de ces trois amendements identiques n'a été soutenu par son « auteur » ! Renaud Donnedieu de Vabres s'en souvient très bien : « Je m'étais opposé à cette série d'amendements téléguidés par France Télévisions. Carolis ne comprenait pas qu'il allait heurter les grands équilibres de la publicité, notamment ceux qui permettent à la presse écrite de survivre. »

Effectivement, Carolis n'entend pas cet avertissement. Il poursuit son idée : plus de culture, donc plus de pub... L'idée est curieuse et peut surprendre. Carolis tente un drop dans un angle fermé. Bordé à sa gauche par une noria d'auteurs et de réalisateurs (un peu moins les producteurs) toujours prêts à monter des barricades, il sait qu'il ne peut saucissonner les œuvres télévisées (fictions, documentaires) par des écrans publicitaires, sauf à déclencher une insurrection des « cultureux ». Quant à sa droite, il n'ignore pas qu'il ne peut pas non plus demander une augmentation du nombre de minutes de publicité par heure sans provoquer une réaction thermonucléaire auprès de ses concurrents, TF1 en tête.

Et voilà comment le chiffre de 20 millions d'euros de recettes publicitaires supplémentaires refleurit sitôt Sarkozy élu, avec l'espoir d'amplifier le fameux « virage éditorial », lui donner du lustre. Adieu le grincheux RDDV, vive Sarkozy !, pense Carolis. Mais les chiffres vont immédiatement prêter à sourire quand on sait que le budget général de France Télévisions avoisine les 2,7 milliards d'euros et que celui des programmes dépasse largement le milliard d'euros. Qu'est-ce que 20 millions d'euros, si ce n'est une goutte d'eau dans un torrent ? Techniquement, ce chiffre correspond à une semaine de programmes sur France 2.

Les détracteurs de France Télévisions soulignent que – grâce à Thierry Bert – un excellent contrat d'objectifs et de moyens a été négocié avec l'État. En bref, le groupe n'est pas à la rue et peut largement autofinancer son virage éditorial. Mais Carolis est un rusé. À travers la posture qu'il adopte, il cherche à persuader ses interlocuteurs, la rue de Valois, Bercy, Matignon et l'Élysée, qu'il veut absolument faire ce « virage éditorial », à la plus grande joie de Sarkozy. Il laisse aussi entendre que son groupe en est à 20 millions près. Un petit écran... de fumée ! Qui ne trompe pas grand monde, d'autant qu'un récent rapport de l'inspection générale des Finances montre que de très importantes poches de productivité existent. Il suffirait, par exemple, de faire un peu le ménage dans la filière de production (les fameux car-régies de France 3), cette partie obscure de l'audiovisuel public qui est la cause du départ de Thierry Bert...

Albanel n'est pas née de la dernière pluie et a parfaitement vu le piège. Dire non d'emblée serait laisser croire qu'elle ne veut pas du virage éditorial de France Télévisions. Et elle imagine déjà Georges-Marc Benamou le glisser à l'oreille du Président, ce qui lui donne des sueurs froides. Elle sait parfaitement que la demande n'est ni réaliste ni sérieuse. Mais il faut trouver le moyen d'évacuer cette patate chaude en douceur. Albanel n'est pas trop inquiète. Elle sait que la nouvelle de cette demande va se répandre comme une traînée de poudre, comme toujours dans le petit monde de l'audiovisuel.

Cela ne tarde pas. Et les répliques vont être assez fortes. En cette fin août 2007, trois mois après le début du mandat présidentiel, chaque média veut essayer de tester son pouvoir d'influence. Avec sa coupure publicitaire, Carolis a mis les doigts dans la prise. La charge voltaïque des médias privés va le clouer sur place.

Les poignards des collègues

La première offensive vient des télévisions privées qui demandent un rendez-vous en urgence à Albanel et à l'Élysée. Cette demande fait sourire à l'Élysée car chacun sait qu'il est difficile d'imaginer Nonce Paolini (PDG de TF1), Bertrand Méheut (PDG de Canal +) et Nicolas de Tavernost (président du conseil de surveillance de M6) dans une même pièce sans que, sous les complets-vestons, chacun ne cache un flingue.

Pour autant, comme le dit un proverbe africain qu'aime à citer Tavernost, « les crocodiles savent toujours faire l'union sacrée quand l'hippopotame s'approche du marigot ». Et à la grande stupeur de l'Élysée et de la rue de Valois, les trois pontes de l'audiovisuel privé savent se montrer solidaires et surtout soutiennent, à l'appui de leur thèse, de solides arguments. Primo, cette coupure rapporterait, en réalité, entre 50 et 100 millions d'euros et non 20 millions d'euros comme le prétend France Télévisions. Secundo, elle va désorganiser le marché de la publicité télévisée au moment même où les flux financiers s'échappent du petit écran pour glisser vers Internet. Tertio, les dirigeants du privé prétendent ne pas s'opposer à une remise à plat du financement de l'audiovisuel public (ils ne se doutent pas encore que leurs vœux vont être entendus...) mais certainement pas en grignotant çà et là des rallonges financières.

Nicolas de Tavernost, qui adore proposer à l'État et donc au contribuable de faire des économies, se fait un malin plaisir d'évoquer « l'affaire Téléfoot » qui gêne beaucoup France Télévisions. Le groupe public avait eu la mauvaise idée de racheter un an plus tôt – en avril 2007 – pour la coquette somme de 24,5 millions d'euros par saison les droits TV du magazine dominical du championnat de France de Ligue 1. En additionnant le coût nécessaire à la fabrication du magazine – 5 millions d'euros par an –, la facture s'élevait, en définitive, à 30 millions d'euros. Soit plus de 789 000 euros par journée de championnat, autrement dit, le coût d'une très belle émission de prime time à l'heure du déjeuner... France 2 n'avait pas lésiné à la dépense et pensait décrocher la timbale en déshabillant la Une. Erreur ! Les fans de foot sont restés sur TF1 qui, faute de diffuser les buts du championnat de France, avait astucieusement sauté sur les championnats étrangers (dans lesquels, du reste, brillent de nombreux joueurs français). Le magazine de France 2 coûtait les yeux de la tête et n'avait pas obtenu la moitié de l'audience de son rival Téléfoot. Un accident industriel retentissant, accentué par le débauchage de Denis Balbir, un commentateur de Canal +, dont les prestations sur le service public étaient franchement médiocres...

Bref, du pain béni pour Tavernost, lequel, de sa voix de hobereau distingué, ne perd pas une occasion de glisser quelques amabilités assassines sur France Télévisions : s'il ne faisait pas de mauvaises affaires en cherchant à concurrencer le privé, Carolis n'aurait pas besoin de coupure dans les émissions de flux. Score à la mi-temps : 1-0 pour les chaînes privées, la balle au centre...

Tavernost n'est pas seul à tacler. Alain Weil, PDG de BFM radio, BFM TV, RMC, *La Tribune*, va jusqu'à publier une lettre ouverte au président de la République dans laquelle il explique doctement que cette seconde coupure, si elle était accordée à Carolis, menacerait l'existence même de sa chaîne de télévision BFM TV. Lui non plus n'y va pas avec le dos de la cuillère : si la deuxième chaîne d'information sur la TNT disparaît, c'est tout bonnement le pluralisme démocratique qu'on assassine. Insupportable...

Les radios s'organisent ensuite. Une délégation menée par Jean-Paul Cluzel, moins concerné par la publicité mais qui aime à jouer le rôle de « patriarche » de la radio, demande audience à Christine Albanel. Il s'agit d'une prise de contact protocolaire au cours de laquelle les radios entendent faire part de leurs doléances et de leurs difficultés au nouveau ministre. Rien de plus normal au moment d'une prise de fonction. Pour autant, passé les amabilités, les premières escarmouches partent. Axel Duroux pour RTL, puis Didier Quillot pour Europe 1, s'inquiètent de la demande de France Télévisions et des risques de déstabilisation d'un marché publicitaire qu'ils considèrent comme déprimé.

Enfin, les journaux vont placer l'ultime banderille. Francis Morel pour le syndicat de la presse quotidienne national (SPQN) se met à alerter Matignon, où il dispose de relais, et l'Élysée. Il considère qu'une telle démarche aboutirait à un appauvrissement des recettes de la presse déjà fort mal en point.

En fait, en ces premiers mois de mandat du président de la République, tout le monde se teste. Chacun s'inquiète à l'idée qu'un média puisse être plus aidé qu'un autre. Et au sein des télévisions, il est capital de savoir si le service public va être avantagé ou non par le pouvoir en place.

La réaction ne se fait pas attendre. L'Élysée recule : fin septembre, le mot « coupure publicitaire » disparaît du vocabulaire du chef de l'État. Il n'y aura pas de seconde coupure. C'est ce qu'avaient préconisé Albanel et Matignon. Des premières bornes ont été mises. « J'avais prévenu Carolis, rappelle Renaud Donnedieu de Vabres. Je lui avais dit au cours d'une discussion qui avait été chaude : "Patrick, si vous revenez à la charge avec votre coupure publicitaire après la présidentielle, vous allez mettre un bordel noir et vous serez emporté par la vague." »

RDDV ne proférait pas cet avertissement en l'air. Il était au côté de Nicolas Sarkozy pendant la campagne présidentielle quand, le 24 janvier 2006, le candidat prononça son discours sur la culture au théâtre du Palais-Royal. Il suffit de relire le passage sur la télévision publique : « Les obligations culturelles qui pèsent sur les chaînes publiques doivent être renforcées, puisque c'est leur raison d'être, en insistant sur la diversité, l'innovation et la pertinence des horaires. Le vidéo-podcasting des émissions culturelles est une alternative prometteuse qu'il faut développer sans attendre. Cela pose par ailleurs la question du financement. Au minimum, il faut soutenir l'action entreprise par l'actuel président de France Télévisions pour mieux spécialiser et coordonner l'action des différentes chaînes publiques. » Tout est là en filigrane : « cela pose par ailleurs la question du financement »... Voilà qui aurait dû alerter Carolis.

Chapitre 4

La deuxième offensive

Mais, au sortir de l'été, Carolis ne se sent pas battu pour autant. Une deuxième offensive se prépare, très forte : il s'agit de créer une société unique au sein de France Télévisions. C'est un sujet énorme et éminemment explosif, Carolis le sait. Mais c'est aussi le seul moyen pour lui de prendre le pouvoir de façon définitive au sein de son groupe.

France Télévisions est une holding qui possède toute une série de filiales et notamment les sociétés de programme France 2, France 3, France 4 qui ont chacune leur indépendance juridique. La holding a vocation à s'occuper des fonctions supports au sein du groupe et à permettre la mise en place de véritables synergies. C'est ce qu'avait essayé de faire Marc Tessier avec son programme « Synergia ».

La Cour des comptes et l'inspection des Finances se sont toujours régalées des exemples démontrant que les sociétés du groupe pratiquaient, en fait, une politique visant à éviter de dépendre de la holding. C'est ainsi que les systèmes informatiques de France 2 et de France 3 oubliaient soigneusement de communiquer entre eux, que les matériels de tournage et de reportage n'étaient pas compatibles et, de toute façon, les rédactions refusaient obstinément de se les prêter. Les dirigeants de la holding ne manquaient jamais de rappeler que sur un événement parisien, on pouvait apercevoir les caméras de France 2, celle de France 3 national et celle de France 3 Île-de-France, bien contentes que ce sujet ne soit pas également traité par celles de RFO pour une raison ou pour une autre.

Le problème de l'information est bien réel mais il n'est pas le seul. Les dirigeants des chaînes du groupe avaient la fâcheuse tendance à créer et étoffer autour d'eux des services afin de ne surtout pas dépendre de la holding : direction des ressources humaines, direction juridique, direction des achats... Le pouvoir ne se partage pas, il se prend. En disposant ainsi de tous les services et fonctions supports utiles à leur bon fonctionnement, les chaînes évitaient de passer sous les fourches caudines de la holding et du trio Carolis-Duhamel-Cuier.

Certes la holding continue d'attribuer le budget des chaînes et Duhamel garde la haute main sur les programmes, mais un esprit un peu fort peut chercher à conserver d'importantes marges de manœuvre et une certaine indépendance. C'est ce qui va se produire avec Baudillon, directeur général de France 2.

L'entreprise unique a beaucoup d'avantages. En supprimant toutes les filiales, elle permet notamment de transformer les entreprises France 2, France 3 et autres en antennes et de faire remonter au niveau de la direction toutes les fonctions supports. Ainsi, Carolis et ses principaux collaborateurs auront la haute main sur les finances, les ressources humaines, l'informatique de l'ensemble de France Télévisions. Et il y a fort à parier qu'il y aura des économies en personnel à faire. C'est donc à la fois un enjeu de pouvoir très important pour Carolis mais aussi le moyen de mieux gérer une entreprise de 11 000 salariés et de faire des économies qui pourront être réinvesties dans le désormais célèbre virage éditorial qui plaît tant au Président.

Carolis fait alors plancher un grand cabinet d'avocats parisiens sur son projet de réforme des structures. Il s'agit du cabinet Gide Loyrette. Ce cabinet n'est pas tout à fait choisi au hasard : il accompagne régulièrement France Télévisions dans ses démarches depuis douze ans (procès en diffamation, etc.). Il avait notamment conseillé le service public dans le montage juridique de TPS en 1996. Il vient tout juste d'accueillir un collaborateur à temps partiel qui n'est autre que Jean-François Copé, l'ancien ministre du Budget. Gide Loyrette a également conseillé l'État lors de la fusion Suez-GDF. Bref, une garantie de confidentialité.

Le cabinet rend sa copie à la fin de l'été et conclut à la nécessité de modifier la loi audiovisuelle de 1986. Il préconise pour ce faire un discret amendement à la loi de finances, en arguant du fait que la création de l'entreprise unique avait une influence sur la redevance, qui elle-même fait partie intégrante des finances publiques. Un peu tiré par les cheveux, mais, comme dirait l'autre, nécessité fait loi.

La balle est désormais dans le camp des politiques, notamment Albanel, Bercy, Matignon et l'Élysée. Chacun va alors intervenir à sa manière. Voici comment l'appareil politico-administratif se déploie face à l'initiative d'un PDG d'entreprise publique.

Une « fuite » du château

La réaction d'Albanel balance entre « avis favorable » et agacement : elle comprend parfaitement que l'entreprise unique soit un enjeu primordial pour France Télévisions. Seulement, elle s'inquiète des dégâts sociaux qu'une telle mesure pourrait causer. En effet, il ne faut pas être grand clerc pour se douter que les syndicats de France Télévisions vont s'opposer de toutes leurs forces à cette opération dont l'un des objectifs principaux est de réduire l'emploi. De plus, Albanel craint qu'une telle réforme, passée à la va-vite, ne créée des dissensions importantes à France Télévisions, au point de déstabiliser le groupe. Sur ce point, les démissions de Baudillon de la direction générale de France 2 et de Hayet Zeggar, la patronne de France 4, vont lui donner partiellement raison. Mais ils seront très vite remplacés par des personnes de confiance. Geneviève Giard à France 3 et Claude-Yves Robin à France 5 tiendront bon la barre.

L'agacement d'Albanel ne porte pas tant sur le fond que sur la forme. En faisant passer un amendement gouvernemental en catimini, Carolis réussit à inverser la charge de la preuve, ce qui lui permet de pouvoir dire en interne que c'est l'État qui lui impose l'entreprise unique. Albanel n'a pas envie de se voir refiler le bébé de la contestation sociale à la télévision. Elle se rappelle trop bien la

Chapitre 5

Carolis à la Cour

À l'amorce de l'automne, Carolis a perdu ses illusions. Dépité, il réalise que Nicolas Sarkozy n'en fera qu'à sa tête et n'a que faire de son programme. Les premiers cercles du pouvoir dont il avait cru, durant l'été, faire partie l'écartent de leurs réflexions. Nicolas Sarkozy lui a signifié qu'il comptait co-piloter France Télévisions en déposant l'avion cargo sur la piste d'atterrissage qu'il aurait choisie lui, et pas un autre. Si bien que la rumeur parisienne – et Benamou n'est pas le dernier à la colporter – parle déjà du débarquement du PDG de France Télévisions. Certains évoquent une « danse du scalp » et énumèrent les successeurs potentiels... Foutaises. Mais on ne peut pas empêcher les courtisans de faire du zèle.

De son côté, Patrice Duhamel n'a pas attendu l'automne pour recevoir les premiers coups de fil du château. Dès le mois de mai, à peine élu, Nicolas Sarkozy le reçoit à l'Élysée : « Il faut que tu m'aides. Trouve-moi une émission politique pour Pierre Sled. » Duhamel soupire. Ça commence... Les deux hommes font le tour du parc, à pied. Les amis à caser défilent : Jacques Chancel, Didier Barbelivien, Christian Clavier à qui il faut trouver des téléfilms. Duhamel pioche dans le tas. Et c'est Christian Clavier qui sera la tête d'affiche de deux adaptations de Molière pour France 3, à l'origine dévolues à Michel Serrault[1] : *Le Malade imaginaire*, à l'antenne le 13 novembre 2008, et *Le Bourgeois gentilhomme*, le 19 décembre 2009. Le cachet de l'artiste – 382 000 euros pour chaque rôle – n'est pas en rapport avec l'audience : à chaque fois moins de 9 % de part d'audience.

Carolis n'a pas écouté les conseils de Philippe Baudillon qui, depuis des mois, l'avertit que les apparences de courtoisie du chef de l'État le trompent. D'ailleurs, plus les semaines défilent depuis la rentrée et moins le courant passe entre les deux hommes... Mais un épisode va endormir provisoirement la méfiance de Carolis et le rasséréner avant une nouvelle crise.

L'EMBELLIE CORSE

Le 30 octobre 2007, Nicolas Sarkozy décide de délocaliser le Conseil des ministres en Corse, à Ajaccio. Le Président aime beaucoup cette île dont sa première épouse était originaire. La veille du Conseil des ministres, outre une visite d'une réserve avec Jean-Louis Borloo sous des trombes d'eau, le Président doit prononcer un grand discours devant l'Assemblée corse à Ajaccio, avant d'inaugurer Via Stella, une chaîne de télévision issue de France 3 Corse.

Le discours à l'Assemblée de Corse est, de l'avis de tous, excellent. Sarkozy aime la Corse et c'est en ami qu'il explique sa politique : oui à la compréhension des particularismes de l'île, non à la mafia et au terrorisme. Le discours passe bien chez les politiques corses et dans la population. Sarkozy est heureux. C'est donc tout guilleret mais avec près de deux heures de retard que le Président vient inaugurer Via Stella où l'attendent fébrilement Patrick de Carolis et Michel Boyon, président du CSA. Les deux hommes se demandent à quelle sauce ils vont être croqués. Les plus optimistes considèrent même que le Président ne viendra pas. Cependant, le projet Via Stella est un engagement pris par un ministre de l'Intérieur en 2006 qui s'appelait... Nicolas Sarkozy. Pas question qu'il se

---

1. L'acteur est décédé le 29 juillet 2007.

dérobe : Via Stella, c'est son bébé ! Et ce jour-là, le chef de l'État ne manquerait pour rien au monde de pouponner. Le soir même, il a réservé le restaurant Chez Jeanjean à Ajaccio où il doit dîner avec quelques ministres, les élus corses et... des invités « surprise ». Carolis est tout étonné de se voir convier à dîner au débotté par le chef de l'État. Pas question de refuser. « Mais je suis venu avec Michel Boyon, je ne peux pas le laisser tout seul... », hasarde-t-il. « Tu n'as qu'à l'amener », lui répond très simplement Sarkozy.

Arrivé chez Jeanjean, Carolis aperçoit non sans amusement que Christian Clavier attend Nicolas Sarkozy en haut des marches, lequel feint l'étonnement. Était-il au courant, nul ne le sait...

Arrivé au premier étage du restaurant, Sarkozy improvise un plan de table. Il place François Fillon en face de lui. Christine Albanel. Puis, Sarkozy intime l'ordre à Carolis de s'asseoir à une chaise de lui, en face de Clavier. Rachida les rejoint un peu en retard, en bout de table. Le PDG de l'audiovisuel public est mieux placé que bien d'autres ministres. Carolis n'en revient pas : il va rompre le pain avec le Président, lui qui se croyait mal aimé du pouvoir. Gare aux illusions !

La soirée est drôle et détendue. Clavier fait du Clavier. Ce n'est pas pour déplaire à Carolis qui, comme on l'a vu plus haut, a confié à l'acteur le rôle d'Argan dans *Le Malade imaginaire* avec Marie-Anne Chazel. Le Président est dans une humeur des grands jours. Il plaisante, rit, lâche des anecdotes... Plus tard dans la soirée, un groupe de guitaristes folkloriques passe de table en table en chantant « O Catarinetta bella tchi tchi ! », entraînant avec eux quelques élus corse... Ces réjouissances s'achèvent vers 1 heure du matin.

Le lendemain matin, Carolis et Boyon sont bloqués à Ajaccio car les manutentionnaires de l'aéroport ont profité de la présence du chef de l'État pour manifester leur profond mécontentement et aucun avion ne décolle. Peu importe ce contretemps, Carolis lévite. Ultime petit plaisir, Albanel, qui n'avait jamais visité le musée Fesch d'Ajaccio, le fait ouvrir et invite Carolis à l'accompagner avant de rejoindre le Conseil des ministres. S'ensuit un déjeuner très arrosé à l'alcool de figues... Boyon finit pompette, Carolis reste à l'eau. Il faut tout de même rentrer à Paris. Miracle : Camille Pascal se débrouille pour trouver de la place dans le deuxième avion gouvernemental. « Ce jour-là, j'ai vu le respect dans les yeux de Boyon ! confie-t-il avec humour. Car avant, je n'étais rien. » À Paris, Benamou fulmine : il n'est pas du périple corse. Alors, il répète à qui veut l'entendre : « Les dîners avec Sarko, ça ne compte pas. » Et ma foi, il n'a pas tout à fait tort...

La vraie-fausse « trahison » de Benamou

La lune de miel corse n'aura qu'un temps. La situation va de nouveau se tendre début novembre. Philippe Baudillon, directeur général de France 2, démissionne de son poste. Sa mésentente avec Carolis et Duhamel est vive et Baudillon reste très hostile à l'entreprise unique. « Je n'ai jamais eu de problème avec l'homme Carolis qui s'est conduit en gentleman jusqu'au bout, précise-t-il. Simplement, une opposition de projet. Pendant les dix-huit premiers mois de son mandat, nous avons travaillé sur un schéma dans lequel France 2 devait être le navire amiral autour duquel les autres chaînes s'organisaient en flotille. Et puis soudain, sans même me consulter, à l'été 2007, il sort de son chapeau ce projet d'entreprise unique dans lequel France 2 doit se fondre. Et pendant des mois, on retire des moyens à la Deux pour remorquer les autres chaînes... »

Mais une discussion va provoquer la décision de Baudillon : « Un jour, je lui redis de se méfier de ce qui se prépare à l'Élysée ou à Matignon où j'avais mes propres informateurs. Par exemple, il méprisait Laurence Franceschini, la directrice du développement des médias[1]. C'était une grave erreur qui témoignait de sa méconnaissance des rouages de l'État. Soudain, il prend la mouche et me répond : "Mais, tu es contre moi ou avec moi ?" La question ne se

---

1. La Direction du développement des médias (DDM) est constituée de hauts fonctionnaires, rattachés à cette époque à Matignon. Laurence Franceschini se meut dans cet univers depuis fort longtemps au point que certains estiment qu'elle incarne, à elle seule, par sa puissance de travail, un secrétariat d'État à la communication. Elle a fait partie du cabinet de Renaud Donnedieu de Vabres et, à ce titre, s'est déjà opposée aux velléités publicitaires de Carolis...

posait même pas. Comment a-t-il pu en douter ne serait-ce qu'une seconde ? Là, j'ai compris que c'était fini. »

Baudillon et Carolis conviennent de se séparer. Carolis pense que se priver de ce « villepiniste » (il est le parrain de l'un des fils de l'ancien Premier ministre) ne lui coûtera rien politiquement. Sauf que...

Pour le remplacer, Carolis songe immédiatement à François Guilbeau, patron de RFO. Le PDG de France Télévisions se dit que si Guilbeau a survécu aux salariés de RFO, il peut tout supporter. Il n'a pas tort... Un conseil d'administration est alors prévu, le 18 décembre, pour entériner cette nomination. La veille au soir, le 17, Camille Pascal appelle Christophe Tardieu pour le prévenir et lui demander d'en informer la ministre de tutelle avant le conseil d'administration du lendemain. Tardieu était déjà au courant de la démission de Baudillon mais pas de la nomination de Guilbeau. Il explique de façon véhémente à Camille Pascal qu'une telle décision ne peut pas se prendre sans un minimum de concertation préalable avec l'actionnaire et qu'une telle méthode ressemble à un passage en force. Il demande enfin que Patrick de Carolis en informe directement la ministre le soir même.

Carolis et Albanel réussissent avec difficulté à se joindre... le lendemain matin avant 8 heures. Albanel exprime son mécontentement mais Carolis considère qu'elle ne s'oppose pas réellement à la nomination de Guilbeau et il décide de maintenir le vote sur ce sujet.

Les témoins qui assistent au conseil d'administration vont vivre une scène surréaliste. Lorsque arrive la résolution portant sur la nomination de Guilbeau, les représentants de l'État au conseil d'administration demandent une suspension de séance. Au retour, de façon embrouillée, Laurence Franceschini indique qu'elle a reçu des consignes de l'Élysée visant à ce que les représentants de l'État s'abstiennent lors du vote. Le député Christian Kert et le sénateur Louis de Broissia, qui représentent le Parlement au conseil d'administration, sont outrés et le disent haut et fort. Les syndicats s'emparent de l'affaire pour y voir un désaveu de la direction de France Télévisions. Dominique Wolton se lance alors dans une grande diatribe sur le thème : « la mainmise de l'État sur l'audiovisuel public ». En tout cas, c'est un désaveu cinglant pour Carolis...

En fait, Laurence Franceschini vient de téléphoner à Christophe Tardieu qui se trouve précisément en réunion avec les conseillers culture et communication de l'Élysée et de Matignon. La décision d'abstention est donc prise de façon consensuelle entre la rue de Valois, la rue de Varenne et le château. Ce détail aura une importance dans l'épisode tragi-comique qui va suivre.

Carolis est outré. Il pense que cette abstention est le signe d'un désaveu de l'État. Peu de temps après, il déjeune en tête à tête avec Christine Albanel, déjeuner qui a été un cauchemar à monter pour leurs collaborateurs respectifs. L'ambiance est glaciale. Puis, quelques jours plus tard, Carolis a rendez-vous avec le chef de l'État pour une réunion prévue en petit comité. Georges-Marc Benamou, dont l'étoile commence à pâlir, n'a pas été convié à cette réunion. Il utilise alors la manœuvre habituelle d'un bon conseiller. Il se présente dans l'antichambre à l'heure du rendez-vous afin d'entrer dans le bureau du Président lorsque ce dernier accueille ses visiteurs. Mais, ici, le scénario tourne au drame. Georges-Marc Benamou arrive dans l'antichambre, il salue Patrice Duhamel puis tend la main en direction de Carolis, lequel garde ostensiblement le bras derrière son dos en lui disant, de façon théâtrale : « Je ne serre pas la main d'un homme qui cache dans son dos un poignard. » Benamou, qui a le sang chaud, le prend très mal et élève la voix. Quelques noms d'oiseaux fusent...

Des témoins qui n'ont rien à voir avec l'audiovisuel sont présents dans le bureau du Président lorsqu'ils entendent des éclats de voix en provenance de l'antichambre. Le raffut est tel que Nicolas Sarkozy interrompt sa réunion et fait entrer les protagonistes dans son bureau où tout le monde s'explique.

Carolis reproche, en substance, à Benamou la « trahison » de l'abstention au conseil d'administration lors de la nomination de Guilbeau. Et Benamou hurle « ce n'est pas moi qui ai donné l'ordre, c'est Tardieu, d'ailleurs, on va appeler tout de suite Laurence Franceschini pour qu'elle le confirme ». Et il joint le geste à la parole. D'après les témoins, le Président est abasourdi par une telle agitation. Il se fait expliquer l'affaire. Et conclut que la décision d'abstention est stupide. « Si on n'est pas d'accord, on doit voter contre », fait-il savoir à ses collaborateurs. Carolis ne sait pas alors si la position du Président relève du soutien ou du désaveu. En tout cas, il semble bien que ce soit à compter de cet épisode que le Président décide d'écarter son encombrant conseiller à la Culture des décisions les plus importantes. Carolis n'a donc pas tout perdu. On notera que Sarkozy est moins indulgent avec les colères de ses collaborateurs qu'avec les siennes.

Mais Carolis n'est pas le seul à souffrir des foucades de la Cour. En ce mois de décembre, la ministre de la Culture n'est pas non plus à la fête. Sa timidité, son incapacité à déployer dans les médias l'assurance que les choses sont sous son contrôle et les brusqueries de Nicolas Sarkozy lui valent les lazzis de la presse qui bruissent sur son départ au premier remaniement... Benamou n'est pas le dernier à laisser entendre qu'il est le « vrai » ministre de la Culture. En fait, tout est parti d'un écho de la rubrique « Téléphone rouge » du *Nouvel Obs*. Sarkozy aurait confié, en privé, que Christine Albanel était « une grande déception pour lui ». Et commence à peser sur la ministre la menace qu'elle passerait par-dessus bord afin que son fauteuil revienne à une personnalité plus flamboyante, plus « paillettes ». L'écho du *Nouvel Observateur* va se répandre pour devenir l'une de ces vérités d'Évangile qu'il ne sera même plus question de discuter. Christine Albanel, qui compte quelques amis dans la presse – et pas seulement à droite –, n'obtiendra pas le moindre coup de main de leur part. « Le phénomène courtisan, qui désigne ceux qui ont la cote et ceux qui ne l'ont pas, frappe inconsciemment y compris les esprits a priori hostiles à Nicolas Sarkozy », confie-t-elle à ses proches, un peu blessée.

Il n'est pas interdit de penser que les traits d'esprit de Christine Albanel à l'encontre des uns et des autres, y compris du chef de l'État, soient revenus aux oreilles du président de la République par un réseau de mouchards. En outre, Albanel, comme du temps de Jacques Chirac, ne prend jamais de gants pour exprimer son opinion dans les réunions de travail et lorsqu'elle estime qu'un raisonnement du chef de l'État ne tient pas la route, la ministre ose le lui dire. Elle lui rend sans doute un meilleur service que bien des courtisans opinant aux avis d'un chef de l'État souvent convaincu d'avoir la science infuse. Et puis, c'est plus fort qu'elle, Albanel ne sait pas dissimuler ses sentiments. Quand elle s'ennuie, ça se voit ! Ce que Sarkozy ne supporte pas... Elle a même des préventions vis-à-vis du langage fleuri du président de la République qui, de ce point de vue, n'a rien à envier au président Nixon. Un choc des styles !

Chapitre 6

Le big bang de la pub

Hormis l'épisode des vacances médiatisées de Christine Ockrent en compagnie du couple Sarkozy-Bruni, les fêtes de Noël 2007 furent calmes dans l'audiovisuel. De ce calme qui précède les tempêtes.

La conférence de presse qui tue

La veille du 8 janvier, je reçois une alerte en provenance de l'Élysée. « Tu devrais te renseigner, Sarko va annoncer du lourd demain... » Michel Colomès, le directeur de la rédaction du *Point*, m'informe également. Je gratte un peu. L'Élysée se mure dans le silence mais on me glisse que cela pourrait avoir à faire avec France Télévisions... Le débarquement de Carolis ? On ne sait pas. Le matin du 8 janvier, ma source m'annonce à 8 heures du matin : « Prépare-toi à bousculer ton journal, Sarko va annoncer la suppression de la publicité sur France Télévisions. » Réunion urgente au *Point* entre chefs. Nous sommes mardi, jour de bouclage. Il faut débloquer de la place si tout cela se confirme. Et on se colle devant la télévision en attendant l'oracle présidentiel.

Le président de la République organise la première conférence de presse de son quinquennat. Ce genre d'exercice, qui a connu son moment de gloire au temps du général de Gaulle, est très compliqué. De Gaulle en avait fait un art. Les questions étaient soigneusement préparées en amont et de Gaulle rédigeait à l'avance les réponses qu'il apprenait ensuite par cœur. Le style et la beauté littéraire des réponses séduisaient tous les participants qui avaient l'impression de vivre un moment d'histoire. Pompidou s'y est essayé par la suite non sans un certain brio. Mais Pompidou était normalien... Les présidents suivants ont évité l'exercice. Même François Mitterrand.

Peu de personnes sont au courant du contenu du discours de Nicolas Sarkozy ce 8 janvier. Éric Ganrandeau, Claude Guéant et Henri Guaino ont participé aux séances de relecture. Alain Minc est également passé par là car Nicolas Sarkozy, de retour de Sharm El-Cheikh, cherche à faire quelques annonces un peu fortes. François Fillon est hors jeu.

Aux deux tiers de son discours, Nicolas Sarkozy s'interrompt. Il sait qu'il va faire un bon coup qui sera évoqué dans tous les journaux dès le lendemain. Il sourit à cette idée. Et il annonce qu'il souhaite que l'on expérimente la fin de la publicité sur France Télévisions. L'annonce fait un coup de tonnerre. Christine Albanel, qui est présente dans la salle des fêtes de l'Élysée comme tous ses collègues ministres, est interdite, puis furieuse. Elle n'a même pas été informée de cette « nouvelle lubie » du Président. Elle note les regards narquois de ses collègues qui semblent lui murmurer « bon courage ».

Mais si Albanel n'est vraiment pas de gauche, elle n'en est pas moins adepte de la phrase de Chevènement : « Un ministre, ça ferme sa g... ou ça démissionne. » Elle n'a d'ailleurs jamais songé à démissionner à cause de cette annonce. D'abord, elle considère que c'est une bonne idée, certes complexe à mettre en œuvre – elle sera bien payée par la suite pour s'en apercevoir – mais qui va dans le bon sens. Tout ce qui distinguera nettement France Télévisions des chaînes privées a sa faveur. En supprimant la publicité, l'audiovisuel public se libère de la « dictature de l'Audimat ». Très bien. Mais à la condition que les ressources publiques suivent...

Ensuite, jamais Albanel n'aurait pu émettre seule cette idée de la suppression de la publicité sur France Télévisions. Trop révolutionnaire. Trop forte. De toute façon, a-t-elle reconnu plus tard dans la presse, « quand bien même j'aurais proposé cette idée, Bercy et Matignon m'en auraient empêchée, ne serait-ce que pour le coût de l'opération. Et surtout, Nicolas Sarkozy aurait été furieux qu'un de ses ministres fasse une telle annonce. » Dans la Ve République et surtout quand le Président s'appelle Sarkozy, lui seul peut briller de cette manière. Ce serait un crime de lèse-majesté de ne pas procéder ainsi.

Christine Albanel a reconnu devant des visiteurs du soir qu'elle se sentait finalement assez bien dans un tel système. Au Président les grandes annonces et au ministre le soin de les mettre en œuvre. Albanel est une bosseuse acharnée qui aime faire avancer ses dossiers en communiquant le moins possible. Le chef de l'État lui offre une occasion en or de démontrer ses talents. À elle que l'on dit en difficulté et proche de la porte de faire la preuve de ses compétences.

Patrick de Carolis apprend cette nouvelle en regardant la télévision, la conférence de presse étant retransmise par France 2. Il reste calme, voire impassible. « L'annonce présidentielle réveille en lui le souvenir d'une vague conversation générale avec peut-être Henri Guaino, témoigne Damien Cuier. Mais la suppression de la pub n'était qu'une hypothèse furtivement évoquée. »

Carolis songe tout de suite à la régie publicitaire de France Télévisions qui vient d'apprendre en direct à la télévision sa disparition. Déjà un premier problème à gérer. Ensuite Carolis médite : que cache cette annonce ? Est-ce un nouveau moyen inventé pour l'étrangler par l'argent, comme cela avait été fait par le passé avec Philippe Guillaume ? Est-ce au contraire un coup de pouce du Président visant à l'inciter à accentuer encore davantage son virage éditorial ? L'heure n'est pas aux supputations mais à l'action. Carolis sait très bien que sa maison va entrer en ébullition, craignant par cette annonce quelques coups bas de l'exécutif. Patrice Duhamel, à ses côtés, tourne en rond dans la pièce, recoiffe sa mèche (son geste, quand il réfléchit) en répétant : « Ce n'est pas possible, ce n'est pas possible... » Pourtant, il doit se souvenir que cinq ans plus tôt, il avait pondu une note pour Nicolas Sarkozy visant à supprimer la pub sur France Télévisions... L'idée a fait son chemin mais les moyens diffèrent de ceux qu'il avait préconisés avec son ami Jean-Michel Gaillard.

Aussitôt après l'annonce, un coup de fil de l'Élysée avertit le président de France Télévisions qu'il doit s'abstenir de donner toute interview. Bastien Millot coupe court aux atermoiements : « Si on veut rester autour de la table, il faut qu'on abatte nos cartes. » En être ou ne pas en être ? Avant même la fin de la conférence de presse présidentielle, Patrick de Carolis publie un communiqué de presse – rédigé par Camille Pascal – dans lequel il prend acte de la suppression de la publicité au sein du groupe « validant ainsi la stratégie éditoriale de France Télévisions qui va lui permettre de renforcer l'identité de service public ». Carolis reprend, au fond, la célèbre citation de Jean Cocteau[1] : « Puisque ces mystères nous dépassent, feignons d'en être l'organisateur. » Peu d'observateurs goberont cette mouche. Comment oublier qu'il y a quelques mois à peine, le PDG de France Télévisions demandait à son actionnaire la possibilité d'une coupure de publicité dans les programmes de flux ? Demande refusée clairement par ailleurs. Carolis avale la couleuvre, question de survie. Ses salariés hurlent qu'il se couche. C'est tout juste s'ils ne l'accusent pas d'être un « social-traître ». En début d'après-midi, il m'appelle et se justifie : « Si je ne me rangeais pas dans les deux heures à la réforme, c'était foutu. Je n'avais plus qu'à démissionner. Je ne peux pas abandonner les salariés maintenant, au milieu du gué. »

Philippe Santini, patron de la régie publicitaire de France Télévisions, n'a pas de chance en ce début d'année 2008. Il marche difficilement avec des béquilles à la suite d'un accident de ski. Il réunit ses troupes dans l'après-midi et tente de les galvaniser. Mais il voit bien qu'il est sur le pont du Titanic et son orchestre joue faux. Après avoir souhaité bonne chance à chacun, Santini s'effondre en larmes. Le paradoxe est que l'une des filiales les plus sarkozystes du groupe – les pubeux sont, en général, des libéraux bon teint – vient d'être

---

1. Cette citation est issue des *Mariés de la tour Eiffel*.

rayée de la carte d'un simple trait de plume par le président de la République.

Martin Bouygues sidéré

Chez TF1, la déflagration de l'annonce présidentielle surprend Nonce Paolini, penché sur ses papiers, alors que le PDG de la Une étudie la grille des augmentations de salaires. Il a zappé la conférence. Son téléphone sonne. Au bout du fil, Jean-Pierre Paoli, son responsable de la stratégie : « Dis donc, je ne suis pas sûr d'avoir bien entendu mais Sarko a décidé de supprimer la pub sur France Télé...

— Tu déconnes ? » lui répond Paolini, incrédule.

Immédiament après, second coup de fil. Cette fois, c'est Philippe Denery, son directeur financier. Lui aussi n'est pas sûr d'avoir bien entendu...

Paolini se précipite sur les premières dépêches et obtient confirmation. Il adresse aussitôt un texto à Martin Bouygues : « Sarko vient d'annoncer la suppression de la pub sur France Télé. »

Réponse de Martin : « Non ? »

Paolini : « Si ! »

Bouygues : « Ça alors... »

Les deux hommes restent sidérés.

Tout le monde est pris de court par cette annonce. Les cabinets ministériels de la rue de Valois, de Bercy et de Matignon se mettent immédiatement à la tâche en récupérant comme ils le peuvent des statistiques sur les chiffres d'affaires de certains secteurs. En effet, le problème le plus urgent consiste à trouver l'argent nécessaire pour compenser le manque à gagner lié à la fin de la publicité sur France Télévisions. Il faut rassurer les salariés du groupe, inquiétés par cette surprise du chef. Tous considèrent, et pas uniquement les syndicats, que cela cache quelque chose.

Pourtant, Nicolas Sarkozy a été clair dans son intervention : le manque à gagner sera compensé euro pour euro, et il a évoqué deux pistes de financement : une taxation des chaînes privées sur les surplus publicitaires dus à la fin de la publicité sur France

Télévisions et une taxe dite « infinitésimale » sur les opérateurs de télécommunication. La Fédération française des télécoms (FFT)[1] met aussitôt deux avocats sur le coup : Guy Carcassonne pour démontrer l'inconstitutionnalité du dispositif et Me Laurent Parléani, un avocat spécialiste du droit communautaire, pour préparer un recours à Buxelles...

Le discours de Nicolas Sarkozy comporte une énormité que peu de commentateurs relèvent : comment déterminer et donc taxer un surplus de recettes publicitaires ? À partir de quel montant doit-on considérer que le chiffre d'affaires publicitaire des chaînes privées devient un surplus ? C'est bien évidemment impossible. C'est donc tout le chiffre d'affaires publicitaire des chaînes privées qui devient la base taxable.

On comprend que le monde des télévisions privées soit en émoi. Certes, elles ont accueilli avec le sourire l'annonce de la fin de la publicité sur l'une de leurs principales concurrentes. Mais elles se rendent compte maintenant qu'elles vont financer une bonne partie de la réforme ! Enfin, tous ne sont pas surpris... Chez TF1, Laurent Solly, doté par la nature d'un physique de jeune premier qui fait se pâmer les filles, promène un petit sourire en coin. Lui, l'ancien aide de camp du candidat Sarkozy, passé en mai chez Bouygues, puis chez TF1, savait que l'idée était dans l'air. Je fais sa connaissance le 26 septembre 2007, au Pavillon Élysée où nous nous retrouvons autour d'un jus de tomate en fin d'après-midi. Il me confie qu'il sort du bureau du Président qui se situe à deux encablures. Nicolas Sarkozy a entendu le plaidoyer du nouvel officiant de TF1 : « Il faut supprimer la pub sur le service public pour la réserver aux groupes privés, a asséné celui-ci au chef de l'État. Nous, les Français, sommes des nains face aux Américains. Il est nécessaire de compenser ce retard en fortifiant les groupes privés afin de reconquérir des territoires, au moins en Europe. On ne peut pas laisser le champ libre à Murdoch. » Nicolas Sarkozy a écouté mais n'a rien dit. Solly a quitté le candidat une fois élu. Le Président, qui ne révère que la politique, ne comprend pas ce choix auquel il ne s'est

---

1. La FFT regroupe les plus grands acteurs du secteur des télécommunications, directement ou via leurs syndicats.

pas opposé. « Comment ? Tu me quittes alors qu'on a gagné ? », lui avait-il lancé en découvrant que son fidèle compagnon souhaitait filer prendre un gros salaire au sein de la tour TF1.

C'est Martin Bouygues qui l'avait repéré. Les deux hommes ont fait connaissance à Alger, début juin 2004, dans le sillage du voyage officiel effectué par Nicolas Sarkozy, à l'époque ministre des Finances. Outre Martin Bouygues, le ministre avait embarqué les PDG d'Alstom, Veolia, Suez, Total, Gaz de France, RATP, SNCF... Séduit par ce jeune homme fringant, présentant bien, l'héritier du groupe Bouygues avait alors glissé à Solly que, le jour venu, les portes de l'entreprise lui seraient ouvertes... Il a tenu parole et trouve, par là-même, un émissaire commode qui lui ouvre l'accès à celles de l'Élysée. Car – et Dieu sait qu'il est difficile de l'admettre – Martin Bouygues n'ose pas demander lui-même de menus services à son ami Sarkozy. Ce serait comme mendier et il sait que leur amitié en serait flétrie. Sans compter les risques politiques d'un cadeau trop voyant... D'où l'idée – sans doute vendue par Alain Minc – de taxer les chaînes privées, donc TF1, pour financer l'audiovisuel public. Ce montage financier n'est qu'une parade aux attaques politiques que le chef de l'État anticipe. C'est la solution pour tenir deux promesses contradictoires : libérer l'audiovisuel public de la manne publicitaire pour renouer avec les programmes haut de gamme de son enfance et ne pas augmenter la redevance. Le contribuable est épargné mais les chaînes privées et les géants des télécoms seront mis à contribution.

Quelques jours plus tard, Nonce Paolini, Bertrand Méheut et Nicolas de Tavernost se retrouvent au ministère de la Culture où Christine Albanel prononce ses vœux pour l'année 2008. Patrick de Carolis les accoste avec le sourire : « Est-ce que vous avez votre carte bleue ? » Rires des trois présidents de chaîne privée. Réflexion de Nonce Paolini : « Je pensais que ça resterait une plaisanterie, ça n'a pas été le cas... »

Pour les chaînes historiques hertziennes – TF1, Canal, M6 –, tout va dépendre du montant de la taxe. Elles pensent qu'elles vont probablement récupérer une bonne partie de la manne publicitaire mais il ne faudrait pas que cette taxation devienne confiscatoire. Les chaînes privées considèrent d'ailleurs qu'avec leurs obligations de production et le financement du compte de soutien du Centre national de la cinématographie (CNC), elles ont déjà un taux de taxation important. Ce n'est pas faux. Cependant, elles oublient qu'à la différence des opérateurs de télécommunication, elles utilisent gratuitement leurs fréquences... Ce « cadeau » de l'État mérite donc bien un petit retour.

Les chaînes de la TNT, elles, sont carrément vent debout. Même si elles observent des croissances spectaculaires de leur chiffre d'affaires publicitaire, aucune n'est encore à ce jour à l'équilibre. Toutes perdent de l'argent, parfois de fortes sommes. Elles craignent donc une taxation qui viendrait creuser les déficits. Pas question !

Les opérateurs de télécommunication sont tout aussi abasourdis. Didier Lombard, le patron de France Télécom, fait rapidement savoir à Matignon et à la rue de Valois qu'il ne s'exprimera pas publiquement sur le sujet, même s'il s'interroge sur le lien entre les opérateurs de télécommunication et la télévision publique. Mais Lombard est un vieux renard. Il ne tient pas à s'exprimer car il sait très bien que son groupe investit de plus en plus dans les contenus audiovisuels et dans le cinéma. Bientôt, il sera un grand du secteur audiovisuel. Il est donc particulièrement concerné par cette mesure. Didier Lombard masque son jeu : ce n'est pas France Télécom qui se cabrera contre une décision du chef de l'État mais la Fédération française des télécommunications (FFT), en fait, largement dominée par... France Télécom. Et celle-ci fera tout ce qui est en son pouvoir pour s'opposer à cette taxation [1]. Mais dans son style inimitable, Lombard a rassuré les pouvoirs publics. Jusqu'au jour où Sarkozy lui lancera Stéphane Richard dans les pattes mais, pour l'heure, nous en sommes encore loin... Martin Bouygues est furieux. Il réalise qu'il sera doublement taxé : une fois sur les comptes de TF1, une fois sur ceux de Bouygues Télécom.

Enfin, ce débat va faire resurgir un serpent de mer de l'audiovisuel public : l'augmentation de la redevance.

---

[1]. La FFT obtiendra finalement gain de cause devant la Commission de Bruxelles qui invalide la taxe sur les télécommunications onze mois après l'adoption de la loi audiovisuelle du 5 mars 2009.

Chapitre 7

Le « concours Lépine » de la taxe

Compte tenu des promesses de campagne du Président, Christine Albanel ne peut exprimer publiquement aucune opinion en faveur de l'augmentation de la redevance, alors qu'en privé elle ne cache pas qu'il s'agit de la meilleure solution. Prudemment, elle commence à évoquer la nécessité de faire en sorte « que la redevance ne baisse plus », en d'autres termes qu'il faut l'indexer sur le coût de la vie. De plus, lors de la conversion à l'euro de la redevance, le montant aurait dû être de 116,50 euros. Mais comme on n'accepte plus de chiffre à virgule pour les impositions, il avait été décidé d'arrondir à 116 euros. Toujours cela de perdu pour le service public de l'audio-visuel !

Guéant veille au grain

Le débat sur la redevance n'en est qu'à ses prémices. Jean-François Copé saura bien le faire rebondir plus tard. Jusqu'à se tirer la plus belle balle dans le pied de ce début de quinquennat...

Le 9 janvier, au lendemain du « big bang », Carolis est reçu par Christine Albanel. Ce sont deux éclopés du « coup de pub » de

Sarkozy qui se relèvent du choc. Ils plaisantent ensemble. « Faut qu'on saute sur ce cheval, qu'on accroche la crinière et on ne détèle sous aucun prétexte », lance Carolis en guise de « programme commun ». « Avec le Président, ce n'est plus du cheval, c'est du rodéo ! », relève la ministre en riant.

Le 11 janvier, Carolis est reçu par François Fillon en présence de Jean-Paul Faugère, son directeur de cabinet qui le suit depuis toujours, et d'Antoine Gosset-Grainville, son directeur de cabinet adjoint, qui avait assuré ces fonctions auparavant auprès de Pascal Lamy, à la Commission européenne. L'objectif est de rassurer Carolis. Fillon lui assure qu'il n'était pas au courant de l'annonce présidentielle et que l'objectif est de légiférer avant l'été. Les faits montreront que le Premier ministre pèche par optimisme. Enfin et c'est le plus important pour le groupe, Fillon confirme à Carolis que le périmètre de France Télévisions, à savoir ses chaînes, reste intact. Un propos redondant avec celui que Sarkozy vient lui-même de prononcer : pas touche au périmètre. Sur la compensation, le Premier ministre demeure plus évasif. La ressource qui sera trouvée sera « pérenne et dynamique », en d'autres termes elle doit évoluer aussi en fonction des besoins stratégiques du groupe. Avant de le quitter, Fillon lui glisse : « Tenez bon ! »

Carolis sort à moitié rassuré de Matignon. Il sait désormais que le gouvernement n'a pas l'intention de lui demander de sacrifier une chaîne sur l'autel des économies à faire. Carolis n'y croit guère mais ce n'est pas impossible non plus. Il sait que beaucoup de critiques sont émises sur France 4 qui peine à trouver son public et une véritable ligne éditoriale. Mais qu'est-ce que France 4 ? À peine 20 millions d'euros par an dans les programmes... Une broutille.

Pour le reste, le compte-rendu qu'il fait en interne à ses proches collaborateurs est lapidaire. Personne ne sait au sein du gouvernement comment trouver l'argent qui va manquer. Patrice Duhamel déploie son art du « coup de wizz » : sa vision pessimiste des choses le persuade que Sarkozy a décidé d'étrangler France Télévisions et de pousser ses dirigeants à la démission afin de mettre un proche à sa tête. Mais quel proche ? Benamou est en pleine disgrâce et lui aussi a appris la fin de la publicité sur l'audiovisuel public en regardant la conférence de presse à la télévision. Et puis le Président vient de parler publiquement d'une compensation euro pour euro. Cela ne tient pas.

Petit à petit, les contours de la réforme se précisent. Un groupe de travail se met en place autour de François Pérol à l'Élysée. Il réunit Matignon, Bercy « Budget », Bercy « Finances » et la rue de Valois. Il s'agit de définir les grands principes du financement.

D'abord, le périmètre de la publicité. La rue de Valois fait valoir qu'il serait tout à fait possible de conserver les opérations de parrainage et de sponsoring qui ne sont pas à proprement parler de la publicité. Le cabinet Albanel explique que le maintien du parrainage et du sponsoring est indispensable pour permettre à France Télévisions de diffuser de grands événements sportifs comme le tournoi des VI Nations ou le Tour de France. Que dirait le Président, grand amateur de la petite reine, si l'audiovisuel public ne pouvait plus diffuser les étapes du Tour ? Et en plus, cela représente quand même 80 millions d'euros d'économisés... Le sujet est vite tranché.

De même, France Télévisions pourrait être autorisée à maintenir la publicité sur son site Internet. Aujourd'hui, ce sont de faibles ressources mais le taux de croissance du chiffre d'affaires de la publicité sur Internet est à deux chiffres. Accessoirement, le maintien du parrainage et du sponsoring ainsi que la publicité sur Internet permettent de maintenir une activité résiduelle à la régie publicitaire. Socialement, ce n'est pas neutre...

Après, comme le qualifiera joliment Pascal Rogard, directeur général de la SACD, « c'est le concours Lépine de la taxe : l'État, tel le prince de Soubise, cherche des ressources avec sa lanterne ». Dans les nombreux débats qui s'engagent, les meilleurs lobbyistes de la place de Paris affûtent leurs armes.

Le principe d'une taxation du chiffre d'affaires publicitaire des télévisions privées ne fait pas débat. Personne ne l'évoque donc. Mais tout le monde sait bien que le vrai combat se situera plus tard, quand il faudra déterminer le taux. Et tout le monde a peur de TF1 et de son influence déterminante auprès du Président...

Le cabinet d'Éric Besson, secrétaire d'État à l'Économie numérique, fait alors une proposition : pourquoi ne pas taxer ce que l'on appelle les produits bruns, c'est-à-dire les téléviseurs, PC, téléphones portables et autres smartphones ? L'idée est loin d'être absurde. En effet, il n'existe aucun fabricant français de ce type d'appareil, la France se contente d'en importer. De surcroît, le chiffre d'affaires de ce secteur avoisine les 17 milliards d'euros par an. L'idée est séduisante mais elle cache le fait que le cabinet Besson cherche à toute force à protéger les opérateurs de télécommunication et autres fournisseurs d'accès à Internet. Matignon serait sur la même longueur d'onde car François Fillon est un ancien ministre... des Télécommunications.

Pour autant, l'Élysée ne va pas se laisser fléchir au nom de deux principes. François Pérol veut un mode de taxation rustique, simple et efficace. Le Président a évoqué deux taxes, cela fait déjà au moins deux secteurs mécontents. Inutile d'en rajouter de nouveaux. Et puis l'Élysée est moins sensible aux charmes des opérateurs de télécommunication. Ces derniers disposent en effet d'un marché oligopolistique et réalisent des marges considérables. Ils peuvent donc payer. Un hic : cette taxe est contraire à une directive européenne du 7 mars 2002. Personne n'y prête attention... C'est l'arme secrète des opérateurs télécoms qu'ils ne dégaineront que le moment venu.

Le périmètre et la nature des taxes sont ainsi stabilisés dans l'ignorance des règles européennes. Il va falloir maintenant arrêter les taux. Ce ne sera pas pour tout de suite car une nouvelle idée vient de germer dans la tête du Président...

Exit Frédéric Mitterrand

Début février, Nicolas Sarkozy réunit les ministres concernés et ses principaux conseillers. De l'avis unanime, le chef de l'État est très remonté pour toute une série de raisons. D'abord, il se décerne des lauriers à propos d'une réforme que la gauche n'a jamais osé engager. Ensuite, il insiste sur la nécessité de revoir les programmes de France Télévisions. Si l'on fait une telle réforme, ce n'est pas pour garder les mêmes émissions. Il donne donc pour instruction à Christine Albanel de lancer au plus vite la réforme du cahier des charges de France Télévisions. « On a déjà commencé », rétorque la ministre. « Peut-être, mais attention, il faut aller très loin, je veux du théâtre, de l'opéra en direct, des émissions littéraires, de la musique... » Mais le Président est moins disert sur les taxes et la compensation : ce n'est pas son problème. Il a assez d'inspecteurs des finances dans son cabinet pour régler ce détail.

Enfin, Sarkozy est agacé. Tous les jours de nouvelles critiques sont émises sur sa réforme que tout le monde trouve improvisée et non préparée. Ce n'est pas tout à fait faux. Pour répondre à ces critiques et avoir un œil non administratif sur la portée de la réforme, Sarkozy veut créer une grande commission composée de professionnels de l'audiovisuel. Tout le monde approuve. Pas pour longtemps.

Dans l'ombre, Georges-Marc Benamou tente de reprendre le peu de crédit qui lui reste à l'Élysée. Il propose le nom de Frédéric Mitterrand à Nicolas Sarkozy qui l'accepte immédiatement. Albanel se voit chargée d'aller discuter avec l'intéressé, ce qu'elle fait derechef. L'entretien a lieu un samedi soir au *Lutétia*. Le ton est très courtois. On est entre gens bien élevés...

Mais des voix s'élèvent contre cette idée. La commission doit faire des propositions permettant d'élaborer un projet de loi pouvant être aisément voté par des parlementaires de la majorité parfois rétifs aux initiatives du président de la République. Le second travail fondamental de cette commission consiste à déterminer avec précision le manque à gagner publicitaire de France Télévisions et à proposer des taxes utiles pour le compenser. C'est un travail parlementaire et de technique économique et fiscale. Mitterrand aurait été parfait sur les programmes mais il ne semble pas avoir le bon profil pour ce travail-là. Et puis, Sarkozy vient de mettre en ébullition sa majorité parlementaire, furieuse de se voir dicter ses lois par le rapport Attali... qui a réussi par ailleurs à bloquer les taxis à Paris. Frédéric Mitterrand après Jacques Attali, la Mitterrandie revient en force ! Les députés UMP n'avaleront pas cette deuxième couleuvre.

Sur ces entrefaites, Jean-François Copé vient en visite à l'Élysée pour une réunion de routine. Sarkozy a besoin de se débarrasser de cette patate chaude qu'est devenue la réforme de la télévision. Et puisque Copé passe par là... Il interroge le chef du groupe UMP : « Que disent les députés ? » « Vous avez aimé Attali, vous adorerez Mitterrand », lui répond, sous forme de slogan, un Copé très intéressé par la télévision. Sarkozy peste : « Ce qu'ils peuvent être conservateurs ! »

De façon assez inattendue, Sarkozy lui confie alors les clés de la Commission. Le chef de l'État ne prend pas la peine de prévenir le neveu de François Mitterrand, c'est Copé qui s'en charge : « J'appelle Frédéric Mitterrand dans la soirée pour lui dire que nous allons co-présider la Commission. Sur le coup, ça ne lui pose pas de problème. Et puis, le lendemain matin, il me rappelle et me dit : "J'ai réfléchi. Ça va être trop compliqué. Vas-y seul." » En fait, Mitterrand a contacté de nombreux professionnels – dont Nicolas Demorand, l'intervieweur politique de France Inter – à qui il va falloir annoncer qu'ils ne feront finalement pas partie de la Commission puisqu'il faut faire de la place aux députés... Exit Mitterrand. Ce dernier, avec humour, enverra une carte postale à Nicolas Sarkozy représentant le chien de Lucky Luke : Rantanplan. Mais publiquement, il gardera le silence... Le chef de l'État saura s'en souvenir. Surtout quand Mitterrand trouvera des soutiens auprès de Carla, devenue Bruni-Sarkozy le 2 février 2008.

Confier la commission pour la réforme de l'audiovisuel public à Jean-François Copé est un bon coup pour l'impétrant et le Président. Mais cette affaire comporte des risques.

En effet, Copé sera obligé de mettre tout son poids politique dans la balance lors de l'examen du projet de loi à l'Assemblée nationale. Après les récents cafouillages au Parlement, Sarkozy a besoin que ce projet passe du premier coup. Copé sait que la mission est difficile. Mais il compte bien en tirer le maximum d'exposition médiatique et de surcroît acquérir des compétences dans un domaine qui le fascine. Lui qui maîtrise si bien les médias aimerait mieux les connaître de l'intérieur.

Copé s'assure aussitôt de la neutralité bienveillante de Christine Albanel, avec qui il va être amené à travailler. Un rapide petit déjeuner est organisé rue de Valois. Copé veut se faire aider d'un rapporteur général de sa commission qui n'est autre qu'Hervé Barbaret, administrateur général adjoint du musée du Louvre, qui avait travaillé avec Copé sur l'audiovisuel quelques années auparavant. Barbaret est très proche de Tardieu. Cela va faciliter les choses.

Entre la ministre et le chef du groupe UMP au Parlement, l'entente est immédiate. Elle est logique entre ces deux chiraquiens qui partagent au fond une culture politique semblable. Albanel est fascinée par l'animal politique qu'est Jean-François Copé même si elle le trouve toutefois un peu mysogine. Dans la génération des quadras, elle sait qu'il est largement devant les autres. Copé, de son côté, veut ménager Christine Albanel dont il connaît par ailleurs la position de faiblesse au sein du gouvernement. Tous les deux ricanent de l'état d'impréparation globale de la réforme. « Si j'avais été mise au courant, on aurait pu préparer un peu les choses en amont », glisse Albanel. « Tu le connais, répond Copé, il est comme cela... »

La nomination de Jean François Copé est la première bonne nouvelle pour Patrick de Carolis depuis un mois. Carolis ne le connaît guère mais il a auprès de lui deux de ses anciens plus proches collaborateurs, Bastien Millot et Damien Cuier. Il sait que Copé ne sera pas un ennemi, bien au contraire. La confirmation vient vite avec la liste des membres qui vont composer la fameuse Commission Copé. Des parlementaires très proches de l'audiovisuel public : Christian Kert, Michel Herbillon pour l'Assemblée, Jacques Valade, Louis de Broissia pour le Sénat. Des représentants de l'État acquis à la cause de France Télévisions : Laurence Franceschini, Véronique Cayla ; des producteurs très « service public » : Nicolas Traube, Marie Masmonteil. Il ne manque pas un seul ami du service public. En revanche, manque à l'appel parmi les parlementaires un certain Frédéric Lefèvre qui en conçoit quelques aigreurs [1]. Premier coup de patte de Copé vis-à-vis des sarkozystes...

Il est temps, en effet, que la Commission Copé se mette au travail car les choses sont en train de déraper fortement.

France Télévisions tombe dans la parano

Du côté de France Télévisions, c'est un peu la panique au milieu d'une paranoïa qui monte crescendo. Chaque matin de nouveaux besoins de financement apparaissent. Carolis et ses équipes poussent

---

1. Il tentera de monter une Commission parallèle qui fera pschittt !

à la roue. Les 800 millions, qui étaient déjà une estimation favorable à la louche, sont très largement dépassés. Cela agace beaucoup la rue de Valois : « Le lundi, il faut ajouter le financement des programmes qui viendront remplacer la publicité, le mardi, il faut promouvoir le virage éditorial, le mercredi, il faut financer le passage au tout numérique, le jeudi, il faut remédier au sous-financement chronique de l'audiovisuel public, le vendredi, il faut aider la création de l'entreprise unique... Heureusement que dans la Bible, il est dit que l'on doit se reposer le septième jour... », s'exclame-t-on au cabinet d'Albanel. Le résultat de tout cela est que les dirigeants de France Télévisions affirment, sans rire, ne pas savoir conduire cette réforme à moins d'un milliard d'euros. Ils ne sont battus dans cette estimation que par Jean-François Téaldi, le responsable de l'intersyndicale de France Télévisions, le plus en pointe pendant cette période. Lui réclame pour sa part un minimum de 1,2 milliard d'euros !

Du coté de la rue de Valois, ce ne sont pas les millions qui affolent mais plutôt les délais pour l'adoption de la loi. En effet, les conseillers de la ministre sont arrivés à la conclusion que le projet de loi ne pourra pas entrer en vigueur le 1er janvier 2009. D'abord, il faut attendre le rapport de la Commission Copé, à savoir juin. Puis, il devra passer au Parlement avant un probable recours de l'opposition devant le Conseil constitutionnel.

Par ailleurs, les taxes qui vont être créées devront être notifiées à Bruxelles. Or la Commission européenne peut s'opposer à cette nouvelle taxation en la jugeant contraire aux grands principes du Traité...

Autant dire que France Télévisions est dans le noir le plus complet pour essayer de bâtir un projet de budget pour 2009. De façon plus insidieuse, des premières rumeurs commencent à poindre : tel ou tel programme, émission, série ou téléfilm ne peut pas être commandé car il manque de l'argent dans les caisses à cause de la réforme. Cette litanie va accompagner le projet tout au long de la démarche. Très fréquemment, des auteurs, des producteurs, des réalisateurs clament publiquement que France Télévisions coupe le robinet des programmes, ce qui entraîne dans ce petit milieu un « buzz » particulièrement négatif.

Longtemps, les collaborateurs d'Albanel pensent qu'il s'agit d'une manœuvre délibérée des dirigeants de France Télévisions afin d'obtenir le maximum de compensation. Dans un premier temps, il est probable qu'à titre prudentiel, les équipes en charge des programmes diffèrent les commandes dans l'attente de voir l'évolution du dossier du financement. En outre, tout ce qui pourrait faire pression sur le gouvernement dans le sens d'une compensation plus large est forcément appréciable... Tactiquement, affoler le producteur n'est pas de mauvaise politique. Encore que la réalité des choses soit plus prosaïque : plutôt que de dire qu'un projet est mauvais ou hors sujet, les directeurs d'unité de programme invoquent un prétexte tout trouvé, le manque d'argent. Petite lâcheté ordinaire du monde audiovisuel... Et il est tout aussi probable que les producteurs ainsi rabroués sachent pertinemment qu'il ne s'agit que d'un faux-semblant.

Tout ce jeu de dupes alimente un climat de défiance et de suspicion entre la rue de Valois et le groupe phare de l'audiovisuel public jusqu'à ce que la ministre le clame enfin haut et fort : « aucun projet ne peut être arrêté ou bloqué du fait de la réforme ». Ouf !

C'est dire s'il n'est pas à prendre avec des pincettes. Patrick de Carolis, venu lui ouvrir la portière, tâte immédiatement de sa mauvaise humeur. Sarkozy grimpe les escaliers à grands pas. Furibard, il peste à l'égard de Carolis : « C'est scandaleux, cette maison n'est pas tenue, je ne sais pas pourquoi je reste, je ferais mieux de partir. » Mais le PDG de France Télévisions n'a aucune envie de s'en laisser conter. Personne n'entend sa réponse qui cingle : « Avec le bordel que tu m'as foutu, je ne tiens pas si mal la maison. »

Les deux hommes gagnent le petit salon des invités de France 3, au sous-sol de l'immeuble. Les rejoignent Claude Guéant, Franck Louvrier, Camille Pascal et deux journalistes de la maison. Nicolas Sarkozy est venu avec sa maquilleuse personnelle. Le Président passe au salon de maquillage et s'enferme avec elle, Carolis et Guéant. Du salon voisin, on entend des éclats de voix.

Carolis a en tête les amabilités que le Président a réservées à Duhamel quelques jours plus tôt à la remise de décoration de Yann Arthus-Bertrand. Tandis qu'il se fait poudrer le nez, Sarkozy revient sur ses sempiternels reproches : pas assez de ceci, pas assez de cela… Et l'embauche de Julien Courbet pour couronner le tout. « Courbet… pas Gustave, Julien », répétera-t-il souvent.

Carolis monte sur ses grands chevaux. Il en a plus qu'assez d'essuyer les critiques injustes du Président sur ses programmes. On s'invective. Guéant se tient coi. Les cloisons sont fines à France 3. Dans le salon d'à côté, on profite de l'orage qui gronde. Au paroxysme de sa colère, Sarkozy en a assez entendu pour aujourd'hui. Il arrache brusquement les serviettes qui protègent du maquillage le col de sa chemise blanche. Plus question d'accepter l'interview. Il veut s'en aller. Carolis réplique du tac au tac : « Si tu t'en vas, je m'en vais avec toi. » Une menace de démission ? Sarkozy reste en maugréant dans le studio.

À ce moment-là, Franck Louvrier et Camille Pascal, gênés d'assister à l'algarade, se glissent en dehors de la pièce. Bonne idée… car dehors, dans le couloir, une mauvaise surprise se

---

République supprime tous les officiers généraux de la promotion de la Légion d'honneur du 14 juillet et ajourne toutes les nominations de généraux prévues pour le Conseil des ministres du mercredi suivant.

Chapitre 8

La « grosse Commission »

Le jeudi 19 février 2008, Nicolas Sarkozy procède à l'installation de la Commission Copé. Ce rendez-vous formel n'a aucun intérêt en soi et n'aurait pas figuré dans cet ouvrage si, ce jour-là, juste avant la cérémonie publique, le président de la République n'avait reçu, en entretien, Patrick de Carolis et Jean-Paul Cluzel, le PDG de Radio France. Entretien ? Monologue plutôt.

Christine Albanel est présente et bouche cousue. Dans un coin de la pièce, le secrétaire général adjoint de l'Élysée, François Pérol, prend en notes les propos du Président. L'idée qu'un scribe grave pour l'éternité ses déclarations tient à cœur à Sarkozy. C'est à une grande leçon sur ce que doivent être les programmes de la télévision publique qu'a été convié Carolis. D'abord, une critique rétrospective : le Président se plaint des horaires trop tardifs des émissions comme « France Europe express », présentée par son amie Christine Ockrent, qu'il va nommer le week-end même à la tête de l'audiovisuel extérieur de la France. Il est également sévère avec les horaires indécents dont pâtit Ève Ruggieri, reculée avec « Musiques au cœur », au milieu de la nuit... Le chef de l'État fustige Arlette Chabot et sa façon d'animer des débats où la cacophonie règne entre une multiplicité d'intervenants. Il encourage Carolis à revenir à une formule plus simple où l'homme politique a le temps de développer ses idées. Et il cite en exemple l'émission « 100 minutes pour convaincre », animée jadis sur France 2 par Olivier Mazerolle jusqu'à juin 2005, c'est-à-dire jusqu'au moment où Duhamel et Carolis l'ont remplacé par Arlette Chabot et son « À vous de juger ». Et bien entendu, il ne manque pas de rappeler la norme éditoriale qu'il attend du service public : du haut de gamme à la manière du « Grand échiquier » de l'éternel Jacques Chancel.

Carolis ne bronche pas. Tout juste proteste-t-il mollement en mettant en avant la réussite et la qualité de la série des Maupassant... Nicolas Sarkozy le coupe aussitôt : « Oui, mais ce n'est pas assez ! » Et c'est reparti pour un tour. Au fond, il n'y a rien là de politiquement incorrect.

Cluzel attend son tour en redoutant que Sarkozy ne s'étrangle de colère en évoquant la tonalité très socialiste des chroniques de France Inter... Surprise, quand le Président se tourne vers lui, c'est France Info qui déguste ! Sur le thème : « Les JT de France Info ne valent pas mieux que ceux de France Télévisions. » Nicolas Sarkozy s'étonne du manque de vérification des faits, de la désinvolture avec laquelle les journalistes jettent sur lui des accusations sans fondement... Et de déplorer l'absence de déontologie de la profession, notamment quand elle traite de sa vie privée, il est vrai assez agitée depuis le début de son mandat.

Faute de temps, Nicolas Sarkozy n'écoute pas la radio et ne regarde pas la télévision. En revanche, tous les matins, vers 9 heures, il prend connaissance de ce qui s'est dit sur lui à travers des fiches rédigées en toute hâte par de petites mains qui, à l'Élysée, sont chargées d'écouter les palabres sur les ondes. Or, entre ce que les petits télégraphistes condensent à toute vitesse et ce qui s'est réellement dit, il y a souvent plus que des nuances. Un exemple permet de bien saisir ce décalage : l'affaire des « écoutes de Guéant ».

Fin 2008, l'éditorialiste de France Inter, Thomas Legrand, rédige une chronique sur « le climat de surveillance » que Claude Guéant aurait instauré à l'Élysée au point que les collaborateurs du Président « préfèrent se donner rendez-vous au café plutôt que de parler au téléphone ». Colère blanche de Guéant. Cluzel reçoit un coup de fil. Il est convoqué derechef le mercredi suivant à l'Élysée. Guéant le reçoit avec la transcription de la chronique de Thomas Legrand sous les yeux et lui demande des explications. Pas d'éclats de voix chez le préfet Guéant mais un mécontentement glacial. « Je n'ai pas mis l'Élysée sur écoute. Ceci est faux », récrimine-t-il. Nicolas Sarkozy recevra aussi Cluzel en tête à tête et évoquera, à son tour, l'affaire des « fausses écoutes ». Cluzel se débat comme il peut en arguant que Thomas Legrand n'a jamais prononcé le mot « écoute téléphonique ». Il a seulement évoqué « un climat de surveillance ». « Ce n'est pas tout à fait la même chose », argumente-t-il, en sortant les rames... Les petits télégraphistes de l'Élysée, eux, ne rentrent pas dans ces nuances sémantiques : sur la fiche de Sarkozy figure le mot « écoutes ». À titre de réparation, Claude Guéant sera reçu dans la matinale d'Inter par Nicolas Demorand, le 5 décembre 2008.

Guéant n'est pas le seul à protester contre France Inter. Martine Aubry, elle aussi, incendie Jean-Paul Cluzel. L'objet de son courroux ? La revue de presse de Frédéric Pommier. Alors qu'elle est l'invitée de la station, juste avant son intervention, Pommier s'amuse à citer un article de presse selon lequel la première secrétaire du PS se réclamerait de son père, Jacques Delors, à tout bout de champ et souvent hors de propos... Cluzel essuie une sérieuse engueulade. Pourquoi la presse n'en a-t-elle pas fait écho ? Parce que Martine Aubry est dans l'opposition alors que Claude Guéant et Nicolas Sarkozy tiennent entre leurs mains le gros marteau du pouvoir. Mais sur le fond, il n'y a aucune différence entre ces deux « coups de pression » ou « protestations », c'est selon.

Même chose concernant Stéphane Guillon. L'humoriste, qui cherche à pousser le bouchon toujours plus loin, agace le président de la République. Et pourtant, Nicolas Sarkozy ne demande pas sa tête. Quand il reçoit Cluzel, le Président ne cherche pas à couper des têtes ou des langues, il souhaite que l'humour sur Inter renoue avec l'esprit de « L'oreille en coin ». Il s'agissait d'un programme radiophonique, qui a occupé l'antenne de 1968 à 1991, que Nicolas Sarkozy écoutait le matin, le week-end, dans sa jeunesse. Le dimanche notamment, l'émission laissait s'exprimer des chansonniers tels que Jean Amadou, Anne-Marie Carrière, Jacques Mailhot ou Maurice Horgues... Tout cela bien sûr sent un peu la naphtaline, l'humour politique de papa. Mais on ne refait pas Nicolas Sarkozy, un éternel enfant, né en 1955. Il a dix ans quand Felice Gimondi remporte le tour de France, quinze ans quand Joe Dassin chante *L'Amérique*, vingt ans quand Alain Delon tourne *Zorro*...

Un holp-up de 150 millions d'euros

Jean-François Copé est un vrai politique qui sent les ambiances, les angoisses et les désirs. Il comprend très vite que le moral des troupes de France Télévisions est atteint. L'angoisse est partout. Les rumeurs courent en tous sens. D'aucuns disent que Carolis va démissionner ou plutôt être contraint à la démission. D'autres pensent que le but de Nicolas Sarkozy est d'étrangler financièrement l'audiovisuel public pour le plus grand profit de ses grands amis Bouygues et Bolloré. Les syndicats crient à la dictature : Sarkozy veut tuer un audiovisuel public qui est le seul à oser le critiquer encore. Les professionnels de l'audiovisuel sont aussi très inquiets. Toute baisse des ressources de France Télévisions signifie pour eux une baisse des commandes, qui sont proportionnelles au chiffre d'affaires du groupe. Si les finances de France Télévisions sont dans le rouge, c'est tout le secteur qui va souffrir. D'autant plus que certaines sociétés de production ne travaillent qu'avec le service public.

« L'hystérie était partout, raconte Christophe Tardieu. Je me souviens d'avoir participé avec Mathieu Gallet à un débat de très bonne facture à Toulouse sur la réforme de l'audiovisuel organisé par *Télérama*. Cela n'avait pas empêché une personne du public de dire qu'elle avait la preuve que Nicolas Sarkozy avait manigancé cette réforme pour le plus grand plaisir de ses amis Bouygues et Bolloré. En effet, cette personne avait remarqué qu'en annonçant ce scoop le Président avait souri, ce qui était une preuve indubitable de sa duplicité. Je me suis toujours demandé ce qu'elle aurait dit si au même moment le Président avait eu une crampe ou un soudain mal de dents... »

Mais, comme le dit le proverbe, il n'y a pas d'amour mais des preuves d'amour. Copé a compris que le seul moyen de rassurer à la fois les salariés de France Télévisions et les professionnels de l'audiovisuel était de procéder à une classique dotation budgétaire, qu'il va estimer à 150 millions d'euros. En effet, selon les premiers rapides calculs de la Commission Copé – qui lui ont en fait été communiqués par les services de France Télévisions –, l'annonce du président de la République a fait fuir les annonceurs à hauteur d'environ 20 %, d'où la nécessité de compenser dès 2008 alors que la publicité continue jusqu'à la fin de l'année sur France Télévisions.

Le cabinet d'Albanel, pour des raisons de paix sociale, ne conteste pas le chiffrage et préfère laisser la « patate chaude » à Matignon et Bercy, qui se retrouvent ainsi en porte-à-faux. Il est déjà difficile de s'opposer à Jean-François Copé, mais si le désaccord porte en plus sur une réforme voulue par le président de la République et à laquelle il attache la plus grande importance, cela devient un vrai risque...

Grave erreur ! France Télévisions vient de réussir un superbe hold-up avec la complicité des services de l'État. Nul ne peut nier que les recettes publicitaires de France Télévisions ont commencé à dégringoler dès le début de l'année 2008. Mais quelle en est la cause ? Certainement pas l'annonce du président de la République le 8 janvier. En effet, les campagnes publicitaires sont engagées environ trois mois avant leur passage à l'antenne. Il aurait fallu que les annonceurs anticipent dès octobre 2007 que le Président allait préconiser la suppression de la publicité sur l'audiovisuel public. Impensable. En octobre 2007, Carolis demandait encore une coupure publicitaire dans les programmes de flux...

Au plus tôt, les effets de l'annonce du Président se seraient révélés à compter d'avril 2008. Or c'est précisément le moment où Copé préconise la compensation de 150 millions d'euros.

En vérité, la baisse des ressources publicitaires a commencé dès les premiers mois de 2008, car se profile une crise économique majeure. Les ressources publicitaires des télévisions s'érodent. La concurrence des chaînes de la TNT se fait de plus en plus sentir. Par ailleurs, la publicité a tendance à déserter la télévision au profit d'Internet. C'est dans ce contexte précaire que la régie publicitaire de France Télévisions va lancer son nouveau système de commercialisation, baptisé Horizon. Ce nouveau mécanisme est révolutionnaire pour le monde de la publicité. Le coût des spots est calculé à la seconde près en fonction des horaires et des systèmes d'enchères sont mis en place. Ce système fait la fierté de Philippe Santini et des dirigeants de France Télévisions.

Le hic : personne n'y comprend rien. Horizon est beaucoup trop novateur. Les annonceurs en cette fin d'année sont complètement perdus et ne saisissent pas ce qu'ils doivent faire. Et comme toujours, la prudence les incite à aller vers des rivages plus connus comme les régies de TF1 ou de M6 au fonctionnement beaucoup plus traditionnel. C'est donc l'État qui va compenser un manque à gagner pour l'audiovisuel public. Bien joué !

Le dernier salon où l'on cause

Choyé par Arlette Chabot qui le considère comme « un bon client », Copé, cet ancien camarade de promo de David Pujadas à Sciences-Po, connaît le monde des médias presque aussi bien que le président de la République. Il sait que tous les micros vont se tendre vers lui dès qu'il abordera le sujet de la fin de la publicité sur France Télévisions. Mais il a d'abord fallu convaincre la gauche de rejoindre le drôle d'équipage de la Commission Copé. Patrick Bloche, le député socialiste le plus en pointe sur les questions audiovisuelles, se souvient : « Je reçois un jour un coup de fil d'Éric Garandeau [le conseiller technique de l'Élysée] qui m'invite à la mise en place de la Commission Copé. Les bras m'en tombent ! On est habitué, au Parlement, à nos propres commissions. Nous sommes soucieux de notre indépendance, même si celle-ci est très théorique. » Bloche découvre que l'Élysée et Copé ont procédé a un « casting » de parlementaires de gauche. « Ils avaient trouvé le moyen d'écarter Didier Mathus, l'un de nos historiques sur les médias, s'indigne Bloche. Ils n'avaient prévu aucune place pour les députés communistes et aucune place pour les sénateurs socialistes. » Jean-Marc Ayrault et Patrick Bloche mènent la négociation et acceptent d'entrer dans l'aventure en posant leurs conditions : les socialistes pourront s'exprimer librement et déposeront leurs conclusions propres en cas de désaccord. Banco ! Copé vibre d'enthousiasme à l'idée d'une co-écriture de la loi entre élus et professionnels : « Viens, ça va être super !, enjoint-il à Patrick Bloche.

Quelle créativité, quelle imagination ! C'est génial, c'est moderne ! »

Martin Rogard, le patron de Dailymotion, est appelé en catastrophe la veille de l'installation, par Georges-Marc Benamou. Un parachutage de dernière minute qui est censé donner un « coup de jeune » à la Commission... Pierre Giacometti, le « Monsieur Sondage » de l'Élysée, s'y est trouvé embarqué sans que l'on sache trop pourquoi. Lui non plus, car il ne mettra jamais les pieds en plénière...

Trente-deux personnalités sont ainsi réunies. La Commission pour « la nouvelle télévision publique » va se scinder en quatre groupes, dont l'un portera sur le financement public. Tous guettent ses conclusions. Les railleurs ont même trouvé un nouveau nom peu élégant à cette instance : c'est « la grosse Commission ». Tous les quinze jours, Jean-François Copé convoque une conférence de presse et annonce ses premières propositions. C'est pour lui l'occasion de marquer son territoire et sa différence. Les mauvaises langues se demandent ce qu'il pourra bien annoncer dans son rapport final s'il dévoile toutes les deux semaines les préconisations de « la grosse Commission ».

Patrick Bloche nous livre sa vision caustique des débats en plénière : « La philosophe Catherine Clément est intarissable et s'enthousiasme pour un retour à l'âge d'or de l'ORTF, lequel n'a sans doute jamais existé. Elle voulait faire du Arte à 20 h 30 sur France 2... Jacques Chancel, bien amorti, prendra la parole pour défendre la télé de papa. Le producteur Nicolas Traube piquera un coup de sang régulier. Quant au producteur Hervé Chabalier, il emploiera un ton un peu solennel pour défendre son idée fixe : augmenter la redevance. Marin Karmitz [propriétaire des MK2] ? Je ne l'ai pas entendu ouvrir la bouche une seule fois. Lèvres pincées, il nous observait avec un regard qui semblait nous dire : ça veut faire des lois, quelle bande de nazes ! S'ils avaient mon chiffre d'affaires... »

En fait, les travaux sont téléguidés de l'extérieur pour aboutir à des conclusions qui ne dérangent pas trop l'Élysée... « Copé arrivait en plénière avec des textes très écrits, témoigne Martin Rogard. On sentait bien que les Copé Boys et la Direction des médias [1] avaient tout préparé. Contrairement à d'autres, bien plus âgés que moi, qui pensaient qu'ils allaient rédiger le rapport, je ne me faisais aucune illusion. Une commission est faite pour légitimer des décisions qui sont prises par d'autres... Au mieux, nous ne pouvions qu'infléchir certaines décisions. » Un homme assiste, abasourdi, aux échanges en se demandant sur quelle planète vivent les Français. Il s'agit de l'Anglais David Levy, un dirigeant de la BBC, qui, occasionnellement, monologue pendant un quart d'heure dans l'indifférence générale sur l'incroyable asservissement de France Télévisions au pouvoir, et la consternation que lui inspire l'implication de l'État dans les rouages de la télé publique... Ses prêches font des flops. David Levy aura traversé la Manche pour rien.

La Commission sur le financement travaille bien et dans l'harmonie, droite et gauche confondues. La productrice Simone Harari, une énarque tombée dans le petit écran, propose de mensualiser la redevance en la divisant par douze afin de la rendre « indolore ». Éric Woerth, au Budget, y est favorable. L'idée de rétablir la redevance sur les résidences secondaires est approuvée par tous, y compris les parlementaires UMP, à la condition d'y appliquer un demi-tarif. Un soir, très tard, Copé pique une colère. Le visage très tendu, il rejette en bloc toutes les propositions visant à augmenter d'une manière ou d'une autre la redevance. « Vous êtes gentils, les amis, mais ce n'est pas possible, leur lance-t-il. Atterrissez ! Les Français ne comprennent déjà pas pourquoi ils paient la redevance pour cinq chaînes. Et maintenant, vous voulez l'augmenter pour qu'on donne la pub à TF1. Ça ne passera jamais ! »

Il est seul contre tous les membres de la Commission. Il sait que les députés de l'UMP, dont il est le président du groupe, n'accepteront jamais une augmentation de la redevance : « Je suis leur chef, donc je les suis ! » Dans la presse, une petite phrase va lui coller aux semelles : « Moi vivant, la redevance n'augmentera pas ! » Il ne l'a jamais vraiment dite comme ça, mais c'est ainsi que sa position se propage. La Commission proposera seulement que la redevance soit indexée sur l'inflation.

---

1. Autrement dit, la haute administration rattachée à Matignon.

Les socialistes claquent la porte

Mais voilà, Copé a eu la naïveté de croire que Nicolas Sarkozy le laisserait piloter tranquillement la réforme de l'audovisuel public. Le mardi 27 mai 2008 au matin, le chef de l'État est l'invité de Jean-Michel Aphatie sur RTL. Il frappe un grand coup sur la table avec le souci de « parler à la France qui se lève tôt » : « Je me suis toujours engagé à ce qu'il n'y ait pas d'augmentation de la redevance. Moi, ma politique, c'est de diminuer les taxes, les prélèvements, de libérer le travail [...] Chacun a son idée pour faire un petit prélèvement de plus. Je vous le dis : c'est non. » Avant même que la Commission Copé rende son rapport, Sarkozy arbitre seul. Un flingage en règle qui provoque aussitôt le retrait des socialistes de la « grosse Commission ». Jean-François Copé tente de sauver son groupe de travail. Il invite Bloche dans son bureau pour un grand numéro de danse du ventre : « Il m'a flatté en me faisant un cinoche de première, sans lésiner sur la brosse à reluire, s'amuse le député socialiste. Il m'a pris pour un con. Finalement, c'est assez méprisant pour moi. J'ai eu droit à tout : "Fais pas ça, réfléchis. On est de la même génération. Toi qui es jeune, moderne et personnifies l'avenir du PS..." » Patrick Bloche est tout de même âgé de cinquante-trois ans. Il serait peut-être temps de s'y mettre... « Je reviens sur mon jugement : pour être aussi tordu, c'est que peut-être ce garçon n'est pas l'avenir du PS », lâche aujourd'hui Copé.

Toujours est-il que les socialistes claquent la porte et il s'en faut d'un cheveu que les professionnels leur emboîtent le pas. La gauche nourrit l'espoir d'attirer à sa suite les « pro » qui se disent du camp progressiste... En vain. Tout le monde est resté. On murmure que la promesse de commandes sur les chaînes publiques a pu infléchir l'intention des plus rebelles. Médisances, médisances... Pour Copé, le départ des socialistes est « cousu de fil blanc ». « Ils n'attendaient qu'un prétexte pour s'en aller avec fracas », estime-t-il.

Avant de partir, les socialistes reviennent une dernière fois s'expliquer devant la Commission. C'est Patrick Bloche qui prend la parole. Copé est présent. Hervé Chabalier, le patron de Capa, demande aux socialistes de se prononcer sur le principe d'une augmentation modérée de la redevance. « On ne se défile pas », raconte Bloche. Le vote a lieu à main levée. Une forêt de bras se lève pour le « oui ». Unanimité sauf une voix, celle de Jean-François Copé.

La Commission rate un rendez-vous : les propositions de réforme de France 3 sont expurgées du rapport final. La situation est jugée suffisamment explosive comme ça à France Télévisions pour ne pas en rajouter. Carolis, qui vit depuis des mois sur un chaudron en ébullition, est venu expressément plaider pour le statu quo.

Mais Sarkozy réserve une dernière petite surprise à son « ami » Copé. Le 4 juin, soit huit jours après son esclandre sur RTL, le chef de l'État reçoit en catimini une cohorte de producteurs, emmenée par Fabienne Servan-Schreiber, la leader des professionnels frondeurs. Épouse d'un sénateur socialiste (Henri Weber), cette femme de caractère compte Carla Bruni parmi ses amies...

Comme à son habitude, Sarkozy mène une diplomatie parallèle et se montre beaucoup plus ouvert quand Carla Bruni lui chuchote à l'oreille que ses amis artistes sont fâchés. En effet, Nicolas Sarkozy entend parler d'une manifestation, l'« appel du 2 juin », dont il sent bien qu'il sera la principale cible. Dès la veille, le dimanche 1er juin, afin de désamorcer la bombe, il prend contact avec ce collectif de producteurs, de réalisateurs et de scénaristes et les invite à le rencontrer.

La soirée se déroule comme prévu, le lundi 2 juin, aux Folies-Bergère. Nicolas Sarkozy en prend pour son grade. Dès le lendemain, les services de l'Élysée avertissent le bureau de ce collectif que le président de la République les recevra le mercredi 4 juin, à 17 h 30. À l'heure dite, outre Fabienne Servan-Schreiber, le producteur Jean-Pierre Guérin (président de l'Union syndicale des producteurs audiovisuels), Christian Davin (président du Syndicat de l'animation), Jérome Casa (membre du bureau du Syndicat des producteurs indépendants), le réalisateur François Lucciani (du groupe 25 Images) et Vincent Solignac (coprésident de l'Union-Guilde des scénaristes) patientent dans l'antichambre. Nicolas Sarkozy est de bonne humeur. Il essaie de les convaincre qu'il ne veut aucun mal aux créateurs qui vivent des commandes du service public. Et tiens, puisqu'on est là, tous ensemble, il accepte d'indexer la redevance sur l'inflation « au moins pour qu'elle ne baisse pas », comme le lui suggère Fabienne Servan-Schreiber. Ce qui équivaut à une hausse de deux à trois euros par an... Ce faisant, la productrice ne fait que s'inspirer d'un slogan que la prudente Albanel reprend en boucle, mais qui demeure inaudible. À qui la faute ? Manque de poids et de charisme politique de la ministre ? Absence d'Albanel au sein du cercle Carla ? Peut-être tout cela ensemble.

La nouvelle se répand aussitôt. Ce revirement prend naturellement Jean-François Copé au dépourvu. Il tente de faire bonne figure : indexation n'est pas augmentation. Copé est loin d'en avoir fini avec la redevance...

Dans le monde des ministères, on s'inquiète. Est-ce que le Président l'a vraiment dit ? Si oui, comment le traduit-on ? Quand ? De quelle manière ? Et surtout, la vraie question qui tue : qui, en dehors de Claude Guéant, va oser demander au Président s'il est bien favorable à l'indexation de la redevance ? Les ministres ou les conseillers qui ont eu le bonheur de participer à une réunion avec Sarkozy sur la télé publique savent à quel point le « PR » est toujours bouillonnant. Pas simple de poser une question à Nicolas Sarkozy sans déclencher ses foudres. Sans même parler des inévitables gracieusetés qu'il déverse sur Carolis et Duhamel[1]...

Heureusement, le fidèle Guéant confirme l'information. On peut indexer la redevance sur le coût de la vie. Aux techniciens de s'affairer.

L'INCIDENT DUHAMEL

Avant que Copé remette son rapport final au Président, un nouvel incident vient verser un peu d'huile sur les braises toujours chaudes de ce dossier. Nous sommes le 17 juin. Patrice Duhamel assiste à la remise de la Légion d'honneur de Yann Arthus-Bertrand quand il voit fondre sur lui le président de la République qui, devant un aréopage d'une trentaine de personnes, l'accable de reproches. Une

---

1. Nous avons choisi d'éviter au maximum la retranscription fidèle des jurons employés par les protagonistes du livre. Le lecteur doit toutefois être averti que la joute politique s'accompagne souvent de l'échange de noms d'oiseaux.

bonne humiliation comme il en a le secret. L'information est qualifiée de « nulle, tout étant à refaire ».

L'explication du coup de colère du Président réside dans le fait qu'il vient d'apprendre que France Télévisions a embauché Julien Courbet, transfuge de TF1. Il est vrai que les émissions assurées par Courbet sur TF1, vrai succès d'audience en leur temps, ne correspondent pas tout à fait au virage éditorial que Sarkozy attend de l'audiovisuel public...

Quand Sarkozy pique une colère, il peut aller très loin. En n'hésitant pas à se montrer injuste, voire absurde. Le pauvre Duhamel qui se recroqueville devant l'assaut présidentiel se voit même accusé de ne pas retransmettre le match France-Italie de l'Euro, diffusé le soir même par TF1... Sarkozy exagère. En ancien ministre de la Communication, il sait très bien que la diffusion de matchs internationaux, notamment dans le cadre d'une grande compétition, relève d'accords d'exclusivité signés très en amont et à la suite d'une compétition acharnée dans laquelle le plus offrant l'emporte. En l'occurrence, c'est TF1 et M6 qui s'étaient montrés les plus généreux pour l'Euro 2008. Mais tout y passe ; Duhamel est renversé par le tsunami Sarkozy. Il rentre défait au siège de France Télévisions et va raconter l'affaire à Carolis et aux autres dirigeants du groupe. Pour cet incorrigible pessimiste, la messe est dite : Sarkozy veut se débarrasser d'eux. Carolis n'est pas loin de penser comme son directeur général. Il se sent humilié.

Un bon connaisseur de l'humeur présidentielle – qui a longtemps travaillé avec lui – décrypte les colères titanesques du chef de l'État : « Une colère de Sarkozy, c'est quatre temps. Au premier temps, il vous agonit d'injures. Il suffit de laisser passer. Au deuxième temps, il vous explique pourquoi il avait raison de vous engueuler. Au troisième temps, il essaie de vous reconquérir par la séduction. Au dernier temps, vous pouvez lui dire tout ce que vous voulez, il sera à peu près d'accord sur tout. »

Mais pour « Mister Wizz » et le très susceptible Carolis, le volcanisme du chef de l'État est insupportable. C'est donc particulièrement tendu que, le 25 juin, Carolis se rend à l'Élysée pour écouter le discours du Président lors de la remise du rapport Copé.

Chapitre 9

La surprise du chef

Le 25 juin, à 15 h 30, dans la salle des fêtes de l'Élysée, tout le gratin de l'audiovisuel attend l'entrée du Président. Les minutes défilent. On patiente en s'échangeant les derniers potins. Son rapport sous le bras, Jean-François Copé masque, sous un sourire figé, une certaine nervosité. Il connaît son bonhomme sur le bout des doigts et se doute bien que Nicolas Sarkozy, à un moment ou à un autre, lui fera sentir qui est « le chef des bonobos », selon l'expression que s'échangent quelques professionnels, jamais en mal de sarcasmes.

Le chef décide seul

En fait, dans les recoins du château, Sarkozy joue sa première partie de poker menteur. Avant son discours, il a accepté de recevoir l'intersyndicale de l'audiovisuel public, dont le cégétiste Jean-François Téaldi fait office de porte-parole. Derrière lui, une cohorte d'une dizaine de vieux briscards qui, depuis des mois, appellent d'AG en AG les personnels de France Télévisions à se soulever. On s'attend à une rencontre musclée. Il n'en est rien... Sarkozy leur ouvre le salon vert de l'Élysée. La réunion se déroule en présence de

François Pérol, Raymond Soubie, le conseiller social du Président, et Christine Albanel.

De l'avis unanime, Sarkozy se livre à un véritable show qui scotche ces syndicalistes pourtant aguerris. Il affirme toute l'ambition de sa réforme pour le service public. Il confirme que la compensation financière sera intégrale. Sarkozy s'enflamme, il convainc. Son enthousiasme est communicatif. Les syndicalistes semblent avoir oublié leur rancœur au vestiaire si bien qu'ils ne mouftent pas. Ils approuvent même ses propos ! Albanel et Pérol se pincent. Les mêmes qui étaient prêts à dresser des barricades se rangent en troupeau comme de doux agneaux... Sarkozy conclut en disant que l'on se reverra. Les syndicalistes quittent la salle. Le piège se referme sur eux.

Ils ne savent pas qu'ils ne vont jamais rejoindre la salle des fêtes de l'Élysée pour écouter le discours du Président. Sans vraiment comprendre ce qui leur arrive, ils sont guidés vers la sortie par les gendarmes. « Il n'y a pas assez de place pour vous », s'entendent-ils répondre. Ce qui est parfaitement faux, je peux témoigner que la salle des fêtes comptait encore une trentaine de chaises vides. Et vlan, les voilà jetés dehors par la petite porte !

Sarkozy redoutait que, durant son discours, retransmis par la télé de l'Élysée, les syndicalistes ne retrouvent de la voix et ne l'interrompent... Car il ne leur a pas tout dit.

Téaldi et ses compagnons vont alors tenter de faire le tour du Palais pour attendre les invités, dehors, à la sortie. Mais un barrage de CRS se met en place et les empêche de gagner l'entrée de l'Élysée. Je suis témoin de cette scène étrange : avenue de Marigny, les trottoirs sont larges. Un cordon de CRS se dresse et obstrue le passage d'une petite troupe. En revanche, les autres passants, dont je fais partie, ne sont en rien entravés... Pendant quelques secondes, j'ai l'impression d'être en 1968, à Prague. Les syndicalistes sont furieux. Ils ont l'impression de s'être fait berner par le Président alors qu'ils n'ont simplement pas été réactifs. Ils se rattraperont dans quelques jours...

C'est donc un Sarkozy très en forme qui gagne la salle des fêtes. Son discours a été soigneusement préparé. Il va bientôt abattre sa carte maîtresse... D'abord, des amabilités pour les principaux acteurs. C'est sa « chère Christine » qui se voit félicitée pour son action et à qui le Président trace un cadre de travail : préparation de la loi sur l'audiovisuel, passage au Parlement, réforme du cahier des charges de France Télévisions. Ses collaborateurs comptent le nombre de fois où elle est citée. Pas moins de douze. Tout va bien. Elle ressort largement confortée.

Carolis ensuite a droit à son lot d'amabilités. Son virage éditorial est salué, mais le Président souhaite aller « plus vite, plus loin et plus fort » et il va lui en donner les moyens. Carolis retrouve le sourire. Aucune critique et des encouragements. Voilà qui change un peu des habitudes...

Jean-François Copé enfin, dont le travail au sein de la Commission est salué. Mais quelques bémols sont quand même apportés à ses préconisations. En fait, Sarkozy fait son marché parmi les propositions de la Commission. Il valide la fin partielle de la publicité à compter de 20 heures, jusqu'en novembre 2011. Mais « après en avoir parlé avec Christine », le Président souhaite que ce soit à compter du 1er janvier prochain et non du 1er septembre 2009, comme le proposait Copé. Albanel avait glissé à l'oreille du Président « cela fera exactement un an après ton discours ». Elle ne se doutait pas que cette petite phrase allait lui compliquer notoirement la tâche.

Le maintien de la publicité après 20 heures, le parrainage, la publicité sur Internet et sur les décrochages régionaux de France 3 permettent de conserver 300 millions d'euros au groupe. Il reste donc 500 millions à trouver si l'on reprend les chiffres budgétaires pour 2009 et non pas les recettes réelles de France Télévisions en 2008. Copé considère même qu'il n'y a en fait que 450 millions d'euros à trouver, car France Télévisions est disposée à faire 50 millions d'euros de gains de productivité divers dans le cadre des huit grands chantiers mis en place avant la réforme par Patrick de Carolis, mais aussi grâce à la création de l'entreprise unique, validée elle aussi par Sarkozy.

Le chiffre de 450 millions d'euros à compenser est – quasiment – gravé dans le marbre. En tout cas, durant la discussion parlementaire, il ne variera plus. Ce chiffrage est ultra favorable à France Télévisions. Il se fonde sur une ressource de 800 millions d'euros, prévue dans le plan d'affaires, totalement irréaliste au regard de la baisse tendancielle de la publicité sur les chaînes historiques et des aléas du système Horizon. Puisque Sarkozy approuve, Bercy et Matignon n'osent pas monter au créneau pour apporter une note divergente. Les chaînes privées font quand même la grimace. Et on ne parle même pas des effets de la crise économique de fin 2008... L'association des chaînes privées, alliance de TF1, M6 et Canal +, réalise des estimations. Elle considère que l'État n'aurait dû compenser que 270 millions d'euros. La vérité est probablement entre ces chiffres. Il est néanmoins vrai qu'une estimation en défaveur de France Télévisions aurait été considérée comme un geste peu positif...

Mais où trouver cet argent ? Au cours de sa conférence de presse, Sarkozy veut simplifier la compensation financière : ce sera une taxe de 3 % sur les télévisions privées, comme prévu et une taxe de 0,9 % sur les opérateurs de mobiles et les fournisseurs d'accès à Internet, et non pas 0,5 % comme le propose la Commission Copé. C'est François Pérol qui l'a persuadé de simplifier le dispositif. Pérol apparaît ici comme l'un des hommes clés de la réforme, tandis que la Commission n'a été qu'un instrument politique afin de contenir, sous le boisseau, l'angoisse des professionnels et les attaques de la gauche.

L'habileté de Pérol paie. D'un côté, il rassure Matignon et Bercy en abandonnant les quelque 240 millions d'euros prélevés sur le budget de l'État, une idée de la Commission. De l'autre, il récupère cette somme sur l'Industrie, dont Matignon et Bercy sont les plus proches. Et puis, pour Pérol, 0,9 %, c'est encore infinitésimal car on est en dessous de 1 %. Matignon et Bercy sont coincés. Ils ne peuvent plus rien dire.

Une fois abordé le financement de l'audiovisuel public, Sarkozy lance alors une « surprise du chef », ou plutôt deux. La première fait un flop magistral : le Président entend créer un « bonus/malus » des producteurs selon les résultats de leurs programmes à l'antenne. Une prime au résultat, passe encore. Mais un « malus » ? Ineptie douteuse qui va très vite disparaître dans les oubliettes de l'histoire... Sarkozy n'y reviendra jamais.

En revanche, la seconde « surprise du chef » fait encore parler d'elle... Désormais, il souhaite que les présidents de l'audiovisuel public soient directement nommés par l'exécutif. Il entend pour cela utiliser la nouvelle procédure constitutionnelle qui prévoit, pour la nomination à de très hauts postes, l'approbation des commissions parlementaires concernées. Pour être exact, il ne faut pas que 3/5e des membres de la commission s'opposent à cette nomination. C'est du moins ce qui est écrit dans son discours car le prononcé est différent : Sarkozy bute sur ce mécanisme et affirme que les 3/5e des membres doivent approuver son choix. C'est faux ! Un lapsus ? 3/5e pour ou l'absence de 3/5e contre : ce n'est pas du tout la même chose ! Quelques jours plus tard, il reproduira cette erreur devant les caméras de TF1 et France 2 lors d'un entretien télévisuel... Étonnant lapsus dont on ne lui fera pas l'injure de penser qu'il ait pu être involontaire.

Cette annonce fait l'effet d'une bombe. Personne n'était au courant. Michel Boyon, président du Conseil supérieur de l'audiovisuel qui avait la charge de nommer le président de France Télévisions, ne bronche pas. Il encaisse avec le sourire. Copé se contient pour ne pas exprimer son profond désaccord.

Du côté de France Télévisions, on s'inquiète à nouveau. Carolis ne s'imagine à aucun moment pouvoir être renommé par Sarkozy. De plus, cette nouvelle procédure va être introduite par la loi. Est-ce à dire que, dès la promulgation de la loi, on va devoir utiliser le nouveau dispositif et nommer un nouveau patron de l'audiovisuel public ? Albanel réalise que l'adoption de la loi sur l'audiovisuel ne va vraiment pas être une partie de plaisir...

Une fois de plus, Sarkozy est très content de sa conférence de presse. Sa grande réforme avance et il a fait une annonce qui sera dans tous les journaux le lendemain. Tant mieux d'ailleurs si on la critique, ce qui ne manquera pas. Sarkozy s'est fait le champion de ceux qui dénoncent l'hypocrisie. Il adore « électrocuter » son auditoire. C'est une part de lui-même et une grande part de ses succès électoraux. Il n'est jamais aussi bon que lorsqu'il commence ses phrases par « et vous trouvez normal vous, Monsieur X... qu'une mineure puisse se faire violer dans un parking ? Et bien moi, j'vous dis non, ce n'est pas possible, notre société ne peut pas accepter cela ». Qui le peut ?

Pour lui, la nomination des dirigeants de l'audiovisuel public par le CSA, c'est de l'hypocrisie. L'actionnaire des entreprises publiques de l'audiovisuel, c'est l'État. C'est donc à l'État de prendre ses responsabilités et de nommer le président comme il le fait pour EDF ou la SNCF.

D'où vient cette idée ? De Minc, de Guaino ? En tout cas certainement pas d'une personnalité qui a des liens culturels avec le secteur de l'audiovisuel et notamment de l'audiovisuel public. En effet, la pseudo-indépendance de la télévision et la radio publiques est considérée comme un dogme absolu depuis la création de la Haute Autorité pour l'audiovisuel par François Mitterrand. La nomination des PDG de l'audiovisuel public directement par l'État sonne comme un retour en arrière de près de trente ans. Mais dans les faits, peut-on dire que depuis 1981 le CSA a toujours nommé des personnalités totalement indépendantes du pouvoir ? Ce serait une version un peu idéaliste de l'histoire.

Le cas de Philippe Guilhaume en est une amère illustration. Mitterrand a été réélu en mai 1988 pour son second mandat. Guilhaume, proche de la droite et de Balladur, est nommé PDG de France 2 et France 3 le 10 août 1989 par l'ancêtre du CSA. Fureur des socialistes qui décident de s'en débarrasser. Catherine Tasca, ministre de la Culture, tire à boulets rouges. Participeront notamment à la curée un certain Frédéric Mitterrand qui dans un geste spectaculaire abandonnera sur la scène son 7 d'Or lors de la cérémonie diffusée en direct. Il dira qu'il dépose son trophée au niveau où se trouve l'audiovisuel public, c'est-à-dire, selon son expression, « bien bas ». Guilhaume reçoit cela en pleine face sans réagir. On verra la même chose quinze ans plus tard quand Agnès Jaoui massacrera en direct Jean-Jacques Aillagon, lors de la cérémonie des Césars sur le conflit des intermittents.

Puisque Guilhaume a été nommé par la Haute Autorité, il est en principe indéboulonnable. Le pouvoir en place décide alors de l'étouffer financièrement. C'est Bercy qui s'en charge. L'argent manque. Guilhaume fait des économies sur les programmes. Les animateurs vedettes passent à la trappe. Ils ne le pardonneront jamais à

Guilhaume qui se fait pilonner. Il est contraint à la démission fin décembre 1990. Il aura réussi à se maintenir un peu plus de seize mois.

On voit bien que le pouvoir en place, de droite comme de gauche, peut se débarrasser sans difficulté d'un dirigeant de l'audiovisuel public qui ne plaît plus. La notion d'indépendance ressemble largement à un leurre. Mais sur le plan des symboles, il est évident qu'une telle décision, venant d'un tel Président, ne peut qu'ulcérer le peuple de gauche. C'est peut-être d'ailleurs ce que cherchait le Président.

Les syndicalistes, évacués manu militari de l'Élysée, écument de rage. Leur revanche sera terrible... L'interview télévisée du président de la République sur France 3, prévue cinq jours plus tard, va leur offrir l'occasion de dresser un véritable guet-apens, qui échouera de peu. Voici l'histoire inédite d'une catastrophe évitée de justesse...

Le retour de bâton

Le cortège présidentiel s'arrête au pied du siège de France Télévisions en cette fin d'apres-midi du 30 juin. En sortant la tête de la voiture, Nicolas Sarkozy est accueilli sur les marches par une vingtaine de manifestants, brandissant une banderole « Plus belle la vie sans Sarkozy », référence ironique au titre du feuilleton à succès de France 3. Pas de quoi fouetter un chat... En amont, Carolis a négocié, dans la matinée, avec les personnels afin d'éviter les manifestations d'hostilité : pas de haie d'honneur silencieuse, etc. Les techniciens du plateau de France 3 voulaient, eux aussi, revêtir un tee-shirt « Plus belle la vie sans Sarkozy » durant toute l'émission. Carolis a obtenu qu'ils abandonnent cette idée. C'est du moins ce qu'il croit.

Le chef de l'État arrive, d'une humeur massacrante. Le matin même, il s'est rendu à Carcassonne où il s'est déchaîné contre les militaires « irresponsables » après la fusillade absurde qui vient de blesser grièvement 17 personnes [1].

---

1. Le dimanche 29 juin, lors d'une démonstration du 3ᵉ RPIMa, un sergent parachutiste tire à balles réelles au lieu de tirer avec des cartouches à blanc. Dans la foulée, le président de la

prépare : trois syndicalistes, vêtus du fameux tee-shirt « Plus belle la vie sans Sarkozy », attendent le Président afin de former une haie d'honneur. Dans l'état de transe dans lequel il est, si Sarkozy voit ça, c'en est fini ! Non seulement, il ne viendra pas faire l'interview mais il fera sauter Carolis dans la foulée.

Que faire ? Camille Pascal revient sur ses pas et demande à Franck Louvrier de tirer par la manche Carolis afin de lui exposer le problème. Sarkozy a l'air moins décidé à partir...

Les promesses des syndicalistes de se tenir sages ont fait long feu. Et Carolis, dans l'urgence, négocie de nouveau que tous retirent immédiatement leur tee-shirt. Il va chercher en lui toutes les ressources de persuasion dont il est capable : « Vous l'avez vu, ça se passe mal. Nicolas Sarkozy est notre hôte. Et à ce titre, il mérite d'être accueilli comme il se doit. Je vous demande de retirer ce tee-shirt. » On ne sait trop par quel sortilège les manifestants finissent par s'exécuter, à quelques minutes du direct... En tout cas, les tee-shirts disparaissent quand Nicolas Sarkozy, maquillé, traverse le couloir pour rejoindre le plateau.

Notre pauvre Camille Pascal n'est pas au bout de ses peines. Il avait veillé à la sécurisation du plateau et mobilisé une quinzaine de vigiles. Bien vu. Car soudain, l'un d'entre eux l'avertit d'un nouveau danger : d'autres syndicalistes, venus du foyer (l'étage au-dessus des plateaux), tentent d'envahir le studio ! Ni une ni deux, la porte qui relie le foyer aux sous-sols est bloquée. L'interview commence. Pendant que Nicolas Sarkozy répond aux questions d'Audrey Pulvar, Gérard Leclerc et Véronique Auger, sept ou huit malabars bloquent la porte tandis que, de l'autre côté, une poignée de syndicalistes jusqu'au-boutistes se sont saisis d'un bélier et tentent de l'enfoncer. Voilà dans quelles conditions se déroule l'interview : un bélier frappe ses coups de boutoir, des vigiles retiennent la porte pour éviter qu'elle ne cède. Non, vous ne rêvez pas, nous ne sommes pas revenus au Moyen Âge, au temps des châteaux forts, nous sommes à France Télévisions, le 30 juin 2008. À la fin de l'entretien, la porte a été défoncée. Il faudra changer le verrou...

Personne n'en saura rien. Même Patrice Duhamel n'a pas été informé de cet incident... Le secret le plus absolu a été conservé sur ce qui aurait été le crime de lèse-majesté le plus piquant de la

Vᵉ République : l'interruption de l'interview présidentielle par envahissement du plateau. Quand, bien des mois plus tard, Camille Pascal me confie cet épisode, je peux encore déceler sur son visage les traces d'une terreur rétrospective. Carolis lui doit une fière chandelle. L'audiovisuel public est passé à deux doigts de la catastrophe.

Durant l'interview, le chef de l'État a glissé son couplet habituel bien qu'en y mettant des rondeurs : certes, il reconnaît qu'il y a eu un « virage éditorial » mais il faut aller plus loin, et faire plus d'émissions sur la science, sur l'Europe… Aussi, quand il revient dans la salle de maquillage, il est détendu et lâche à l'adresse de Carolis : « Tu as vu, j'en ai parlé de ton virage éditorial ! » Carolis se lève d'un bond, livide de colère : « Tu as surtout dit à des millions de téléspectateurs qu'on fait de la merde ! » Patrice Duhamel, qui les a rejoints, embraie aussitôt : « Il y en a marre que tu nous critiques sans arrêt ! » Saisi, Sarkozy réplique : « Je me fais engueuler à l'entrée, je me fais engueuler à la sortie… » Carolis est blanc comme un linge. Il poursuit le chef de l'État dans la salle de maquillage voisine. Les deux hommes s'enferment en tête à tête. C'est la deuxième salve. Cette fois, on s'explique sans témoin et il n'est plus question d'étiquettes. Sarkozy, taiseux, essuie les foudres de Carolis. Le président de France Télévisions prend quand même sur lui pour raccompagner le chef de l'État jusqu'à sa voiture. Les deux hommes se serrent la main. Sans aucune illusion. Ils ne se reverront pas pendant six mois.

Camille Pascal, qui a en partie assisté au « match retour », est effondré par la violence des propos. Ses vigiles ont évité le pire. En revanche, il n'a pas pu empêcher les syndicalistes de laisser « fuiter » des images tournées avant la prise d'antenne. Nicolas Sarkozy y apparaît crispé, faussement aimable. Il s'agace du fait qu'un technicien du son, venu vérifier ses micros, ne réponde pas à son salut. Selon la thèse des syndicats, le technicien en question n'a tout simplement pas entendu le salut présidentiel. Sarkozy ne comprend pas cette nouvelle incivilité à son égard. Décidément, cette maison n'est pas tenue… « Enfin quand on est invité, on a le droit que les gens vous disent bonjour, quand même, réagit-il. Ou alors, on n'est pas dans le service public. […] Incroyable… et grave », grimace-t-il avant de lâcher : « Ça va changer… ça va changer, là. » Énervement ? Certes, mais quand on sait l'algarade qui vient de se produire, on peut estimer que ces propos sont très pesés...

Vers 21 heures, les images sont mises en ligne sur le site de Rue89.com. Colère noire du château. Carolis donne des gages et porte plainte. La police dépêche des enquêteurs. Les caméras de vidéosurveillance du siège de France Télévisions sont mises à contribution... Plus d'un an plus tard, les poursuites ne sont pas abandonnées. Et l'on cherche toujours à établir la culpabilité de deux salariés de France 3 pour avoir ouvert les portes de l'entreprise à un journaliste de Rue89.com.

Pour ne rien arranger, ce jour-là, le Président fait face à Audrey Pulvar. Cette sympathique journaliste est devenue la pasionaria des opposants à la réforme de l'audiovisuel public. Copé et Albanel sont passés entre ses griffes et ont été mis sur le gril. Pulvar conclut même un reportage en disant « Je vous rejoins à la manif ! » Bel exemple d'indépendance pour les uns, de félonie pour les autres. Pulvar agace profondément le cabinet Albanel : « C'est la Rosa Luxembourg de l'audiovisuel public... »

Sarkozy est persuadé que cette réforme est indispensable pour l'audiovisuel public. Il y croit profondément. Il considère même qu'il donne une chance historique au service public en lui permettant de se rapprocher de ses racines. Pourquoi personne ne croit-il en sa bonne foi ? Il considère, de façon profondément injuste, que Carolis, Albanel, Copé et tant d'autres ne font pas leur travail en ne soutenant pas suffisamment cette réforme. En fait, l'une des plus grandes erreurs de Sarkozy est de ne pas se rendre compte de la peur et de la suspicion qu'il inspire dans certains milieux. Même si ses intentions sont bonnes, Sarkozy sera toujours soupçonné de vouloir aider ses amis, de privilégier son camp, de jouer la duplicité. Son sens assez unique de la provocation – ses partisans évoqueront plutôt son goût pour briser des tabous – lui vaut l'admiration des uns et le dégoût des autres. Sarkozy fait le débat, il confisque le débat car il *est* le débat. Tout tourne autour de lui. Ses adversaires de droite comme de gauche n'agissent pas, ils réagissent face à Sarkozy, le plus souvent avec violence et outrance face aux idées que le

Président choisit de présenter comme des évidences ou bien comme une rupture avec l'hypocrisie.

En l'espèce, tout laisse croire que la réforme de l'audiovisuel public fait partie des vraies intuitions du Président et, comme il s'emporte souvent et souffre difficilement la contradiction, il est stupéfait de voir que d'aucuns critiquent sa réforme, surtout à l'intérieur de France Télévisions. Il y voit au mieux une mollesse des dirigeants, au pire une volonté politique affichée de saboter sa réforme. L'antienne « cette maison n'est pas tenue » lui sert de viatique pendant un certain temps dès que quelqu'un se hasarde devant lui à évoquer le sujet France Télévisions.

Chapitre 10

« Faux, stupide et injuste »

À la fin de l'interview, Patrick de Carolis remonte, excédé, dans son bureau. Bastien Millot, au septième étage de l'immeuble qui longe la Seine, n'a rien vu de l'altercation qui s'est déroulée dans les studios. Il ne sait rien du clash. Mais il entend des pas dans le couloir. « J'ai reconnu le pas de Carolis mais il ne ressemblait pas à sa foulée ordinaire. Il y avait quelque chose d'extrêmement nerveux », témoigne-t-il.

La porte s'ouvre. Carolis apparaît et dit :

« C'est terminé, je me casse ! »

Puis, il claque la porte et file vers son bureau.

Patrice Duhamel entre à son tour, « wizzant ». Puis Camille Pascal, implorant le ciel. Enfin arrive Damien Cuier, calme comme une mer d'huile.

Tous rejoignent Carolis, seul à sa table. On improvise un « debriefing » de crise. Le PDG de France Télévisions fume cigarette sur cigarette. Il attaque :

— Je n'irai pas dans le mur à cause de lui ! C'est clair, ce type me hait. Je ne sais pas pourquoi. Ce n'est pas tenable. Il veut ma peau. Je la vendrai chèrement.

Puis, il s'adresse à Bastien Millot :

— Convoquez-moi une conférence de presse pour demain. Je vais démissionner.

Bastien Millot relance :

— Vous êtes sûr ?

— Je veux prendre l'opinion à témoin.

Duhamel, d'habitude pessimiste, reprend du poil de la bête et tente de raisonner Carolis :

— Ne fais pas ça. Réfléchis. Si tu démissionnes, tu lui rends le plus grand des services.

Bastien Millot sait comment piquer son bonhomme : lui tendre le miroir de Narcisse.

— Vous démissionnez ? Très bien, je vais vous décrire la presse du lendemain : « Sarkozy a gagné, Carolis a démissionné. »

Millot a visé juste. Carolis vacille :

— Eh bien, si vous avez une autre solution...

— Faites de votre démission l'occasion d'exposer vos convictions sur la télévision publique.

La réunion est brève. Rien à faire. Quand le groupe se sépare, le PDG de France Télévisions a décidé de démissionner. Meurtri, il utilise sa tonalité la plus grave pour dire : « J'ai été insulté, j'ai été humilié. »

La discussion va se prolonger par plusieurs textos tard dans la soirée. Carolis ne ferme pas l'œil. Duhamel se souvient d'avoir reçu un texto au milieu de la nuit : « Je vais à RTL. »

L'OFFENSE

La nuit a porté conseil. Le lendemain matin, mardi 1er juillet, c'est un Carolis totalement métamorphosé qui apparaît dans l'entrebâillement de la porte de Camille Pascal. Presque goguenard, il annonce avoir pris contact avec Jean-Michel Aphatie à RTL. « Il me prévient qu'il va parler publiquement et me demande de le suivre dans son bureau », raconte Camille Pascal. Les deux hommes se mettent autour d'une table et échaffaudent les points clés de l'intervention du lendemain. Plus question de démissionner. Personne d'autre n'est mis dans la confidence. Bastien Millot revient à la charge. Carolis ne lui dit rien de ses intentions et ne lui demande rien. Pas le moindre document. Pas la moindre fiche.

Le mercredi 2 juillet, il est 7 h 15 dans le XVIe arrondissement de Paris. Millot est venu chercher Patrick de Carolis au pied de son immeuble en taxi. Il l'accompagne à l'émission de Jean-Michel Aphatie sur RTL à 7 h 50. Carolis n'est pas bavard mais il a l'air très détendu, satisfait même. Le ciel de Paris est aussi radieux que l'humeur du PDG. Il dit simplement à Millot qu'il a bien réfléchi et qu'il va dire deux ou trois « trucs ». Il ne porte aucun document sur lui. Millot s'interroge mais n'exprime pas ses inquiétudes. Carolis de toute façon est un grand garçon et il connaît mieux que quiconque les règles dans les médias. Arrivé à la station, le PDG participe à un rapide petit déjeuner auquel se joint l'éditorialiste Alain Duhamel. Affable, Carolis ne dit toujours rien de particulier.

On passe au studio. En attendant la prise d'antenne, Carolis se racle la gorge. Il répète son exercice de diction : « Je veux et exige d'exquises excuses. » Un rituel trentenaire chez cet homme de télévision.

Aphatie sait poser les bonnes questions. Mais, en l'espèce, il n'a rien à faire, à part deux relances. Carolis a décidé, en 8 minutes et 50 secondes, de poser trois énormes mines contre la réforme et le Président. Top chrono !

Première mine : « Je suis très fier d'avoir été élu par le CSA et je ne considère pas que le système actuel de nomination soit hypocrite. La preuve, j'ai été élu PDG de France Télévisions alors que je n'étais soutenu ni par l'Élysée [il exagère un peu sur ce point, en tout cas il n'était pas soutenu officiellement], ni par Matignon [c'est vrai] et encore moins par le ministre de la Culture et de la Communication [tout à fait exact]. »

Deuxième mine qui va devenir un véritable slogan publicitaire : « Le compte n'y est pas. [...] Je considère que l'on ne me donne pas les moyens financiers qui vont permettre de compenser la perte des recettes publicitaires. Si d'ailleurs en septembre je considère que l'on ne m'a pas donné les moyens, je partirai. »

Troisième mine suffisamment puissante pour détruire la moitié des blindés de l'Afrika Korps : « Lorsqu'on dit qu'il n'y a pas de différences entre la télévision de service public et les télévisions privées, je trouve cela faux [il marque un temps], je trouve cela stupide [il marque un temps]... et je trouve cela injuste, profondément injuste. »

Carolis a adopté un ton quasi gaullien. On y retrouve presque dans la forme et le ton les intonations du général de Gaulle au balcon de la mairie de Montréal en juillet 1967. « Vive le Québec [un temps], vive le Québec libre [il rugit le mot "libre"], vive le Canada français et vive la France [dans un même souffle]. »

Carolis s'en inspire fortement : je trouve que c'est faux – c'est déjà fort et il marque un temps –, je trouve que c'est stupide – et il insiste dans son intonation sur l'adjectif –, et je trouve cela injuste, profondément injuste – dans un seul souffle.

Aphatie a la faconde des gens du Sud-Ouest. Il reste quand même coi devant tant d'audace. Il ose un timide « Vous serez encore président de France Télévisions à la rentrée ? ». En d'autres termes après tant d'audace, vous ne craignez pas de vous faire virer ? Carolis marque un long silence. De façon théâtrale, il lance un « je le pense » qui veut tout dire.

C'est énorme, incroyable. Carolis a prononcé le mot impossible. Quoi qu'il pense du président de la République, il est son actionnaire. On ne peut qualifier son actionnaire de stupide. Quelques jours plus tard, mi-sérieux mi-rigolard, un dirigeant d'une très grande chaîne privée dira à l'un des membres du cabinet Albanel : « C'est formidable l'audiovisuel public, si j'avais ne serait-ce que suggéré dans un discours public qu'une décision du patron de mon groupe était stupide, je ne serais pas resté en poste plus de cinq minutes. »

Bastien Millot se tient la tête à deux mains. Nul ne sait s'il a dit comme Daniel Johnson, maire de Montréal mi-ému mi-ravi après le discours de De Gaulle, « va-t-y pas y avoir des problèmes ? ». Millot ne peut être fâché de cette réaction d'orgueil de son patron et de cette pique adressée au Président. Mais cela ne l'arrange guère alors qu'il s'efforçait de réchauffer ses relations avec les sarkozystes. Il se doute que la réaction ne va pas tarder.

Carolis sort du studio. Il s'interroge : « Je me demande si je ne suis pas allé trop loin ? », dit-il à Millot. « Peut-être un peu », lui glisse son collaborateur. Emportement ou adjectif soigneusement mûri et réfléchi ? Les deux. Camille Pascal livre les clés du texte : « Dans ce que nous avions envisagé de dire, il n'a jamais été question du mot "stupide"... Seuls "faux" et "injuste" étaient prévus. Carolis s'est fait piéger par la rhétorique ternaire. Je me dis qu'on va exploser à cause du rythme ternaire... » Carolis explique après coup : « Les phrases me sont venues dans la nuit. Je voulais que ce soit un moment de franchise et de vérité afin d'être en harmonie avec moi-même. Le mot "stupide" m'est venu au réveil. Je l'avais déjà prononcé devant mes interlocuteurs. Pour moi, "stupide" signifie, en l'espèce, "contreproductif". »

Vers 9 h 30, Carolis m'appelle. À la limite de l'hilarité nerveuse, il est content d'avoir pu enfin remettre Sarkozy à sa place. « Un regret, me dit-il, les gens n'ont pas compris le mot "stupide". Ce n'est pas Sarkozy que je trouve stupide, c'est l'idée d'assimiler nos programmes à ceux de TF1 qui l'est. » Le président de la République n'entendra pas la nuance... Carolis me met toutefois en garde : « Après ce que je viens de faire, ils vont certainement essayer de me salir. Si tu entends des choses, n'en crois rien. »

La réaction ne tarde pas. Claude Guéant cherche à le joindre par tous les moyens. Son assistante tombe sur des messageries. Le portable de Bastien Millot retentit. Il interroge son PDG : « Guéant cherche à vous joindre... on rappelle ? » Auguste, Carolis ne s'affole pas : « On va attendre d'être arrivés à France Télévisions pour le rappeler. » Et il monte dans son carrosse... Dans l'après-midi, il doit prendre l'avion pour rejoindre une réunion de l'UER[1] à Budapest. Il sait bien que la terre tremble sous ses pieds mais il reste étonnamment serein : « Qu'est-ce que je vais bien pouvoir lui dire ? », s'interroge-t-il à voix haute, sachant qu'il est bien évidemment hors de question de reporter une convocation de l'Élysée.

Enfin, Carolis arrive à son bureau. Claude Guéant au bout du fil. Le placide préfet adopte un ton grave, courtois mais glacial :

— Vous vous doutez de l'objet de mon appel ?

— J'imagine, répond Carolis.

---

1. Union européenne de radiodiffusion.

— C'est assez inédit qu'un président d'une entreprise publique attaque aussi frontalement le président de la République à la radio, lâche Guéant, avec ses rondeurs roides.

Carolis ne se démonte pas :

— C'est assez inédit de voir un président de la République décortiquer les grilles de programmes des chaînes et jouer au directeur des programmes.

Guéant, qui ne s'attend pas à cette résistance, en vient au fait de manière détournée :

— Vous comprenez que certains propos pourraient être mal interprétés ?

— Je le comprends mais j'assume, réplique tranquillement Carolis.

Guéant passe enfin à l'objet de son appel :

— Ce serait bien que nous en parlions assez rapidement...

Carolis lance alors une réplique d'anthologie :

— Avec grand plaisir, mais je pars cet après-midi pour l'étranger. Donc, si vous le voulez bien, on en reparlera dans une semaine.

Guéant est interloqué. Ce grand commis de l'État ne peut imaginer un instant qu'un patron d'une entreprise publique ne vienne pas ventre à terre au coup de sifflet de la tutelle. Scotché, il lui reste à peine assez de souffle pour dire :

— Très bien. À bientôt.

Et il raccroche. Paradoxalement, Carolis vient peut-être de gagner le froid respect de Claude Guéant, lui qui a vu tant d'hommes ramper aux pieds du Président. En tout cas, ce coup de fil – historique – va tout changer dans leur relation. C'est à partir de ce moment précis que se noue un fil télégraphique entre les deux hommes. Il a fallu cette crise pour que Guéant prenne le dossier audiovisuel en main. Il devient l'interlocuteur rare mais régulier de Patrick de Carolis.

En attendant, chez Albanel, c'est la panique. « Mais il est devenu fou ? » s'exclame-t-elle interloquée devant ses collaborateurs. Puis c'est la colère noire, froide de la ministre. Depuis le mois de janvier, elle ne cesse de défendre Carolis au plus haut niveau de l'État face aux courtisans – et ils sont nombreux – qui l'accablent de critiques en pensant s'attirer les bonnes grâces du Président. Elle en dit du bien devant le chef de l'État, ce qui lui vaut de se faire régulièrement rembarrer sans douceur. Elle sait que Carolis est le seul à pouvoir porter cette réforme en interne et calmer suffisamment ses troupes pour continuer à avancer sur un terrain aussi miné que les plages du débarquement. Mais en se comportant en opposant direct et frontal au Président, Carolis entraîne involontairement dans son orbite la seule personne du gouvernement qui le soutienne encore.

Cette stratégie quasi suicidaire n'est d'ailleurs pas davantage comprise par les homologues de Carolis dans le secteur privé. « Si j'étais à sa place, disait un jour le patron d'une grande chaîne privée, non sans réalisme – ou cynisme ? –, je téléphonerais tous les matins au président de la République pour lui demander s'il a vu la veille le programme très service public d'une de mes chaînes et lui commenterais les scores d'audience "forcément formidables". Je lui expliquerais mes projets et je lui enverrais tous les DVD de ces émissions. À chaque fois qu'on ferait une émission musicale, j'enverrais en plus le DVD à Carla. Au bout du compte, par lassitude et parce qu'il n'a pas le temps de regarder la télévision, il me lâcherait les baskets. Le problème est que Carolis est trop orgueilleux pour faire cela. L'une de ses phrases préférées est "je ne suis pas un courtisan". C'est honnête et courageux, mais dans le secteur public, c'est suicidaire. » Ajoutons que Carolis demeure un journaliste dans l'âme. Notre tropisme pour l'indépendance ne nous incline pas spontanément vers ces postes où il faut savoir louvoyer avec la tutelle...

Albanel réfléchit à l'avenir immédiat et surtout aux questions que les journalistes ne vont pas manquer de lui poser puisque nous sommes mercredi, jour du Conseil des ministres. En bon animal politique, elle sait que Sarkozy n'est pas assez fou pour demander la tête de l'insolent. Il en ferait une victime et quasiment son premier opposant politique de taille. Déjà des rumeurs – absurdes – disent que Carolis s'apprêterait à rejoindre les rangs de Bayrou. L'hypothèse a été imaginée par Millot, mais plutôt comme une idée lancée en l'air...

Il faut néanmoins marquer le coup. À la sortie du Conseil des ministres, après un bref aparté avec Claude Guéant pour vérifier qu'ils sont bien sur la même longueur d'onde, Albanel s'approche des journalistes qui sont dans la cour de l'Élysée. La ministre emploie le ton « maîtresse d'école » qui gronde le mauvais élève Carolis sans pour autant l'exclure de sa classe. Albanel appelle à sortir des psychodrames et des états d'âme et à se mettre au travail pour réussir la réforme. Elle annonce qu'elle va passer tout l'été à travailler sur la réforme du cahier des charges de France Télévisions qui fixe les obligations du groupe en matière de programmes.

Chez Copé, on partage le même sentiment que chez Albanel. Pas question de se laisser embarquer dans cette querelle absurde. Copé appelle au calme en disant qu'il est temps que les vacances arrivent. Il va être rapporteur de la loi... Accessoirement, il se dit que le coup de gueule de Carolis envers Sarkozy ne manque pas de panache.

Les collaborateurs d'Albanel sont néanmoins inquiets. Leur ministre est-elle allée assez loin dans la remontrance à Carolis ? Le Président ne va-t-il pas trouver que sa ministre de la Culture ne le défend pas assez face à cet adjectif pour le moins inédit ? Alors son cabinet se creuse la tête à la recherche d'une contre-formule et pond : « On veut des managers, pas des mendiants ou des pleurnichards. » C'est « costaud » mais beaucoup plus faible que ce qu'a dit Carolis...

La réaction du Président sera à la mesure de l'offense. Mais elle ne sera pas ébruitée... Ce jour-là, Patrice Duhamel déjeune avec Fabrice Larue, le propriétaire de TelFrance (le producteur de « Plus belle la vie »). Leur déjeuner est interrompu par un coup de téléphone. C'est le secrétariat particulier du président de la République. Patrice Duhamel s'isole dans une pièce voisine. C'est chaud, très chaud.

Sarkozy veut la tête de Carolis mais il ne peut, juridiquement, le virer lui-même. Le lendemain jeudi, puis vendredi, l'Élysée teste le CSA pour savoir si les Sages accepteraient de convoquer Carolis lors de la plénière du mardi suivant. Pour quoi au juste ? Lui passer un savon ? On ne sait pas trop. Michel Boyon est assez réceptif mais son collège ne le suit pas. Agnès Vincent-Deray, Marie-Laure Denis n'ont pas du tout envie de se salir les mains dans cette affaire. Les choses en restent là. Sarkozy va devoir endurer Carolis...

Des sous, des sous !

« Je verrai si le compte y est ou pas. » Le slogan de Carolis va courir tout l'été. Ce sera un tube ! Sa sortie sur RTL ressoude ses salariés derrière lui. Il relève la tête et avec lui ce sont 11 000 salariés qui pensent tenir la dragée haute au Président avec ce leitmotiv : « Il veut la réforme, eh bien qu'il paie ! »

La problématique du financement devient la question fondamentale et la principale source d'incompréhension entre la rue de Valois et France Télévisions. Bercy comme Matignon se contenteront d'écouter les balles siffler. En tout cas dans un premier temps. Jusqu'à la discussion du nouveau plan d'affaires.

Carolis et ses équipes multiplient les demandes de subsides. La rue de Valois est excédée et sait combien il est difficile de se battre budgétairement avec Bercy et Matignon. Pour des sommes inférieures à 5 millions d'euros, Albanel est parfois obligée de remonter à l'arbitrage au plus haut niveau de Matignon et de l'Élysée. Carolis ne semble pas se rendre compte de la difficulté à obtenir des crédits publics.

De plus, pour la rue de Valois, France Télévisions invente tous les jours de nouveaux besoins financiers : il faut financer les programmes de remplacement des écrans publicitaires, il faut compenser le manque à gagner en journée car les chaînes privées vont faire du dumping sur la publicité l'après-midi. Et comme les chaînes privées obtiendront une nouvelle coupure publicitaire dans les films et l'allongement des écrans de 6 à 9 minutes, France Télévisions se plaint : Carolis veut être indemnisé par rapport à l'avantage compétitif des concurrents. En d'autres termes, puisque TF1 et M6 vont devenir plus riches, ils vont pouvoir acheter des programmes plus chers et corrélativement France Télévisions va s'appauvrir. Donc il faut compenser la différence... Cela ne s'arrête plus.

Et derrière Carolis, ce sont tous les professionnels de l'audiovisuel – auteurs, producteurs, réalisateurs – qui partagent les inquiétudes de France Télévisions et surveillent avec intérêt le porte-monnaie des chaînes publiques, à savoir la source de leur gagne-pain.

Les principaux collaborateurs d'Albanel oscillent. Eux qui sont accusés en permanence de dilapider des fonds publics et d'indulgence envers les dirigeants de l'audiovisuel public sont aussi sur la corde raide. Au fond, ils n'arrivent pas à savoir si les suppliques de France Télévisions sont sincères : est-ce une tactique pour faire cracher le maximum d'argent à l'État ? Ou bien toute cette agitation n'est-elle que le signe d'une grande angoisse de l'avenir ?

C'est dans ce cadre qu'Albanel piqua une belle colère quand elle découvrit que l'un des dirigeants de France 5, Philippe Vilamitjana, réclamait 30 millions d'euros supplémentaires pour permettre à France 5 « d'être encore dans la course ». Pas de chance pour Vilamitjana, Albanel est en pleine négociation budgétaire avec Matignon et Bercy qui récriminent contre la cigale dépensière qu'est la Culture en ce bel été 2008. Albanel est remontée comme une pendule : « Quand on sait ce que l'on dépense pour l'Armée ou en matière de formation professionnelle », soupire-t-elle devant ses collaborateurs. Vilamitjana et sa réclamation intempestive tombent au plus mauvais moment. Tardieu est prié de passer un savon à Camille Pascal pour qu'il tienne les troupes. La ministre sort alors la formule que lui a concoctée son conseiller politique François-David Cravenne : « Il faut qu'ils arrêtent de croire que les finances publiques, c'est *open bar* pour toutes les chaînes. » Camille Pascal fait passer le message très rapidement. Vilamitjana est immédiatement rappelé à l'ordre. Tardieu croit comprendre que les dirigeants du groupe ne sont pas forcément fâchés d'être un peu contraints de recadrer les éventuels accès de gourmandise des chaînes. Eux sont en plein fignolage des grilles de rentrée et font face à des demandes de financement de leurs subalternes...

Patrice Duhamel traverse l'été dans des brumes noirâtres. Après le coup de fil de Sarkozy, il ne peut plus douter des intentions de celui-ci à son encontre. Carolis, qui n'a aucune formation ni pratique de la gestion d'une grande entreprise publique, veut être exemplaire. Il n'a qu'une inquiétude, c'est d'être considéré comme un mauvais gestionnaire qui plombe les comptes de son entreprise. L'idée d'être en déficit lui répugne alors que cela n'a jamais gêné bien des dirigeants d'entreprises publiques... Il sait trop bien que le pouvoir ne guette qu'un signe de faiblesse pour monter une affaire contre lui. Si les comptes de France Télévisions sont dans le rouge, c'est à lui qu'on en fera grief. Personne n'arrive à le convaincre que ce n'est pas si grave.

Il faut dire aussi à l'actif des dirigeants de France Télévisions que de malins esprits s'ingénient, soit par duplicité soit par aveuglement – on n'ose ressortir dans ce contexte l'adjectif « stupide » –, à jeter de l'huile sur des braises. Henri Guaino, conseiller du Président, n'en rate pas une. Il déclare que, dans le cadre de la nouvelle loi, il faudra renommer les présidents de l'audiovisuel public. Affolement général à France Télévisions. Carolis et Duhamel se voient virés avant la fin de l'année. « Mais de quoi se mêle-t-il, celui-là ? », s'exclame Albanel, hors d'elle, « qu'il écrive déjà moins de sottises dans ses discours... il s'imagine peut-être qu'il n'y a pas assez d'enquiquinements sur ce dossier pour en rajouter une louche ? » Elle n'aime pas Guaino qu'elle prend pour un exalté. Furieuse, elle appelle Claude Guéant, qui la calme à grand renfort de « mais ma petite Christine... ». Guéant intervient immédiatement dans les médias pour contredire Guaino : Carolis peut parfaitement être maintenu à son poste. Il rappelle que le Président, lors de la remise du rapport Copé, a renouvelé sa confiance à l'équipe dirigeante de France Télévisions. Un pieux mensonge quand on sait que l'Élysée a cherché à dégager Carolis via le CSA...

Chapitre 11

Les petits déjeuners du jeudi

Au milieu de cette tornade qu'est la réforme Sarkozy, avec ces portes qui claquent, ces hurlements et ses crocs-en-jambe, il existe tout de même un havre de paix moins théâtral où des gens travaillent : les petits déjeuners du jeudi. Chaque semaine, Mathieu Gallet, François Hurard (le conseiller cinéma) et Christophe Tardieu (du cabinet Albanel), Laurence Franceschini (de la DDM), Patrice Duhamel, Thierry Langlois, Camille Pascal et parfois Damien Cuier pour France Télévisions se retrouvent à l'heure des premiers croissants afin de coucher noir sur blanc le nouveau cahier des charges des chaînes publiques. À savoir la liste des obligations que l'État impose à France 2, France 3, France 4, France 5 et RFO en matière de programmes.

LA « TORAH » DES PROGRAMMES

C'est, au fond, le cœur de la réforme souhaitée par le Président quand il songe à coller de l'opéra à une heure de grande écoute. Tout le monde aurait dû se focaliser sur ce texte ô combien important. Et cependant, ce sera l'aspect le moins médiatisé de toute la séquence...

Nicolas Sarkozy, lui, ne s'y trompe pas. C'est ce document qui excite le plus son intérêt. Et il en demande régulièrement des nouvelles... On ne part pas de rien, mais disons que l'ancien cahier des charges est un monstre de technocratie, indigeste, qui reprend, chaîne par chaîne, des obligations dites de « service public », comme les émissions sur la consommation, la libre parole pour les syndicats et les partis politiques, le respect des horaires... Albanel souhaite dépoussiérer tout cela, en taillant dans la masse afin d'aboutir à un document concis et limpide, de manière à mettre en exergue les nouveaux programmes attendus. Le nouveau cahier des charges devra faire saliver le président de la République, sans quoi ce sera un échec et tout le monde en paiera les conséquences.

Christine Albanel s'applique d'autant plus que Nicolas Sarkozy lui répète à l'envi : « La loi c'est bien, mais le cahier des charges est encore plus important. » On soigne la copie. On fait et refait un nombre incalculable de versions ; on modifie le plan du document à de nombreuses reprises. Pas question de transmettre au Président un document de 60 pages dans lequel on traiterait à égalité de la présence de l'opéra et du théâtre sur les chaînes publiques comme du Point Route, de la Météo ou de Conso mag. Alors on écrit des préambules ronflants, les dix commandements de l'audiovisuel public, les douze engagements de France Télévisions, la charte de la nouvelle télévision publique. « À la fin toutes les versions se mélangeaient entre elles, la ministre nous faisait réécrire tout cela et on repartait pour un tour, se souvient Christophe Tardieu. Avec Camille Pascal, on n'en pouvait plus de ce document. On s'imaginait quelques années plus tard dans une maison de repos avec des infirmières se disant "c'est bien, ils n'ont pas parlé du 8e commandement de l'audiovisuel public aujourd'hui" ou "ah, ils ont eu une rechute ce matin, on les a retrouvés tournant autour d'un arbre en récitant les 12 engagements de France Télévisions", "c'est drôle, dès qu'ils voient de l'opéra à la télévision, ils se mettent à baver dans leur chaise roulante". Bref, il fallait bien se détendre un peu car ce fut un boulot de galériens. Mais en définitive, j'ai reçu le compliment le plus inattendu sur ce travail un soir lors d'un débat sur France

Culture avec un journaliste des *Inrockuptibles*. La conversation est venue sur le cahier des charges de France Télévisions, que l'on avait mis en ligne, et le journaliste des *Inrocks* a déclaré qu'il trouvait ce document très bien. Alors, là, j'étais scotché, même les *Inrocks* devenaient sarkozystes ! »

Au final, à chaque réunion avec le Président, la ministre revient rue de Valois et transmet : il veut que l'on parle de l'Europe, davantage de cinéma, des émissions littéraires. Puis il veut du théâtre en direct, des émissions scientifiques... Le Président est intarissable sur les programmes et évacue très vite les sujets techniques pour toujours y revenir. « S'il n'avait pas fait de politique, nous dit Albanel, Nicolas Sarkozy aurait été un exceptionnel patron d'une chaîne de télévision. Nous, derrière, on pédalait et on traduisait les demandes du Président en engagements pour France Télévisions », raconte Tardieu.

Le « permis à points » saute

Peu à peu, ce petit déjeuner du jeudi devient célèbre dans le petit monde de l'audiovisuel. Et excite la curiosité. De quoi parlent-ils ? Que va-t-il en sortir ? Parmi ceux qui toquent à la porte, Michel Boyon, le président du CSA, soucieux de contôler les programmes de France Télévisions. Certains esprits malins de l'audiovisuel rapportent qu'il fait des pieds et des mains auprès du cabinet Albanel pour en être. La porte reste close. « Au début, on craignait beaucoup de recevoir des demandes diverses et variées émanant de différents lobbies exigeant que l'on mette dans le cahier des charges des obligations d'émissions sur l'élevage des huîtres ou le tourisme rural en basse Lozère mais on n'a eu quasiment aucune intervention », souligne l'un des participants.

Les points d'achoppement avec France Télévisions tournent toujours autour de la même antenne. D'un côté le cabinet Albanel veut fixer toujours plus d'obligations et, de l'autre, France Télévisions cherche à les alléger au maximum. Les convives se fâchent à deux ou trois reprises car, si l'on suivait la pente que Duhamel entendait faire prendre au texte, on risquait d'aboutir à un niveau d'exigence... inférieur à celui du précédent cahier des charges !

« Un jour, on avait décidé de reprendre un vieux système qui avait été inventé il y a plusieurs années et qui consistait à attribuer des points pour les émissions culturelles », se remémore Tardieu. Plus l'émission était diffusée en prime time sur une chaîne nationale du groupe, plus elle avait de points. Un objectif chiffré était fixé à France Télévisions qui devait le respecter. L'information me parvient au *Point* et je rédige un article sur le mode : « Albanel invente le permis à points pour Carolis ». J'apprendrai bien plus tard, en réalisant mon enquête pour ce livre, la réaction de la ministre. En fait elle ignore que, parmi les mille versions du texte, son équipe vient d'y insérer le vieux barème. Elle le découvre en lisant l'indiscrétion du *Point*. Sa réaction est vive : « stupide et technocratique ». Le permis à points est aussitôt abandonné...

Camille Pascal se souvient également des rituels qui entouraient ces rencontres du jeudi : « On avait toujours deux blagues. La première était que Tardieu servait systématiquement le thé à Laurence Franceschini, car lors d'un de nos premiers petits déjeuners, j'avais voulu la servir et le thermos avait à moitié explosé, manquant de l'ébouillanter. La deuxième était que Christophe Tardieu, qui est un anti-clérical notoire depuis une vieille affaire, proposait toujours la suppression de l'article imposant la diffusion de la messe sur France Télévisions. Duhamel le regardait chaque fois avec stupéfaction. » Il n'en sera rien, naturellement.

Mi-octobre 2008, le cahier des charges est bien avancé. Néanmoins chez France Télévisions, on ronchonne face aux exigences que les collaborateurs d'Albanel veulent glisser dans le document. Christine Albanel convoque alors dans son bureau Carolis et Duhamel. L'entretien est aimable, amical et courtois, comme toujours. En termes choisis, Albanel explique à ses interlocuteurs qu'elle attend d'eux des engagements précis sur un certain nombre de choses, et notamment sur les nouveaux programmes. Le Président y tient. Ce cahier des charges doit être un modèle. Comme prévu, Carolis et Duhamel s'offusquent : « Ce n'est pas à l'État de faire les programmes ! », clament-ils en chœur. Albanel ne veut pas faire les programmes. En revanche, elle veut du théâtre et de l'opéra, plus de films, un effort accru vers la fiction française... Et puis, en bonne littéraire, elle glisse à Carolis que ce qui est attendu de lui, c'est qu'il fasse « de la prose comme M. Jourdain ». À la différence du Président, Albanel considère que Carolis a réalisé un profond virage éditorial. Il faut simplement que ce soit visible.

Julien Courbet offre sa tête

Comme toujours, Albanel et Carolis se quittent bons amis. Mais c'est aussi parce que l'on a soigneusement oublié de parler du sujet qui fâche : Julien Courbet et sa nouvelle émission « Service maximum ». Depuis l'annonce de la grille de rentrée de France Télévisions, la simple évocation du nom de Julien Courbet fait piquer des colères noires au président de la République. À chaque fois, on a droit à une bordée d'amabilités envers les dirigeants de l'audiovisuel public qui ne comprennent rien à ce qu'il veut... Confier une émission sur France Télévisions à Courbet est une honte...

Christine Albanel est forcément beaucoup plus modérée. Néanmoins elle trouve que c'est une idée un peu baroque que de confier à cet animateur, qui a un talent indéniable mais qui est quand même un spécialiste des querelles de voisinage télévisées, une émission de 50 minutes en access prime time sur la chaîne phare du service public. Albanel y voit une provocation vis-à-vis du Président qu'elle juge totalement inutile, surtout quand on connaît son caractère. Mais Albanel est comme saint Thomas : elle veut voir par elle-même.

Aussi, plusieurs soirs d'affilée en septembre, elle convoque ses collaborateurs pour regarder « Service maximum » sur l'écran plat placé dans un coin de son bureau. « Ça va vous permettre de regarder la télévision », lui glisse amusé l'un d'entre eux. En effet, Albanel vient de raconter qu'elle est abonnée au câble, à Canal +, qu'elle dispose d'une offre triple play chez Orange et que tout cela réuni... fait qu'elle ne reçoit plus aucune image chez elle. Tout a sauté, y compris Internet, de façon involontaire et inopinée. C'est d'ailleurs devenu la plaisanterie récurrente au sein du cabinet.

« Je crois qu'en deux ans, la ministre n'a jamais réussi à avoir la télévision et Internet en même temps chez elle, confie l'un de ses proches. Et elle qui est très économe, on lui faisait remarquer qu'elle jetait l'argent par les fenêtres sans aucun résultat, ce qui l'inquiétait beaucoup. »

Bref, la tête de Julien Courbet apparaît dans la petite lucarne. L'ambiance est détendue, la ministre décontractée. Mais, de l'avis unanime, cette émission est en total décalage avec ce qu'elle veut faire de l'audiovisuel public. Les slogans pas toujours très aimables fusent dans le bureau doré de la rue de Valois : « c'est 60 millions de clochards », « c'est le nouveau Gault et Millau des poubelles des meilleurs restaurants » et autres formules qui seront reprises dans la presse.

Albanel est agacée. Elle pense que l'émission ne va pas marcher mais que les dirigeants de France Télévisions vont s'obstiner pour deux raisons : d'abord, ça leur permet de bien montrer à Nicolas Sarkozy que ce sont eux qui font les programmes et ensuite de montrer à TF1 qu'ils ont réussi l'un des transferts de l'année. Albanel n'y connaît rien en foot, mais elle se doute bien que les meilleurs joueurs ne peuvent pas réussir dans tous les clubs. En bonne Toulousaine qui aime le rugby, elle sait que les joueurs du Stade toulousain sont exceptionnels parce qu'ils évoluent dans un système de jeu qui leur convient. Or Courbet ne pourra jamais convenir au service public. « Peut-être du temps d'Elkabbach, qui demeure le modèle de ce qu'il ne faut pas faire sur France Télévisions ? », sourit-elle.

Courbet est un malin. Il voit bien que l'audience de son émission est dramatiquement faible et que les dirigeants de France Télévisions, malgré leur volonté de montrer leur indépendance vis-à-vis du pouvoir, ne pourront le maintenir très longtemps. D'autant qu'il occupe une place stratégique en matière de publicité à compter du 1er janvier 2009. Le créneau 19 h-20 h sera en effet le dernier moment où la publicité sera admise sur France Télévisions. Une bonne partie des ressources propres du groupe dépend des recettes publicitaires faites sur la chaîne la plus populaire avant 20 heures. Sans audience, la publicité ne vaut plus rien.

Courbet va donc essayer d'en faire une polémique visant à se présenter en victime du pouvoir. La démagogie de son plaidoyer est grotesque. Ainsi, il déclare qu'il accepte, si son émission ne marche pas, de ne plus être payé – ce qui serait une première dans le monde des producteurs animateurs ! Puis, dans un geste spectaculaire, il offre sa tête à la ministre.

Albanel éclate de rire : « Mais qu'est ce que je vais en faire, de la tête de Julien Courbet ? », s'amuse-t-elle. « Vous pourriez l'exposer dans votre bureau comme la tête d'Islera[1] à Séville », lui glisse un de ses collaborateurs qui connaît le goût de la ministre pour la tauromachie.

Cette idée baroque de tête que l'on offre amuse beaucoup Albanel. Déjà quand elle était présidente de Versailles, dans chaque situation difficile, elle s'imaginait en princesse de Lamballe, la tête au bout d'une pique[2]. Rue de Valois, c'est quasiment tous les jours qu'elle se voit dans cette position délicate...

Mais Albanel maintient la pression et retient ses critiques sur Courbet. Ce n'est plus l'animateur qui est visé mais bien davantage les dirigeants de France Télévisions et leur obstination qu'elle juge coupable.

LA BRONCA DU « GUICHET UNIQUE »

Après quelques mois d'effort, le cahier des charges est soumis à la consultation des professionnels sur Internet. Il y a fort peu de remarques en dehors de la problématique dite du « guichet unique[3] » qui donne lieu à d'interminables échanges. Explications.

Les producteurs craignent par-dessus tout la centralisation des décisions en matière de commande de programmes. Pour un créateur, rien n'est plus dangereux que de savoir qu'un seul homme

---

[1]. Islera était une vache du célèbre élevage espagnol Miura qui fut la mère du toro de combat Islero. Ce toro est particulièrement célèbre dans l'histoire tauromachique car il tua Manolete, l'un des matadors les plus importants du siècle. La tête empaillée de la vache Islera figure en bonne place au musée de la tauromachie de Séville.

[2]. La princesse de Lamballe était une amie très proche de Marie-Antoinette et à ce titre particulièrement détestée au moment de la Révolution française. Elle fut capturée par les sans-culottes en 1792 et décapitée. Sa tête fut promenée sur une pique et amenée à Marie-Antoinette qui fut contrainte de l'embrasser.

[3]. Il s'agit de rassembler au niveau du groupe les commandes de programmes qui jusqu'ici se prenaient au niveau de chaque chaîne.

décidera de ce qui passera à l'antenne. En effet, en cas de mésentente ou d'absence de goût pour tel ou tel type de programmes, ce sont des auteurs et des petites sociétés de production dont l'existence est menacée. Pour ces derniers, mieux vaut conserver le système actuel de telle sorte qu'un « non » au guichet France 2 laisse la chance d'obtenir un « peut-être » au guichet France 3, voire un « oui » au guichet France 5.

La toute-puissante SACD, animée par Pascal Rogard, et les principaux syndicats de producteurs, notamment l'USPA, font donc le forcing auprès du cabinet Albanel pour éviter une excessive centralisation dans la commande des programmes. Du côté de France Télévisions, on insiste sur la nécessité au contraire de regrouper les commandes pour faire des économies d'échelle, à l'instar de ce qui est fait dans le groupe sur les fonctions supports. Albanel s'oppose sur ce point au tandem Carolis-Duhamel. Elle entend promouvoir la diversité culturelle et ne veut pas semer le trouble chez les auteurs et les producteurs, la clientèle de son ministère. France Télévisions cherche surtout à réduire les marges des producteurs les plus malins qui utilisaient la diversité des portes d'entrée du groupe pour vendre très cher à France 2 ce qu'ils cédaient pour une bouchée de pain sur une autre chaîne publique...

France Télévisions résiste. L'article consacré au « guichet unique » va être modifié des dizaines de fois. Finalement, un texte à peu près consensuel est trouvé. Mais les auteurs et producteurs restent vigilants...

Le dernier avatar du cahier des charges sera la transmission pour avis avant publication du texte au CSA. Le CSA effectue toute une série de propositions de modifications du texte qui dans certains cas remettent en cause son économie.

Chez Albanel, on sait que cet avis n'est que consultatif. Néanmoins, Christine Albanel demande à ses troupes d'intégrer le maximum de propositions du CSA car elle ne veut pas se fâcher avec Michel Boyon. La vie n'est pas un long fleuve tranquille et les relations entre le CSA et France Télévisions sont faites de constants soubresauts, pour utiliser un euphémisme. Carolis compte, au sein de l'instance, quelques ennemis personnels. En fait, ceux qui ont préféré voter pour le candidat Marc Tessier, trois ans plus tôt. La conseillère Michèle Reiser, par exemple. Michel Boyon, quant à lui, est très hostile à cette idée d'« entreprise unique » et ne se prive pas de le dire...

« On devait recevoir l'avis du CSA un vendredi matin, raconte le cabinet Albanel, et on voulait l'étudier rapidement avant d'en discuter avec France Télévisions. On savait que si on livrait directement ce texte à Carolis et Duhamel, on aurait eu une réaction éruptive qui aurait fait perdre beaucoup de temps. » Plutôt que s'adresser au bon Dieu, le cabinet Albanel prépare le terrain avec ses saints, Camille Pascal et Damien Cuier. Deux hommes qui ont la tête sur les épaules et n'en feront pas une affaire de pouvoir. Carolis est en déplacement ce jour-là. Nous sommes le week-end de la Pentecôte. Duhamel est affairé à son bureau. Surtout éviter de lui en parler... Il fallait livrer un cahier des charges finalisé pour le mardi, propositions du CSA incluses ou non. En début d'après-midi, Tardieu et Gallet montent une conférence téléphonique avec Damien Cuier et Camille Pascal pour tester avec eux le futur texte. « Soudain, en plein milieu d'une phrase, on entend la voix de Patrice Duhamel dans notre dos. Il vient de rentrer dans le bureau ! On avait l'impression d'être deux collégiens pris par leur oncle en train de regarder un film porno », se souvient avec amusement Camille Pascal.

Pendant ce week-end de la Pentecôte 2008, les protagonistes de l'affaire sont éparpillés aux quatre coins de la France. Mais le téléphone portable fonctionne. « J'ai Patrice Duhamel au téléphone le dimanche. Il fait son marché à Paris alors que je suis en train de courir en Charente, évoque Tardieu. On se reparle l'après-midi. On réussit à échanger et les choses s'arrangent toutes seules. » Au bout du compte, un certain nombre de remarques formulées dans l'avis du CSA ont été prises en compte. Pas assez aux yeux de Michel Boyon...

Dernier détail. Le décret validant le cahier des charges de France Télévisions est signé par le Premier ministre à l'été 2009, la veille du remaniement ministériel qui voit le départ de Christine Albanel. Mathieu Gallet, son conseiller, fait partir en urgence absolue le décret au *Journal officiel* pour qu'il soit publié avec la signature de la ministre. Le dernier hommage que le jeune Gallet veut rendre à celle qui, en un peu plus de deux ans et sous le feu roulant des critiques de la presse, a profondément modifié le paysage audiovisuel français.

Chapitre 12

Le couperet de la loi

La rédaction du projet de loi audiovisuelle, durant l'été 2008, par les juristes de la Direction des médias (DDM), donne encore quelques sueurs froides à Patrick de Carolis lorsqu'il découvre le texte en septembre : 55 articles, bien compacts. On y fait rentrer, au chausse-pied, le changement des modalités de nomination et de révocation des présidents de l'audiovisuel public, la création de l'entreprise unique France Télévisions, les modalités de la compensation financière pour France Télévisions (les fameuses taxes). Enfin, on en profite pour transcrire la directive communautaire SMA (« service des médias audiovisuels ») qui dérégule la publicité.

LA TENTATION DU CRIME PARFAIT

Un étouffe-chrétien législatif qui effraie déjà Christine Albanel : « C'est beaucoup trop long et il y a des trucs que je ne comprends même pas », s'agace-t-elle. Nicolas Sarkozy, lui, ne s'intéresse qu'à la rédaction du préambule de la loi. Les services du ministère de la Culture avaient rédigé un préambule classique résumant les différents dispositifs du projet. Mais Sarkozy, fidèle à lui-même, veut que ça claque, que ça en jette, quelque chose qui détaille ses ambitions : mettre la culture à la portée de tous par le biais de la télévision publique. « Allez, toi Christine qui sais écrire, tu vas rédiger ce que j'attends. » C'est ainsi que, mi-ravie mi-agacée (« puisqu'il paraît que je sais écrire... »), Christine Albanel se met à la rédaction des deux premières pages du préambule de la loi. Les quelques initiés rient sous cape quand le CSA, dans son avis, critique vivement le préambule, qu'il juge « trop littéraire » et pas adapté à un projet de loi... S'ils savaient, les malheureux !

La discussion interministérielle ne soulève pas de problème majeur. Il demeure néanmoins un sujet sur lequel les techniciens de la DDM et du secrétariat général du gouvernement restent dans le flou. Quid de l'avenir de Patrick de Carolis ? Faut-il prévoir un dispositif qui impose de renommer le président de France Télévisions ? Et dans ce cas, le limogeage de Carolis serait rendu possible dès l'adoption de la loi... Le crime parfait.

Personne n'ose trop demander au président de la République quelles sont ses intentions. Pourtant, il y a bien un moment où il faut se jeter à l'eau. Fillon, Soubie et Albanel plaident en faveur du maintien de Carolis jusqu'à la fin de son mandat, qui s'achève en août 2010. Il n'a plus, à ce moment-là, que dix-huit mois de mandat à exécuter. Ce ne sera pas une partie de plaisir avec la mise en place de l'entreprise unique. S'en séparer ferait de lui un martyr politique. Les coups de sang de Nicolas Sarkozy contre l'armée, le préfet de Saint-Lô, etc. ont suscité suffisamment d'ennuis pour éviter cette nouvelle casserole.

Finalement, par le truchement de Claude Guéant, Sarkozy tranche : OK pour le maintien de Carolis. « Laissons-le finir son mandat mais je veux pouvoir le révoquer à tout moment », commande le chef de l'État. Il utilise alors une métaphore très virile.

Les juristes sont donc chargés de mettre cette instruction en musique. Mais la rédaction de l'article en question n'est pas limpide : « Les présidents des sociétés nationales de programme sont nommés par décret pour une période de cinq ans parmi les représentants de l'État. » La phrase qui semble innocente a son importance. Côté France Télévisions, on sait très bien que Carolis ne siège pas au conseil d'administration de France Télévisions en tant que représentant de l'État mais comme personnalité qualifiée désignée par le CSA puisque c'est lui qui l'a élu. Si le PDG n'est plus le représentant des Sages, c'est l'assise juridique du poste de Carolis qui est remise en cause...

Pour Duhamel, la messe est dite. Par cet artifice d'écriture dans la rédaction de la loi, Carolis est éliminé. Le 18 septembre, « Mister Wizz » appelle immédiatement la rue de Valois. Les explications qu'il obtient ne le convainquent qu'à moitié. Selon le cabinet d'Albanel, Carolis ne peut plus être membre du conseil d'administration de France Télévisions en tant que personnalité qualifiée désignée par le CSA puisque le président de France Télévisions ne sera plus élu à l'avenir par le régulateur. En revanche, puisqu'il a vocation à être nommé par décret, le futur président de France Télévisions devient représentant de l'État. Selon la rue de Valois, c'est une simple question de compétence de nomination. Au *Point*, je m'empare du texte et révèle ses ambiguïtés. Scandale...

Jean-François Copé est sollicité par Carolis. Il ne cache pas sa surprise. Il avait lui aussi entendu que le PDG de France Télévisions devait être maintenu jusqu'à la fin de son mandat. Il promet de veiller à ce que la loi soit claire sur le sujet.

Christine Albanel est furieuse de cette polémique ; « encore des c...ies de juristes », siffle entre ses dents cette éminente membre du Conseil d'État. Au vu de l'émotion que suscite cette non-affaire, elle exige que l'on rajoute un paragraphe qui figurait dans une version antérieure. Il avait été retiré pour des raisons de lourdeur du texte : « Les mandats en cours ne sont pas interrompus du fait de l'entrée en vigueur de cette loi. » Une timide résistance s'organise sur le mode « cela ne fait pas très joli dans un texte de loi... ». Elle ne résiste pas très longtemps. La douce, timide et effacée Albanel sait se montrer parfois cinglante. « Après tout, c'est moi qui serai obligée de défendre tout cela au Parlement... » Tout le monde est, en principe, rassuré. Mais chez France Télévisions, on continuera de penser qu'il s'agissait d'une tentative du pouvoir pour faire partir ses dirigeants. Simple paranoïa ? Une fois de plus, en l'espace de quelques heures, Carolis a vu sa tête sur le billot... On peut comprendre que, parfois, ses nerfs craquent.

Le poids du risque d'inconstitutionnalité

Avant l'envoi du projet au Conseil d'État, les juristes de la DDM et du secrétariat général du gouvernement ont fait le tour des risques d'inconstitutionnalité. Il est vrai qu'avec la présence au Conseil constitutionnel de Jean-Louis Debré et de Jacques Chirac, qui ne portent guère Sarkozy dans leur cœur, il y a de quoi être inquiet.

La nomination et la révocation des présidents de l'audiovisuel public peuvent poser des difficultés constitutionnelles en application de la théorie dite « du cliquet » en matière de libertés publiques. Lorsque des garanties sont apportées dans certains domaines touchant aux libertés publiques, aucun retour en arrière n'est possible. Le fait que ce soit une autorité indépendante comme le CSA qui nomme les présidents de l'audiovisuel public ne rend-il pas invalides, d'un point de vue constitutionnel, des nominations par l'État ? Comme toujours en droit, on peut trouver des nouvelles théories qui viennent contredire les premières. En l'espèce, c'est la théorie des garanties similaires qui peut jouer. Le fait que le CSA conserve un droit de veto sur la nomination des présidents et que les commissions compétentes du Parlement puissent se prononcer offrirait des garanties suffisantes aux yeux des juristes.

Les deuxièmes risques d'inconstitutionnalité ont trait aux taxes sur les télévisions privées et à celles sur les opérateurs de télécommunication. Il semble bien qu'il existe un risque réel si ces taxes sont affectées directement à l'audiovisuel public, voire à un compte d'affectation spéciale. D'un côté, ces taxes contribueraient à appauvrir les chaînes privées au profit d'un concurrent public. Pour les opérateurs de télécommunication, il est difficile d'établir une relation entre l'audiovisuel public et leur activité.

Chez France Télévisions, on tient mordicus à ce que les taxes soient attribuées directement au compte d'affectation spéciale pour l'audiovisuel public. En effet, on n'a aucune confiance dans la parole de l'État et on connaît trop les subtilités de la direction du Budget et de Bercy pour faire en sorte que les dotations budgétaires prévues, voire votées en loi de finances, n'arrivent jamais à leur utilisateur final. Entre les gels, surgels, coups de rabot, dégels partiels et autres tours de magie il n'est pas très difficile de rogner sur les dotations budgétaires attendues. Damien Cuier, avant de travailler pour Copé, était à la direction du Budget. Et ce qu'il raconte de ses anciennes prouesses fait froid dans le dos. Carolis et Duhamel s'imaginent déjà avec la moitié des sommes promises.

Du côté de l'État, on est forcément plus mesuré. On ne veut en aucun cas prendre des risques d'ordre constitutionnel. Mais il n'y a pas que le Conseil constitutionnel qui inquiète. La Commission européenne pourrait bien trouver à redire dans ces taxes, susceptibles d'être qualifiées d'aides directes créant des distorsions de concurrence dans le secteur de l'audiovisuel.

Matignon et Bercy plaident donc en faveur de taxes non affectées qui viendront directement grossir le budget de l'État et qui seront reversées par la suite à France Télévisions. C'est la solution la plus rustique et la moins contestable juridiquement.

Le tour de passe-passe de Copé

Jean-François Copé est vaguement inquiet. Il entend dire, de plus en plus, à gauche que l'examen du projet de loi sur l'audiovisuel public va être un « Vietnam parlementaire ». Or Copé a annoncé lors de la remise du rapport de sa commission qu'il serait le rapporteur de la loi. Cette fonction demande un travail important qui ne l'inquiète pas particulièrement. Mais son entourage le met en garde. Être rapporteur d'une loi impose une présence permanente pendant le débat, ce qui n'est pas forcément compatible avec l'emploi du temps de Jean-François Copé. Que fera-t-il si le débat s'éternise ? Et puis se connaît bien. Il n'est pas du genre à rester assis pendant des heures pour donner son avis sur des amendements plus ou moins folkloriques.

Seulement voilà, Copé s'est engagé... Comment faire pour se sortir de ce mauvais pas ? Son entourage trouve la parade : habituellement, un projet de loi est suivi par l'une des six commissions de l'Assemblée nationale et le président de ladite commission n'est pas astreint à la même présence que celle du rapporteur. Pourquoi ne pas demander la création d'une commission spéciale pour examiner ce projet de loi ? Il est vrai que le caractère protéiforme du texte et le fait qu'il n'existe pas encore à l'Assemblée, à la différence du Sénat, une commission spécialisée dans les affaires culturelles, plaident en ce sens. Copé serait nommé président de la commission spéciale et le tour serait joué...

Mais il faut trouver un rapporteur. Un nom se détache très vite. C'est celui de Christian Kert. Ce député des Bouches-du-Rhône est un très fin connaisseur des affaires culturelles et des médias. Déjà, lors du conflit des intermittents en 2003, il avait participé au groupe de contacts créé par quelques députés pour essayer de trouver des solutions à ce mouvement social qui empoisonna le ministère de la Culture et la vie de ses ministres, Aillagon et Donnedieu de Vabres.

Dans le domaine des médias, Christian Kert passe pour un expert. Il représente l'Assemblée nationale au conseil d'administration de France Télévisions. Il aime le service public dont il est un ardent défenseur. Encore que, comme on va le voir durant le débat, il ne déteste pas tout à fait TF1...

La nomination de Christian Kert est tactiquement bien vue : la gauche ne peut pas considérer qu'il s'agisse d'un ennemi du service public. Par ailleurs, ses relations avec la rue de Valois sont au beau fixe : Albanel a beaucoup d'estime et d'affection pour lui et les membres de son cabinet l'adorent.

Ce député du Sud est, par ailleurs, un homme tout en rondeur à l'accent chantant. C'est un consensuel-né qui déteste les conflits inutiles. Il sait se montrer d'une patience infinie. Tout au long du débat, à l'instar de la ministre, il affichera un flegme absolu et ne répondra jamais aux innombrables provocations de la gauche. Albanel se félicitera tous les jours d'avoir un rapporteur de cette qualité avec qui le dialogue est calme et facile. Le cabinet partage les vues de sa ministre. « On ne lui connaît aucun défaut, sauf peut-être d'avoir parfois trop foi dans l'homme », considère l'entourage d'Albanel.

Plusieurs soirs, alors que le débat s'enlise profondément, il rejoindra le banc de la ministre en disant : « Bon, j'ai vu Mathus – l'un des députés PS leaders de la contestation –, il m'a dit que ce soir, ils allaient un peu s'agiter au début mais que si on les laissait faire, ensuite le débat pourrait aller plus vite. » Et le soir venu, le PS faisait une dizaine de rappels au règlement, exigeait des suspensions de séance, s'inscrivait à dix orateurs par article et on terminait à 2 heures du matin sans avoir examiné un seul amendement. La scène se reproduisit périodiquement si bien que Tardieu finit par imiter à merveille son « bon, j'ai vu Mathus... ». L'expression va devenir un *gimmick* ministériel !

Car nous voici aux portes du débat parlementaire. Les trois coups retentissent. Le rideau se lève. Les acteurs du long « boulevard » qui va se jouer dans l'hémicycle sortent de la coulisse. Sous vos applaudissements, mesdames et messieurs.

Chapitre 13

Un Vietnam parlementaire

Le débat commence, le 25 novembre 2008, par un immense fou rire qui secoue tous les bancs du Parlement. La scène, qui aurait pu alimenter les bêtisiers politiques durant des décennies, a été écartée du compte-rendu analytique de l'Assemblée, un document officiel soumis au devoir de réserve.

Ce soir-là, l'hémicycle est présidé par Alain Néri, député socialiste du Puy-de-Dôme mais qui semble toujours quelque peu absent... Le député Jean Ueberschlag, Alsacien convaincu et sans doute l'un des plus anciens députés de l'Assemblée nationale, demande la parole pour un amendement. Mais le débat est confus et Néri peine à y mettre de l'ordre. Il essaye de faire la police des débats et voit bien qu'Ueberschlag tient absolument à intervenir. Alain Néri le fait patienter : « Attendez, attendez, monsieur schlag, vous n'avez pas la parole, monsieur Schlag asseyez vous... » Les députés marquent leur surprise : « Monsieur Schlag ? Monsieur Schlag ? », répète Michel Herbillon, interloqué. Mais sur les bancs, on commence à comprendre le malentendu. Néri, qui n'est pourtant pas un nouveau venu à l'Assemblée nationale, est persuadé que ce dernier s'appelle Hubert Schlag. C'est pourquoi il lui donne du Monsieur Schlag, ce qui commence à faire rire de plus en plus dans l'hémicycle. Mais Ueberschlag le prend très mal : « Ueberschlag, pas Schlag, lance-t-il furieux au Président, je ne vous appelle pas Ri, moi. » Le fou rire gagne toute la salle. Même les huissiers, qui gardent toujours un flegme extraordinaire, pleurent de rire. Alain Néri ne comprend toujours pas mais il veut que le calme revienne : « Allons ! Allons, mes chers collègues, un peu de calme, seul monsieur Hubert – et il détache bien le prénom supposé – Schlag a la parole. » Toute l'Assemblée se tient les côtes. Christian Kert est secoué par un rire phénoménal. Michel Herbillon cherche de l'air sous son pupitre. Copé essuie les larmes qui coulent sur son visage en disant : « Décidément, ce débat commence très fort. » Il ne croyait pas si bien dire... Mais on ne reverra pas Ueberschlag pendant le débat.

Ubu au Parlement

La gauche avait annoncé un « Vietnam parlementaire » et tient parfaitement ses promesses. L'examen de ce projet de loi est quasiment un cas d'école d'obstruction parlementaire : 28 séances entre le 25 novembre et le 17 décembre... Inouï ! Le temps presse. Sarkozy s'est juré de mettre fin à la publicité avant 20 heures au 5 janvier 2009. Le gouvernement déclare l'urgence sur ce texte. Une seule lecture, donc. La gauche tient une occasion en or de faire sombrer ce projet. Ralentir, ralentir... Les députés socialistes Patrick Bloche et Marcel Rogemont montent un groupe de travail. « On décide de mettre le paquet ! », se souvient Bloche. Plusieurs méthodes sont à la disposition de l'opposition. Elle n'en omet aucune.

D'abord, on peut déposer des tonnes d'amendements. Curieusement, l'opposition en dépose assez peu pour un tel projet de loi : 856. Le record absolu est détenu par la gauche, opposée à la loi de 2006 relative au secteur de l'énergie : 137 537 amendements ! S'agissant de la loi audiovisuelle, les députés de gauche prennent le soin de les cosigner de façon large, voire de les déposer au nom de leur groupe. La cosignature permet de mieux gérer le tableau des absences des uns et des autres. Ce qui fait que chaque amendement va être défendu. Par ailleurs, même quand les amendements sont semblables – et cela arrivera plusieurs dizaines de fois pendant le débat – chacun d'entre eux peut être défendu pendant les cinq minutes réglementaires, voire en dépassant parfois largement ce délai. Peu importe que la rédaction soit la même...

Un soir, Didier Mathus, Patrick Bloche, Christian Paul et Sandrine Mazetier se relaient pour défendre le même amendement. La situation est tellement absurde que chacun d'eux en rajoute en expliquant à quel point son amendement va beaucoup plus loin que ceux de ses collègues... Les députés de la majorité sont ivres de rage, d'autant que Sandrine Mazetier est prise d'une crise de fou rire en défendant le même texte pour la quatrième fois.

Mais ce n'est pas tout ! Une fois l'amendement défendu, avant que le vote n'ait lieu, chaque député peut demander à prendre la parole pour donner son avis... sur l'amendement. Certaines fois, entre 5 et 8 députés de l'opposition demandent à intervenir. Et si le Président refuse de leur donner la parole, des rappels au règlement avec demande de suspension de séance sont aussitôt émis. Au bout du compte, mieux vaut leur donner la parole et prendre son mal en patience...

Autre méthode de ralentissement : exiger un « scrutin public ». On ne se contente alors pas de voter avec les députés présents dans l'hémicycle, il faut au contraire rameuter tout le monde. Le président de l'Assemblée, saisi par un groupe politique, doit annoncer le scrutin public cinq minutes avant son déroulement afin que les députés présents dans l'Assemblée puissent venir voter dans l'hémicycle. Une fois que le scrutin est ouvert, les députés doivent regagner leur siège et appuyer sur le bouton « pour », « contre » ou « abstention ». Tout cela peut prendre une bonne dizaine de minutes. C'est toujours ça de gagné !

L'arme favorite de la gauche demeure le « rappel au règlement ». On en comptera plusieurs dizaines... Ce qui est hors de proportion par rapport à un texte de loi « classique ». Tous les prétextes sont bons : rappel au règlement pour évoquer des sujets politiques du moment comme l'affaire de Filippis, ce journaliste de *Libération* qui vient d'être placé en garde à vue, rappel au règlement dès qu'un député de la majorité hausse le ton ou critique les interventions de l'opposition. Le procédé devient systématique, si bien que les députés de la majorité n'osent plus rien dire de peur de susciter de nouveaux rappels au règlement. Les socialistes mobilisent ainsi 90 % du temps de parole pendant que leurs collègues de droite comptent les mouches collées au plafond...

Tous les députés conservateurs n'ont pas cette patience. Jean-François Copé par exemple bout littéralement certains soirs et ne peut s'empêcher de fustiger l'obstruction de la gauche. S'ensuit alors une cohorte de rappels au règlement qui enlise toujours un peu plus le débat. La plupart sont suivis de demandes de suspension de séance qui écrasent toutes les statistiques : leur durée est toujours d'au minimum cinq minutes, sauf lorsque le président de séance n'accorde qu'une seule minute de suspension, à prendre sur place. Ce qui est considéré par la gauche comme une provocation... Et un nouveau rappel au règlement débouche sur une pause de cinq minutes supplémentaires ! Le député communiste Patrick Braouzec fait rire jaune la droite le jour où il demande une suspension de séance pour réunir son groupe – communistes et apparentés – alors qu'il est seul en séance. Noël Mamère s'illustre également dans ce domaine. C'est le parlementarisme à la sauce Ubu !

« Enfin, nous avions une cartouche ultime que nous avons utilisée plusieurs fois en quatre semaines, précise Patrick Bloche. La demande de *quorum*. » Cela consiste à vérifier si plus de la moitié des députés sont bien présents (ce qui n'arrive pratiquement jamais). En l'occurrence, elle doit être déposée par le président d'un groupe politique. Jean-Marc Ayrault vaque à ses occupations dans son bureau de l'Assemblée. Entre 23 heures et minuit, le maire de Nantes descend candidement dans l'hémicycle... Il est accueilli en général par une exclamation venue des bancs conservateurs : « Tiens, voilà Monsieur Quorum qui arrive ! » Naturellement, les couche-tard ne sont plus assez nombreux. Dans ce cas, le président de séance est tenu de suspendre la séance pendant une durée d'une heure avant de la reprendre. Mais Ayrault choisit très habilement son moment si bien que la séance est définitivement levée. Il existe en effet une règle à l'Assemblée qui stipule que les débats doivent s'interrompre pendant au moins neuf heures entre la séance du soir et celle du matin. Si une séance est prévue à 10 heures, la séance doit être levée la nuit précédente avant 1 heures du matin. Les socialistes dégainent Ayrault entre 23 heures et minuit. Les soirs où il n'était pas là, il était prévu qu'il soit relayé par le président du groupe communiste, Jean-Claude Sandrier. « On l'a beaucoup attendu. Il n'est jamais apparu », précise Patrick Bloche.

La majorité tente une parade les soirs où aucune séance n'est prévue le lendemain. Copé, président du groupe UMP, dans ce cas, « purge le quorum ». Explication : le règlement de l'Assemblée stipule qu'on ne peut demander une vérification du quorum qu'une fois par vingt-quatre heures. Pour couper l'herbe sous le pied de la gauche, Copé s'arrange pour demander lui-même la vérification du quorum juste avant la pause du dîner vers 19 h 30-20 heures. La suspension de séance est ainsi comprise dans la pause dînatoire, laquelle n'est jamais inférieure à une heure trente. On peut donc reprendre les travaux l'estomac plein sans être dérangé par une nouvelle demande de quorum... L'affaire est dans le sac !

Après dix jours de débats, les députés de la majorité perdent courage tandis qu'on lambine sur l'article 8, si controversé. C'est en effet celui qui donne le pouvoir à l'exécutif de nommer les présidents de l'audiovisuel public. Les collaborateurs de Copé tentent un coup : faire appliquer l'article 57 du règlement de l'Assemblée nationale. Celui-ci précise que, dans les discussions pour les amendements, on peut entendre un député en faveur de l'amendement et un député contre. Encore faut-il que les parlementaires de la majorité s'expriment systématiquement sur chaque amendement. Le 4 décembre, l'application de cet article est demandée par Michel Herbillon, pendant la présidence de Mme Hofman-Rispals, députée socialiste de Paris, qui ne peut faire autrement que de veiller à la mise en œuvre de cet article. Mais son application ne dispense pas des rappels au règlement et autres demandes de suspension de séance. La gauche s'insurge contre « cette tentative de mener les débats à la cravache ! ». À droite, on rit...

En vérité, face à tout cet arsenal, la majorité n'a guère de solutions. Le fonctionnement du Parlement repose sur des règles non écrites et consensuelles de bonne cohabitation entre la droite et la gauche, de respect du fait majoritaire. Mais cette loi suscite tant d'acrimonie qu'elle fait voler en éclat ces règles de bienséance.

Une explication complémentaire peut aussi mettre en lumière l'acharnement de la gauche à faire durer le débat : nous sommes en pleine discussion sur la réforme du règlement de l'Assemblée nationale et la gauche est très critique sur l'attitude de Jean-François Copé. Sa volonté de rationaliser le travail du Parlement lui vaut de multiples philippiques, mais il y parviendra. La vérification de quorum par exemple n'est plus possible aujourd'hui...

Il ne s'agit pas ici d'accabler la gauche, car l'actuelle majorité, quand elle était dans l'opposition, ne faisait pas mieux lorsqu'elle voulait s'opposer à un texte emblématique. Jean-François Copé l'a honnêtement reconnu dans son dernier livre, *Un député, ça compte énormément*[1].

Entre ici, Casimir !...

Les députés socialistes, eux aussi, trouvent le temps long. « Nos assistantes parlementaires s'ennuyaient ferme. Alors, pour se distraire, lors d'une pause dînatoire, elles nous mettent au défi d'inclure dans nos interventions des mots ou des phrases improbables », raconte Patrick Bloche. Sandrine Mazetier hérite du titre du film « le train sifflera trois fois ». Marcel Rogemont doit glisser le mot « homard ». Le communiste Jean-Pierre Brard reçoit l'ordre de mission d'évoquer « L'île de Cythère »... « Moi, j'écope de trois noms issus des vieux programmes jeunesse de la télé publique : Casimir, Pimprenelle et Zébulon ! »

Las ! Patrick Bloche vit un grand drame : il évoque « Casimir le canard ». Perdu ! Christine Albanel, silencieuse la plupart du temps, connaît ses références et réplique : « Je regrette, monsieur le Député, Casimir, c'est un dinosaure, le canard c'est Saturnin. » Bloche tient à présenter ses excuses à l'Assemblée, histoire de perdre encore un peu de temps. Il réalisera son deuxième gage le soir très tard, en clôture de séance en s'adressant à la ministre : « Je ne suis pas Nicolas, vous n'êtes pas Pimprenelle. Et pourtant, il est temps de dire : "Bonne nuit les petits" ! » Bloche ne s'en tire pas à si bon

---

[1]. Paru chez Albin Michel, en avril 2009.

compte. Quelques jours plus tard, il reçoit un courriel assassin : le fan club de Casimir ne lui pardonne pas son erreur !

Dans le même style, Marcel Rogemont, député apparenté PS, dans la torpeur d'une fin de séance d'un après-midi rappelle, dans une touchante révélation, que sa circonscription comporte davantage de porcs que d'électeurs. Nous sommes dans le dernier tiers du débat. Pour les socialistes, la partie est gagnée : jamais le Sénat n'aura le temps d'examiner le texte avant le 5 janvier, date de l'arrêt de la pub...

Un autre soir, les députés socialistes ont manifestement assez bien arrosé le dîner et Marcel Rogemont, dont le teint a viré au rubicond, exécute son gage : prononcer le plus grand nombre de fois le mot « homard ». Cela donne cette succulente intervention : « Le risque, avec cet article, c'est, comme avec les crustacés, de se retrouver avec rien : si vous faites cuire un homard trop longtemps, il se vide. Je sais que beaucoup ici sont friands de homard, moi aussi d'ailleurs. » Benoist Apparu (UMP) l'apostrophe : « C'est de la nourriture de riches, ça ! » Rogemont ne se laisse pas démonter. Il poursuit : « Et le homard se cuit à point, juste ce qu'il faut. » Apparu insiste : « Après la gauche caviar, la gauche homard ! » Rogemont file la métaphore : « Quel rapport peut bien avoir cette remarque culinaire avec le sujet, me direz-vous ? Je vais vous l'expliquer. Il ne s'agit pas de celle du "homard Buzet", bien que j'aborde les aspects culinaires de ce texte... » Rogemont déroule un raisonnement alambiqué où le « homard » devient le symbole d'un groupe France Télévisions vidé de sa substance. La droite finit par applaudir ce morceau de rhétorique. Rogemont, lui, termine la soirée rouge comme une écrevisse !

Il s'agit le plus souvent de parler de tout, sauf de la loi audiovisuelle. À gauche, on se spécialise. Noël Mamère, chez les Verts, dénonce tantôt les dérives d'un État quasi policier, tantôt les limogeages indignes de journalistes de l'audiovisuel extérieur. Tout y passe : la dénonciation du fichage des individus, des fouilles au corps de collégiens de quatorze ans, les tests ADN pour ceux qui demandent le regroupement familial, les sans-logis... Il ajoute : « Pour le Président, l'urgence consiste visiblement à remercier d'abord ceux qui l'ont fait roi, les Bouygues, Bolloré, Lagardère et compagnie, qui ont aidé à l'ascension du maire de Neuilly. [...] Il fallait payer en cash dès le début du quinquennat. Pendant que ses copains se goinfrent du gâteau publicitaire pour transformer la télévision en parts de cerveau disponibles, Nicolas Sarkozy devient le Napoléon de la télévision d'État en soumettant les chaînes du service public au bon plaisir de son service privé[1]. »

Michel Boyon, le président du CSA et ancien directeur de cabinet de Jean-Pierre Raffarin, prend fait et cause pour la loi lors d'une interview sur RTL. Il perd sans doute une occasion de se taire. Car la gauche en fait l'une de ses cibles favorites. Ce qui lui vaut carrément un appel à la démission de la part de Jean-Marc Ayrault... À force d'entendre des propos délirants, un collaborateur de Copé, philosophe, s'amuse à citer Michel Audiard, dans *Un singe en hiver* : « Je suis militant socialiste, ancien combattant et je tiens un bistrot : c'est vous dire si j'ai entendu des conneries dans ma vie. »

Christine Albanel est accusée de prêter la main à un coup d'État. La socialiste Marietta Karamanli, née le 18 décembre 1964 à Athènes, trempe sa madeleine de Proust en assimilant l'ère Sarkozy à la « dictature des généraux grecs ». Sur les bans du gouvernement, on se souvient aussi des costumes canard et orange du socialiste Patrick Roy. Pour distraire sa travée, Albanel l'affuble d'un surnom : « La bête du Gévaudan ». Outre son aspect barriolé, Roy intervient régulièrement en hurlant dans sa direction : « Elle est muette ! Elle est muette ! »

« La bête du Gévaudan ? Je trouve le sobriquet plutôt sympathique, réagit-il avec le recul. Pour ma part, j'avais fini par surnommer Albanel "la moule", car je n'ai guère entendu le son de sa voix au cours de nos débats. On ne peut pas être contre elle car on ne sait pas ce qu'elle pense. »

Il est vrai que le visage fermé de la ministre ne cache rien du solide ennui qu'elle ressent à écouter, sans arrêt, les mêmes diatribes... En fait, Christine Albanel confiera à ses proches qu'au cours de ces longues heures de débat, elle se récite mezza vocce les poèmes de son agrégation de lettres. Afin de ne pas dégoupiller, elle fait défiler dans sa tête des vers de Racine et Hugo... Et, quand le

---

1. Assemblée nationale, 3e séance du 25 novembre 2008.

virulent Noël Mamère prend la parole, Albanel effectue « d'incommensurables efforts de mémoire », avoue-t-elle sur son banc... Enfin, lorsqu'elle rentre chez elle, tard après la séance, elle ouvre les ouvrages de sa jeunesse pour vérifier si sa mémoire ne lui a pas joué des tours... Ce doit être le lot des femmes ministres que d'endurer d'interminables débats essentiellement masculins. Avant Albanel, Élisabeth Guigou, lors du long débat sur le PACS, avait passé cent vingt heures avec un livre sur les genoux, caché par son pupître...

De son côté, Aurélie Filipetti cite Marx et Sandrine Mazetier fête son anniversaire dans l'hémicycle, surtout pour déplorer que cette date joyeuse coïncide avec « un sacrifice humain ». Diantre ! Elle s'explique : « N'a-t-on pas demandé au président de France Télévisions de renoncer, via son conseil d'administration, aux ressources que le service public de l'audiovisuel tirait de la publicité ? »

C'est qu'à force de palabrer, la pendule parlementaire s'est arrêtée sans que le Sénat puisse voter le texte avant le 5 janvier. Le gouvernement, dans l'impasse, doit passer par un chemin de corniche bien périlleux.

Chapitre 14

Quelques « petits arrangements »

Dans les coulisses de ce théâtre absurde où chacun y va de son invective, peu de gens savent que le débat gronde au sein même de la majorité. Le texte de loi cristallise quelques réticences à droite. Plusieurs amendements déposés par la majorité font l'objet de controverses bien cachées...

Albanel se rebiffe !

La première d'entre elles porte sur le droit de révocation des présidents de l'audiovisuel public. La commission spéciale et le bon Christian Kert, rapporteur de la loi, ont fait adopter un amendement qui complique la tâche de Nicolas Sarkozy, au cas où le Président viendrait à user de son pouvoir pour révoquer Patrick de Carolis. En fait, Kert est opposé à ce renforcement des pouvoirs présidentiels. À la remise du rapport Copé, lors du cocktail qui a suivi, il s'était adressé à Nicolas Sarkozy pour lui exprimer ses réticences. Réponse du Président : « Moi, j'ai toujours pensé que ça devait être comme ça, parce que c'est en harmonie avec les autres entreprises publiques », a-t-il répondu. Un peu courts, les arguments du chef, non ?

Dans le projet initial, les juristes ont prévu deux verrous pour la nomination du nouveau président de l'audiovisuel public : l'approbation à la majorité de 5 voix sur 9 parmi les membres du CSA et la non opposition de trois cinquièmes des membres des commissions compétentes du Parlement. Mais la révocation de l'impétrant, elle, n'est pas soumise au vrai-faux veto du Parlement... On a déjà vu que le Parlement, en vérité, a peu de chances de contredire le Président car cela supposerait que le camp de la majorité rejoigne l'opposition... Improbable.

Pour autant, Kert, voulant réparer cet « oubli », fait un geste. En commission, le député du Sud fait voter un amendement qui remet le Parlement dans la boucle en cas de révocation. Ça ne mange pas de pain... L'opinion publique est, en effet, gênée par cette prérogative présidentielle qui semble faire reculer notre démocratie en des temps anciens, où le ministre de l'Information – Alain Peyrefitte – dictait lui-même l'ordre du jour du JT de la seule chaîne publique. Certains parlementaires à droite râlent, dont le jeune François Baroin, qui ne s'est pas privé de le dire à Nicolas Sarkozy en personne. Les députés UMP s'allient à ceux de la gauche si bien que l'amendement Kert est adopté à l'unanimité par la commission spéciale.

Comme toujours, les amendements posant d'éventuelles difficultés au gouvernement sont examinés à Matignon en réunion interministérielle, afin de déterminer la position officielle qui sera défendue par le ministre à l'Assemblée. En l'espèce, Matignon tranche assez naturellement contre cet amendement pour une raison simple : il n'est pas constitutionnel. En effet, la nouvelle procédure constitutionnelle prévoit l'intervention des commissions compétentes uniquement pour la nomination des très hauts fonctionnaires et présidents de structures publiques. En revanche, il ressort clairement des travaux préparatoires et de l'esprit même du texte que l'intervention des commissions parlementaires est exclue pour la révocation. C'est donc en toute logique juridique que Matignon recale l'amendement Kert avec l'approbation de tous les ministères concernés.

Le soir même, Christophe Tardieu, qui représente Albanel à cette réunion, lui annonce la position qu'elle aura à défendre dans l'hémicycle. La ministre pique une colère : elle trouve que la position qu'on lui demande de tenir est politiquement indéfendable. Elle se débat depuis plusieurs jours au milieu des insultes et des critiques. Pour une fois que se présente un amendement à peu près consensuel, voilà que Matignon l'envoie à nouveau au casse-pipe sans munition autre que des arguties juridiques ! Comment, dans ces conditions, remettre du baume au cœur aux députés de la majorité, très atteints par un débat qui s'enlise ? Rue de Valois, au milieu de ses collaborateurs, Albanel-la-gentille fulmine et refuse de rentrer dans le rang. « Vous ne pouvez pas être d'accord avec un amendement qui est anticonstitutionnel », lui explique Tardieu. La ministre ne veut rien entendre.

« Arrêtez de me dire que je ne suis pas assez politique, répond-elle, je ne fais que ça. Vous ne vous rendez pas compte à quel point nous sommes "borderline". Les députés de la majorité ne croient pas à ce texte, et si on ne leur donne pas des gages de temps en temps, on va à l'abattoir. Cela ne tient que parce qu'il y a Sarkozy et Copé, ensemble, qui soutiennent à fond ce texte. » Et encore... Copé lui non plus ne supporte pas la nomination des PDG par oukase présidentiel. Le président du groupe UMP trouvera le moyen de... s'absenter – « par cohérence » – quand l'article litigieux sera soumis au vote. Et pour cause : la commission qu'il présida avait proposé un tout autre mode de désignation des présidents de l'audiovisuel public. L'absence de Copé sera remarquée par le chef de l'État. Après l'adoption de la loi, en janvier, les deux hommes auront un petit échange à ce sujet :

— J'aurais pu m'énerver de ce que tu n'as pas voté la nomination des présidents de l'audiovisuel public, fait remarquer Nicolas Sarkozy.

— J'aurais pu m'énerver de ce que tu ne m'en aies jamais parlé avant la remise du rapport de la Commission, lui rétorque Copé.

Bref, ce soir-là, c'est une Christine Albanel particulièrement agacée qui se rend au Parlement. La pilule est décidément trop amère. Sous son crâne, la rébellion gronde. Impossible de tenir plus longtemps avec cette patate chaude entre les mains, elle profite d'un nouveau rappel au règlement suivi d'une suspension de séance pour appeler directement Claude Guéant à l'Élysée.

Albanel s'entête : « Le débat est dur, il faut lâcher du lest et donner des signes de soutien aux députés de la majorité », plaide-t-elle en substance. Au passage, elle rappelle à Guéant – qui en est conscient – que la mesure de nomination des dirigeants de l'audiovisuel public ne passe pas bien, y compris dans la majorité. Finalement, après plusieurs minutes de plaidoiries, Guéant cède. Non sans mal... Certes, il donne son accord pour que le gouvernement s'abstienne sur l'amendement mais, avant de raccrocher, il rappelle à la ministre les risques d'inconstitutionnalité courus par ce texte.

Albanel s'acquitte fidèlement de sa tâche en séance. L'amendement est voté. Il sera même durci au Sénat mais, comme prévu... repoussé par le Conseil constitutionnel.

Les lobbies se déchaînent

Toute loi est l'occasion pour les groupes de pression de faire passer des amendements susceptibles d'enrichir leur tirelire, ou du moins d'évincer les concurrents. La loi audiovisuelle n'échappe pas à la règle. Et les chaînes privées s'en donnent à cœur joie !

On relève ainsi quelques passes d'armes à propos du casse-tête de la numérotation des chaînes de la TNT. Certaines chaînes de la TNT ont choisi leur nom ou leur sigle en fonction de la numérotation qui leur a été attribuée par le CSA en 2005 : Direct 8, W9, Virgin 17 se trouvent ainsi sur les canaux 8, 9 et 17. Mais lorsque ces mêmes chaînes sont distribuées sur le satellite, elles disposent d'une numérotation définie par le distributeur. CanalSat (filiale du groupe Canal +) a choisi de classer ses chaînes en fonction de leurs thématiques : infos, séries, jeunesse, etc. Les repères classiques de la TNT sont bouleversés. Ce faisant, CanalSat relègue les chaînes de ses concurrents assez loin derrière les siennes. BFM TV, la chaîne info d'Alain Weill, se retrouve sur le canal 54 au lieu d'être en quinzième position sur la TNT...

Bref, les chaînes de la TNT s'estiment lésées et téléguident un amendement imposant à CanalSat de reprendre lesdites chaînes dans l'ordre avantageux dont elles disposent sur la TNT. Ne soyons pas dupe : c'est aussi le moyen pour elles d'évincer toutes les petites chaînes du câble loin, très loin au fond du panier. On l'aura compris, le débat sur la numérotation n'est que la traduction prosaïque d'un enjeu d'audience bien plus large.

Gros problème pour le gouvernement : il faut trancher entre les petites chaînes ou Canal +, désireux de placer en « tête de gondole » ses propres chaînes payantes... Comme souvent, de tels choix sont impossibles à réaliser. Aussi un accord est-il trouvé sur un texte très alambiqué qui, en définitive, ne fixe aucune obligation particulière et laisse le juge trancher, dans l'hypothèse fort probable où un tel conflit serait porté devant les tribunaux. Mais, au moins, le gouvernement ne s'est pas mis en danger de choisir... Courage, fuyons !

Mais l'amendement « star » est bien celui suscité par... TF1. Le bon Christian Kert ne peut rester insensible au sort « misérable » de la chaîne du groupe Bouygues et de sa rivale, M6, toutes deux frappées par une taxe de 3 %. Canal +, qui vit surtout des abonnements, est moins sur la brèche. Les chaînes de la TNT ne sont pas directement concernées car elles bénéficient d'une franchise (située à 11 millions d'euros de chiffre d'affaires) qui les met à l'abri du coup de bambou fiscal avant quelques années...

Dans les faits, la taxe devrait rapporter environ 80 millions d'euros, dont environ 50 millions acquittés par TF1 et autour de 20 millions par M6. C'est donc le groupe TF1 qui prend le mors aux dents. Il passe à l'offensive. Nonce Paolini, le PDG, ne se salit pas les mains. Pour mener cette bataille, il désigne son officier : Jean-Michel Counillon, le secrétaire général.

Coup de chance, Counillon connaît bien Kert, cela va permettre d'arranger les choses. Les revendications des chaînes privées ne sont pas si absurdes. D'autant que l'idée de taxer les chaînes privées pour financer les chaînes publiques induit des implications perverses : TF1 paierait indirectement pour que France 2 achète le Tour de France... Où a-t-on vu cela ? Nulle part, sauf en France.

Personne n'a été capable, à ce stade, d'estimer les reports de la publicité de France Télévisions sur les chaînes privées. Depuis des mois, plusieurs études, dont l'une commandée par la DDM, se contredisent. Cette dernière montre que le report de la publicité se ferait de façon massive sur les grandes chaînes et notamment TF1 et M6. On sait aujourd'hui à quel point cette analyse était fausse. TF1 s'apprête à tomber dans un précipice financier en 2009. Et c'est France Télévisions qui, contre toute attente, va ramasser 140 millions d'euros d'excédents publicitaires grâce à une habile politique commerciale et au succès du jeu de Nagui[1] dans la seule fenêtre de la publicité avant 20 heures...

La chaîne de Martin Bouygues n'est d'ailleurs pas la dernière à contester ces études en évoquant la volatilité du marché publicitaire, l'augmentation sans précédent de la publicité sur Internet et sa croissance forte sur les chaînes de la TNT. Au moment de l'amendement, vers novembre-décembre 2008, la crise du marché publicitaire commence à poindre. Les premières tendances, notamment à TF1, ne sont pas bonnes. Mais nul ne peut encore prévoir la chute des marchés financiers et ses lourdes conséquences sur la publicité et le chiffre d'affaires des grandes chaînes.

Christian Kert se laisse attendrir par Jean-Michel Counillon. Il faut trouver une idée pour réduire la taxe sans avoir trop l'air de faire un cadeau à TF1... Kert produit un amendement indéchiffrable qui, si la pub n'est pas au rendez-vous, permet à TF1 (et donc à M6) de diviser par deux sa taxe. Mais le tout est écrit dans un sabir administratif tel que même Champollion, le traducteur des hiéroglyphes, aurait eu toute les peines du monde à le retranscrire en bon français.

Les conseillers d'Albanel sont séduits. On remarquera qu'à aucun moment Nicolas Sarkozy n'est consulté. Mais reconnaissons aussi qu'il n'intervient pas pour arrêter ce cirque. En fait, toute disposition technique le rebute. « Je suis certain qu'en dehors du préambule, il n'a jamais lu la loi », glisse l'un de ses conseillers.

L'amendement Kert trouve des alliés chez les syndicats de producteurs et d'auteurs. La taxation des chaînes privées ne les arrange guère. Eux aussi vivent des obligations reposant sur les recettes de TF1. Tout ce qui est soustrait du chiffre d'affaires de TF1 leur est retiré de la bouche...

---

1. « N'oubliez pas les paroles » va obtenir, à 19 heures, des scores d'audience bien supérieurs à ceux du pauvre Julien Courbet, dont l'émission « Service maximum » rapporta un minimum...

Évidemment, chez Albanel, on sait pertinemment qu'avec un tel amendement, on n'évitera pas le procès en partialité au profit des chaînes privées. Matignon est appelé à se prononcer. La discussion est assez étrange. Chacun connaît le contexte et sait que TF1 tire les ficelles. Bercy, toujours prompt à vouloir préserver les finances publiques, fait montre d'une prudence de serpent, de crainte d'éventuelles foudres élyséennes. Tout au plus les conseillers de Lagarde évoquent-ils la possibilité de prévoir un dispositif identique pour les opérateurs de télécommunication. Mais les collaborateurs d'Albanel montent immédiatement au créneau. Les opérateurs de télécommunication représentent 370 millions d'euros sur les 450 millions attendus. Toute diminution de leur contribution devient catastrophique pour la réforme. La direction de Budget (l'autre branche de Bercy) s'offusque également. Bercy se divise en deux !

Du côté de François Fillon, on note avec un certain détachement qu'un consensus en faveur de l'amendement Kert semble se dégager et que le gouvernement peut donc émettre un avis favorable. L'affaire est dans le sac. Une fois de plus, TF1 a fait peur sans avoir même eu besoin de remonter au plus haut niveau de l'État... L'amitié affichée de Nicolas Sarkozy avec Martin Bouygues pèse sans même que les intéressés n'aient à bouger le petit doigt. C'est peut-être le plus inquiétant...

Le dernier pied-de-nez

La fin d'une discussion parlementaire est toujours très difficile et stressante pour un ministre et ses conseillers. En effet, il arrive un moment du débat où les amendements ne sont plus défendus ou presque par leurs auteurs et où la commission n'émet plus que des avis favorables ou défavorables sans justification. Le gouvernement se débat donc seul face à des amendements parfois très importants alors que l'ambiance générale de travail incite à des adoptions ultra-rapides, surtout quand un débat s'est enlisé pendant aussi longtemps. Heureusement, les collaborateurs de Copé veillent au maintien de la discipline dans le groupe. Un visiteur des tribunes de l'Assemblée s'amuse beaucoup, un soir, de voir ces fameux collaborateurs de

Copé, à l'entrée droite de l'hémicycle, le pouce en l'air ou en bas pour indiquer aux députés du groupe dans quel sens il fallait voter les amendements.

Tout le monde est sur les rotules. Le relâchement des nerfs à l'approche de Noël se fait sentir sur les bancs. La dernière séance des interminables débats parlementaires s'est déroulée, un mardi soir, dans une ambiance où le persiflage de la gauche et la détente traversent l'Assemblée. Sur le ton de la plaisanterie, le socialiste Philippe Martin décline pour tout le gouvernement ce que serait cette nouvelle télévision publique « aux ordres » : « Reprenant le rôle de Léon Zitrone, Bernard Kouchner va-t-il commenter les mariages princiers du Royaume-Uni ? Roger Karoutchi [ministre chargé des Relations avec le Parlement] animera-t-il l'émission "On n'est pas couché" ? » Une référence à la longueur des débats en cours. Puis c'est au tour d'Alain Marleix (secrétaire d'État aux Collectivités territoriales) de se voir confier par Philippe Martin le rôle de présentateur d'« Intervilles » ou plutôt d'« Inter circonscriptions ». « Christine Boutin [ministre du Logement] animera sans doute "J'irai dormir chez vous". "Les maternelles", où il devrait retourner, seront présentées par Xavier Darcos [ministre de l'Éducation], tandis que Rama Yade deviendra la nouvelle vedette de "Sur le fil", situation dans laquelle elle se trouve désormais. Pour "Vivement dimanche", on hésite entre Luc Chatel et Christine Lagarde, alors que "Tout le monde veut sa place" reviendra clairement à Xavier Bertrand [nouveau président de l'UMP] ! » Pour la droite, Michel Herbillon répliqua : « Et "Le compte est bon" ira à Ségolène Royal ! »

Quelques minutes plus tard, Noël Mamère reprend à son tour le petit jeu de son camarade Martin : « Permettez-moi, pour détendre un peu l'atmosphère, d'imaginer, en m'inspirant de la grille actuelle, quelle pourrait être la prochaine grille des programmes de France 2, maintenant que le président de la République est devenu également président et directeur des programmes de France Télévisions. Le "Point route" pourrait ainsi être présenté par M. Dominique Bussereau [secrétaire d'État chargé des Transports], "Amour, gloire et beauté" par Mme Carla Bruni-Sarkozy. » Des exclamations sur les bancs du groupe UMP jaillissent et Benoist Apparu, député UMP, proteste vivement : « Ce n'est plus drôle ! » Noël Mamère poursuit néanmoins : « "Motus" par François Fillon, le Journal, naturellement, par Nicolas Sarkozy. »

La pantalonnade s'achève sur un vote serré, le lendemain, juste après les questions au gouvernement : 293 voix « pour », 242 voix « contre ». Nombre de députés de la majorité ne partagent pas les élans du président de la République en faveur de la télévision publique...

Mais ce débat ne pouvait pas faire l'économie d'un dernier psychodrame, dû au calendrier. En raison du long détour par la Commission Copé et de l'obstruction de la loi par la gauche, la loi n'est plus du tout dans les temps. Le 10 décembre, c'est officiel : la discussion ne commencera au Sénat que début janvier. Les sénateurs sont agacés car le gouvernement va tenter de passer en force, sans demander leur approbation. Comment faire autrement si l'on veut que la pub soit arrêtée le 5 janvier sur France Télévisions ?

Il faut en sortir. Les juristes de la DDM établissent qu'il n'y a pas besoin d'un texte de loi pour réduire la publicité dans l'audiovisuel public. Ils se trompent...

Deux solutions sont envisagées : soit la voie du décret, soit celle d'une délibération en conseil d'administration de France Télévisions. La voie du décret est évoquée par Christine Albanel. Gérard Larcher, le président du Sénat, commence à protester sur le mode : « On va mettre fin à la publicité alors que la loi ne sera même pas passée au Sénat. » Si on y met fin par un texte réglementaire, quel camouflet ! Cet état de fait va d'ailleurs singulièrement compliquer la donne pendant le débat au Palais du Luxembourg, les sénateurs se disant outragés...

Finalement, la voie d'une délibération en conseil d'administration de France Télévisions est préférée : en d'autres termes, on demande à Carolis... de couper lui-même la publicité ! Prudent et méfiant, le président de France Télévisions exige des garanties. Il ne craint rien davantage qu'une mise en cause de sa gestion et de ses éventuelles conséquences négatives sur le groupe. Et puis, il ne peut tout à fait lui déplaire de tenir un peu les rênes face au gouvernement dans cette réforme. Une belle revanche pour Carolis ! Lui qui a été particulièrement critiqué et attaqué trouve ici la possibilité de dire au gouvernement « sans moi, la réforme ne peut se faire »... Quelle jubilation !

Carolis se révèle néanmoins parfait. Les cyniques diront qu'il n'avait pas le choix et qu'il était impossible de déclarer la guerre au président de la République. Par ailleurs, France Télévisions se prépare à cette réforme depuis de nombreux mois. Ses nouveaux programmes et sa grille de début janvier sont prêts. Changer ainsi brutalement de pied poserait au groupe d'insurmontables problèmes.

Carolis convoque son conseil d'administration. Le député Christian Kert, qui en est membre, ne s'y rend pas. « Monsieur J'aime tout le monde » a des scrupules de jeune fille. Il estime qu'en tant que rapporteur du projet de loi audiovisuelle, il est « juge et partie »... Bref, sans Kert, on passe au vote : neuf voix s'expriment « pour » la suppression de la pub, les deux représentants des salariés votent « contre ». Il s'agit de Laurent Bignolas pour la CGT et de Serge Guillemin pour la CFDT. Aussitôt après ce vote, deux membres proposent spontanément de faire voter une motion de félicitations pour le travail accompli au président Carolis, à ses directeurs généraux ainsi qu'à l'ensemble des salariés du groupe. Cette motion, proposée par Dominique Wolton (« personnalité qualifiée » désignée par le CSA) et Raphaël Hadas-Lebel (représentant de l'État), est adoptée à l'unanimité. Carolis termine ainsi une année 2008 plus que chaotique. Il sauve la réforme Sarkozy après avoir vu sa tête posée une ou deux fois bien près du billot. Quel pied de nez !

Cette passe d'armes connaîtra en février 2010 un épilogue juridique moins glorieux : saisi par des sénateurs communistes, le Conseil d'État invalide la lettre d'Albanel et la délibération du conseil d'administration qui a suivi. Seul le législateur pouvait supprimer la pub, considérée comme indispensable à « l'indépendance de France Télévisions ». Cet arrêt n'aura aucune incidence puisque la loi audiovisuelle de mars 2009 validera, a posteriori, l'arrêt prématuré de la pub sur France Télévisions. Pour complaire à Sarkozy, et à sa soif de com', le gouvernement et Carolis ont donc enfreint l'article 34 de la Constitution...

Chapitre 15

Le palais de la monnaie

Au siège de France Télévisions, en ce lundi 5 janvier, jour de rentrée des classes, tout est prêt, en régie finale, pour couper la publicité après 20 heures et démarrer le programme du soir à 20 h 35 tapantes. La promesse sarkozyste rencontre ici le désir d'une France des provinces dont les rites familiaux et les rythmes de vie s'accordent avec la nécessité de se coucher tôt pour se lever tôt.

Conscient de devoir complaire à l'Élysée, Patrice Duhamel a veillé avec soin au choix du programme de France 2 : pas question de programmer un épisode de *FBI : portés disparus* ou de *Cold Case*. Le *made in America* doit laisser place à un programme tricolore. C'est quasiment une exigence d'État ! « Rendez-vous en pays Dogon », l'émission de Frédéric Lopez, sert, ce soir-là, à la fois de vitrine et de message politique : le comédien Édouard Baer, tout étourdi de passer dix jours dans l'âpre pays des Dogons, voilà la tête du « nouveau service public ». L'émission est un succès.

Chez TF1, Jean-Claude Dassier, le patron de l'info, « n'a pas un poil de sec », selon son expression. En effet, il craint moins pour son JT France 2 que la concurrence de *Plus belle la vie*, avancé à 20 h 10 sur France 3. Le feuilleton à succès détourne généralement un gros flot de téléspectateurs de TF1 aux alentours de 20 h 20, son horaire habituel. Si le feuilleton démarre dix minutes plus tôt, qui va rester devant le JT de la Une ? s'inquiète-t-il. À tort. Le séisme des audiences tant redouté n'a pas lieu. Laurence Ferrari connaît quelques trous d'air mais, très vite, la situation se stabilise dans un statu quo qui satisfait tout le monde.

À l'Élysée, Nicolas Sarkozy a autant de raisons de se réjouir que de râler. Les premiers sondages sur l'impact des nouveaux horaires sont très bons. Mais la loi, enkystée à l'Assemblée, a provoqué le mécontentement du Sénat, au sein duquel l'UMP n'a plus la majorité depuis les sénatoriales de septembre. Le décompte des voix n'est pas favorable au gouvernement. Christine Albanel et ses conseillers vont devoir trouver des majorités là où, a priori, il n'y en a pas... Le Palais du Luxembourg mérite bien son surnom de « palais de la monnaie ». Dans le temple des communes de France, le troc et les convictions peuvent parfois se concilier, à conditions de ne jamais froisser la susceptibilité des sénateurs.

Isoler Raffarin

Albanel se sent davantage à l'aise au Sénat. L'endroit est plus feutré, moins violent et moins bouillonnant que le chaudron de l'Assemblée. Première mission : s'assurer que l'UMP ne se disperse pas. À l'invitation d'Henri de Raincourt, le chef du groupe UMP, la ministre se précipite, début janvier, à la réunion du groupe au Sénat, dix jours environ avant que le texte n'y soit examiné. Bien relayée par Raincourt et Jacques Legendre, président de la commission des Affaires culturelles du Sénat, elle galvanise les troupes. Pour souder les sénateurs, le procédé est antédiluvien : on désigne un ennemi commun. Ce sera ces méchants députés de gauche qui ont scandaleusement ralenti la discussion ! Si les sénateurs n'ont pu examiner ce texte avant la fin de la publicité sur France Télévisions, c'est la faute de ces renégats ! L'argument est assez fallacieux... Tout le monde sait bien que le texte ne pouvait, quoiqu'il arrive, être prêt à temps. C'est le gouvernement qui a tardé à lui trouver une place dans le calendrier parlementaire. Le pieux mensonge est toutefois goulûment avalé. Mais malgré cela, nos sénateurs UMP ne se rangent pas tous en ordre de bataille.

Des irréductibles empêcheurs de légiférer en rond maugréent dans leur coin. Raffarin fait connaître sa mauvaise opinion de ce texte. Il risque d'entraîner ses rares partisans au Sénat, dont Philippe Dominati qui a décidé de jouer le rôle de l'opposant. Cela fait des voix en moins. Combien au juste ? Peut-être une dizaine... Albanel tente de joindre l'ancien Premier ministre de Chirac pendant dix jours. Raffarin se dérobe. Quand ils se croisent par hasard, l'élu de la Vienne feint la surprise.

La ministre mesure rapidement que les groupes UMP ne se gèrent pas de la même façon à l'Assemblée et au Sénat. Autant Copé et ses collaborateurs font régner un ordre quasi militaire au Palais-Bourbon, autant au Palais du Luxembourg les sénateurs du groupe ne se mènent pas à la baguette... Difficile, en effet, de faire entendre raison à un Raffarin encore dépité de son échec à la présidence du Sénat. On ne traite pas non plus d'anciens ministres comme Gérard Longuet ou Charles Pasqua en simples godillots.

Pasqua se révèle une bonne surprise. Depuis les tribunes, les journalistes observent son rituel avec amusement : il arrive vers 18 heures, discute avec ses collègues, se racle la gorge d'une façon inimitable et s'assoupit quelque peu. Mais le sénateur Pasqua est toujours prêt à voter avec le gouvernement. Un soir, néanmoins, la majorité est tangente et il faut carrément réveiller Pasqua pour faire basculer le Sénat en faveur du gouvernement. La scène vaut son pesant de pastis : Pasqua se réveille, souriant, instinctivement, il lève la main... alors que le vote n'a pas été appelé ! Hilarité chez ses camarades. Son célèbre « le forcené est mort », prononcé lors de la prise d'otages de la maternelle de Neuilly, est déjà loin...

Si on veut circonscrire l'hémorragie des « raffariens », il faut verrouiller l'UMP. Albanel peut compter en cela sur Jacques Legendre. Le sénateur du Nord n'est pas un nouveau-né dans le monde politique. Il connaît parfaitement les byzantinismes du Sénat, sorte d'« Orient compliqué » fait de personnages à fort tempérament. Il sait toujours à quel moment agir et trouver les mots justes. Les collaborateurs d'Albanel adorent l'imiter car il commence toujours ses interventions de la même manière : « Monsieur le

Président, Madame la Ministre, mes chers collègues, à ce moment du débat, il est temps de reconnaître que le Sénat a eu raison de... » Et en disant cela, il a l'habitude de scander sa phrase de ses mains allant du haut vers le bas.

Durant ce débat, qui dure plus de deux semaines, Jacques Legendre s'éclipse une seule fois pour aller prendre un chocolat à la buvette. Manque de chance, la discussion sur les amendements avance plus vite que prévu pendant son absence et c'est ainsi qu'est voté un amendement autorisant la chaîne d'info Euronews à diffuser des publicités en anglais. Legendre, chantre de la francophonie, est furieux et passablement dépité...

LA PÊCHE AUX CENTRISTES

Bonne nouvelle pour Albanel : Michel Thiollière et Catherine Morin-Desailly, les deux co-rapporteurs du projet de loi, sont de vieilles connaissances. Le Stéphanois Thiollière fut le rapporteur de la loi Hadopi (contre le piratage), fin 2008. Gros bosseur, bon technicien, posé, cherchant à convaincre, il sait désamorcer les conflits. Idem pour Catherine Morin-Desailly, principale oratrice du groupe centriste, qui n'avait pas mégoté son soutien à propos de la loi Hadopi. Il faut dire que Christine Albanel s'était empressée, pendant l'été 2008, de lui débrouiller une difficulté locale sur la médiathèque de Rouen, qui lui était chère. Depuis sa défaite aux municipales de mars 2008, son projet de médiathèque était menacé d'abandon... L'intervention d'Albanel l'a sauvé. Catherine Morin-Desailly sait s'en souvenir quand la ministre lui demande de fédérer les groupes centristes. Le palais de la monnaie, on vous dit.

Deux personnes ne font pas un groupe. Or, depuis les sénatoriales de 2008, un seul d'entre eux fait la pluie et le beau temps : l'Union centriste, présidée par Michel Mercier. Albanel anticipe et demande à ses troupes de préparer le terrain. Il faut veiller tout particulièrement aux amendements intéressant les centristes. Les grandes manœuvres peuvent commencer. La balle est plus que jamais au centre ! Et pour compliquer le tout, le Sénat compte plusieurs centres...

Outre l'Union centriste de Mercier, il existe un autre groupe charnière : le RDSE (Rassemblement démocratique social et européen). Traiter avec l'un exige aussi de câliner l'autre. Pour une fois, Albanel a de la chance. Le président du RDSE, Jean-Pierre Plancade, est natif de Toulouse comme elle et son siège se situe juste derrière le banc de la ministre. Plancade est un homme ouvert, sympathique, souvent caustique, parfois moqueur. Son humour s'accorde très bien avec celui de la ministre. Une réelle complicité se noue. Plancade et Mercier tiennent les clés du scrutin. Les collaborateurs d'Albanel les bichonnent.

Du côté de la gauche, les choses sont paradoxalement plus simples. La ministre a en face d'elle des hommes et des femmes de culture incontestable comme Catherine Tasca, Serge Lagauche ou le communiste Jack Ralite. Albanel a d'ailleurs une réelle considération à leur égard. Ce respect est réciproque. Le débat est dépourvu de virulence, d'exacerbations, d'énervement et d'outrances... Cela fait d'ailleurs rire Albanel : « Quand David Assouline – sénateur de Paris et opposant le plus virulent à ce texte – fait part d'une pointe d'agacement, on aurait eu, à l'Assemblée, quatre rappels au règlement, deux suspensions de séance et une demande de quorum... » Albanel apprécie David Assouline pour une autre raison. Il déteste les séances de nuit qui s'éternisent. Il vient longuement négocier avec Legendre, Morin-Desailly et Thiollière l'heure de la clôture. Ces derniers essaient de maintenir le suspense en évoquant la nécessité d'aller le plus loin possible dans l'examen du texte. Ils ne voient pas Albanel hocher vigoureusement la tête quand Assouline demande à finir avant minuit et demi...

Les points de discorde

Une fois de plus, Nicolas Sarkozy et son nouveau pouvoir de nomination et de révocation des présidents de l'audiovisuel public est au cœur de la discorde. Les sénateurs, soucieux des libertés publiques, veulent aller encore plus loin que les députés et entendent contraindre le Président à s'en remettre à leur avis en cas de révocation. Ils adoptent, en commission, un amendement qui prévoit que Carolis ne peut pas être chassé sans l'accord des trois cinquièmes. Ce qui revient à donner aux socialistes une minorité de blocage. Cet amendement a autant de chances que son cousin de l'Assemblée nationale d'être inconstitutionnel.

Cette fois, Albanel ne tergiverse pas. Elle ne peut approuver ce qui revient à priver Nicolas Sarkozy d'un pouvoir auquel il tient tout particulièrement. Jacques Legendre ne veut rien céder. À l'Élysée, Sarkozy éructe contre les sénateurs.

Autre point de discorde : la redevance. Encore et toujours... Copé avait imposé ses vues à l'Assemblée. Ici, c'est une autre paire de manches car les sénateurs se posent depuis toujours en partisans de l'augmentation de la redevance. C'est une vieille revendication chez eux. Comment les contourner ? Le règlement intérieur du Sénat offre à Albanel une solution qui tombe à pic...

À la différence de ce qui se fait à l'Assemblée, la règle du « scrutin public » est plus pratique chez les sénateurs. Au Palais-Bourbon, il faut être physiquement présent dans l'hémicycle, tandis qu'au Palais du Luxembourg, les procurations des présidents de groupe font tout aussi bien l'affaire. Si les sénateurs ne sont pas en séance ou n'ont pas exprimé de consignes inverses, les responsables des groupes disposent d'une certaine latitude. Il suffit donc de convaincre quelques présidents de groupe pour que les absents aient tort.

Albanel est tranquille sur sa gauche. En effet, les sénateurs socialistes, emmenés par Catherine Tasca, se méfient de la redevance. Ils craignent l'impopularité d'une telle mesure. Si la majorité sénatoriale veut prendre ses responsabilités en prônant l'augmentation de la redevance, les socialistes refusent de jouer le rôle du complice idiot. Ils décident donc de s'abstenir sur ce point.

Reste à s'arranger avec les centristes, qui y sont très favorables. Catherine Morin-Desailly joue les modérateurs mais il n'y a rien à faire, Michel Mercier et son lieutenant, Hervé Maurey, y tiennent beaucoup. Pour quelles raisons ? Plusieurs explications sont plausibles.

D'abord, cela permet aux centristes de mettre le gouvernement et Nicolas Sarkozy face à leurs responsabilités. Après tout, cette réforme n'a été demandée ni par le corps social ni par la représentation nationale. Que le chef de l'État assume donc sa « surprise du chef ». La redevance est la contribution de la nation à l'audiovisuel public. Qu'elle soit augmentée n'est pas absurde. C'est toujours plus logique que de taxer les chaînes privées et les opérateurs de télécommunication...

La seconde raison est sans doute moins avouable : faire la nique à Jean-François Copé ! Celui-ci vient de cabrer les sénateurs en déclarant, dans une interview qu'il m'a accordée le 12 janvier : « Pas question d'augmenter la redevance pour complaire aux sénateurs centristes. [...] Même 2 euros. Si on lâche sur ce point, c'est fini. Après, on nous dira : pourquoi pas 10 euros, c'est-à-dire, x centimes par jour ? Et puis pourquoi pas 15 euros, soit 1,25 euro par mois ? C'est rien, 15 euros pour une belle télé publique... » Et puis Copé, comme Claude Guéant, considèrent que le Sénat est d'ores et déjà dans l'opposition et qu'il faudra mettre un jour les centristes devant leurs responsabilités. Il est probable qu'ils finiront par faire trébucher le gouvernement sur un texte. Autant le savoir et en tenir compte.

Christine Albanel préférerait que cela ne porte pas sur un texte qu'elle défend. Elle pense que les centristes brandissent l'arme de l'opposition comme la dissuasion nucléaire : en parler tout le temps, ne l'utiliser jamais. C'est comme cela qu'ils obtiendront les plus grandes concessions.

MICHEL MERCIER, LE JUGE DE PAIX

Michel Mercier ne veut pas l'échec de ce texte. Depuis plusieurs mois, il est en discussion pour entrer au gouvernement : Sarkozy ne lui ouvrira jamais la porte s'il le fait battre sur un texte aussi emblématique. Mais il connaît aussi parfaitement son groupe et sait que ce texte ne fait pas l'unanimité chez les siens.

Dans son style inimitable, qui tient du négociant madré, Mercier ne pose en fait qu'une seule question : « Qu'est-ce que vous allez me donner ? » Lors d'une réunion à Matignon, autour de François Fillon, Michel Mercier ne dit rien d'autre... Il attend deux concessions : l'une sur la redevance et l'autre sur la taxe des opérateurs de télécommunication.

Matignon cède. La redevance va être indexée sur le coût de la vie en loi de finances rectificative, votée fin décembre. Elle est arrondie à l'euro supérieur après indexation (alors que la règle est de retenir l'arrondi le plus proche), elle est de surcroît augmentée de 2 euros pour passer à 120 euros après indexation. Et les sénateurs obtiennent un élargissement de l'assiette de la redevance aux foyers fiscaux qui regardent la télévision sur un ordinateur. Belle victoire pour un Sénat qui se disait humilié par l'arrêt de la publicité avant le début du débat !

Albanel laisse passer ces amendements, lesquels ne lui déplaisent d'ailleurs pas. La victoire des sénateurs n'était qu'un match aller. Le match retour aura lieu face à Copé lors de la commission mixte paritaire. Mercier, de son côté, tient parole : il avait promis 17 voix centristes si l'amendement sur la redevance était voté. Chez Albanel, on sort la calculette. Elles y seront toutes !

Michel Mercier ne s'est pas oublié dans l'affaire. Le 23 juin 2009, il fait son entrée dans le gouvernement Fillon II[1], le jour où Christine Albanel en sort...

Retailler la taxe de Retailleau

La taxe sur les télécoms connaît un opposant notoire au Palais du Luxembourg : Bruno Retailleau, un UMP. Sénateur de Vendée, naturellement villieriste, cet homme mince, pétillant, à l'intelligence vive, toujours d'une exquise urbanité, ajoute à ses qualités un talent d'orateur. Il est sans doute le seul sénateur à être spécialiste des nouvelles technologies. Fervent partisan du développement d'Internet, il veut promouvoir le déploiement de l'ADSL sur tout le territoire. Il fut d'ailleurs pendant un temps pressenti pour devenir secrétaire d'État à l'Économie numérique et n'y a renoncé que sous la pression de Philippe de Villiers. Quand on est sénateur de Vendée

---

1. Ministre de l'Espace rural et de l'Aménagement du territoire.

et vice-président du conseil général, mieux vaut ne pas se brouiller avec Villiers.

Albanel craint beaucoup le talent de Retailleau. Elle a pu déjà le mesurer lors de la première lecture de la loi Hadopi au Sénat. Retailleau arrivait à expliquer simplement des sujets très techniques et avait une force de conviction qui emportait l'adhésion de ses collègues sénateurs. Si Albanel, Legendre et Thiollière ne s'étaient pas mis à trois pour le contrer, les amendements Retailleau auraient détricoté le texte.

Cet homme, qui vénère l'avenir numérique, est naturellement opposé à la taxation des opérateurs de télécommunication. Comme il représente de surcroît la très puissante commission des Finances, présidée par le centriste Jean Arthuis, sa prise de position n'en est que plus redoutable.

Côté centriste, c'est Hervé Maurey qui a pris la tête de la croisade anti-taxe télécoms. Mercier lui-même est assez méfiant sur la prise de position de son jeune collègue. Comme d'habitude, il attend que le gouvernement fasse un geste. Mais pas davantage. Maurey se révèle plus maximaliste. Cela peut se comprendre, car à l'instar de Retailleau, il est un élu des champs et il se rend bien compte de la nécessité d'amener l'ADSL au plus profond des campagnes. Tout ce qui entame la tirelire des télécoms pourrait retarder l'arrivée du précieux tuyau numérique.

Retailleau concocte un amendement qui permet aux « telco » de déduire de la taxe les investissements liés au déploiement de l'ADSL. Catastrophe financière pour le gouvernement ! Les telco auraient beau jeu d'en profiter pour grossir le chiffre de leurs investissements et payer des roupies de sansonnet à l'État. En somme, l'amendement Retailleau fait courir un risque majeur au projet. Voire à la réforme elle-même.

Comment faire échouer cet amendement destructeur ? Il faut éviter de froisser Retailleau et Maurey. Donc pas d'affrontement direct. Albanel comprend que l'important, pour Mercier, est d'obtenir « un geste » du gouvernement sur ce point. Le président de l'Union centriste pourrait même se contenter d'un geste symbolique.

Pour neutraliser Retailleau, la direction de la législation fiscale (DLF) est appelée en renfort. Elle rédige un nouvel amendement, volontairement abscons et qui a l'immense mérite de maintenir quasiment au même niveau le rendement de la taxe.

Christine Albanel le vend à Mercier qui approuve malgré les protestations d'Hervé Maurey, dont il n'a que faire. Il a obtenu ce qu'il voulait. L'affaire est plus rude du côté de Retailleau. Lui a tout de suite compris qu'il s'agit d'un amendement *ultra light*. « Ce n'est pas assez », répète-t-il aux collaborateurs d'Albanel. Mais Retailleau est coincé. Il peut difficilement s'opposer frontalement au gouvernement qui a quand même consenti à faire un effort. Et malgré tout son talent oratoire, comment expliquer l'amendement à ses collègues de l'UMP ? et surtout comment obtenir de ces derniers qu'ils votent contre le gouvernement sur une disposition aussi importante ? Retailleau essaye d'obtenir encore quelques aménagements. Au bout du compte, Albanel peut pousser un énorme soupir de soulagement : le Sénat n'a pas détricoté les taxes. Et, de surcroît, il a replacé le débat sur la thématique de la redevance.

Albanel s'allie à la gauche contre M6

Christine Albanel profite du débat sénatorial pour recadrer Canal +. En effet, la chaîne cryptée avait réussi, à l'Assemblée, à faire passer un amendement qui entravait le développement des chaînes sport et cinéma d'Orange. Avec la complicité du député Albarello, Canal + s'était arrangée pour imposer à Orange de mettre ses chaînes exclusives de cinéma et de sport à la disposition des autres distributeurs, dont CanalSat... L'amendement passé avait déclenché une rage telle chez Mathieu Gallet, le collaborateur de la ministre, qu'un huissier vint doctement lui rappeler qu'il n'avait le droit, à l'instar de tous les autres conseillers, à aucune manifestation.

Didier Lombard, le patron de France Télécom, avait aussitôt pris rendez-vous avec la ministre. Pas de reproches car il savait qu'Albanel avait fait son possible. En revanche, pour le débat au Sénat, Lombard tint à la prévenir : si l'amendement n'est pas éliminé, Orange abandonnera ses investissements dans la télévision et le cinéma. Pas de problème : au Palais du Luxembourg, Albanel dézingue l'amendement Albarello comme il se doit... La manœuvre de Canal + échoue.

La fin du débat est calme, sauf le dernier jour, le 16 janvier. Cette fois, M6 vient jouer les trouble-fête. La chaîne, dirigée par Nicolas de Tavernost, n'a pas digéré de devoir signer, le couteau sous la gorge, un accord avec les producteurs l'obligeant à produire plus de fictions... et modernisant les « décrets Tasca », du nom de la sénatrice socialiste, ancienne ministre de la Culture.

Tavernost a débusqué deux sénateurs de la majorité[1] pour détricoter l'accord signé à contrecœur. Ils n'ont quasiment pas participé au débat jusqu'ici. Visiblement ils lisent avec beaucoup d'attention les textes de présentation en essayant de mettre le ton. On y reconnaît l'antienne de Tavernost : la France est engoncée dans un corset d'accords rigides qui sclérosent la création. Dur de lutter contre de tels sophismes... Albanel sent bien le danger.

Les collaborateurs d'Albanel font leurs comptes. Vu le nombre de sénateurs UMP présents et leurs tendances, les amendements anti-accords Albanel ont toutes les chances de passer. « Alors on a joué notre va-tout, raconte Christophe Tardieu. Mathieu Gallet et moi sommes allés voir les sénateurs socialistes les plus influents et on leur a expliqué les dangers que faisaient courir ces amendements. Plutôt que de faire de longues explications, on leur a proposé d'appeler immédiatement les représentants des auteurs et des producteurs pour qu'ils puissent leur confirmer nos inquiétudes. Et comme ces derniers, à notre demande, les avaient contactés au préalable, les sénateurs socialistes et Jack Ralite nous ont fait confiance. » Ce matin-là, Albanel peut compter sur Catherine Tasca et toute la gauche pour repousser les fameux amendements Tavernost !

---

1. Il s'agit du centriste Yves Pozzo di Borgo et de la sénatrice UMP Catherine Dumas. Pozzo di Borgo a même déposé un amendement pour supprimer la pub sur Canal +, sauf pour les produits génériques... Tentative manquée, elle aussi. À l'Assemblée nationale, le centriste Jean Dionis du Séjour et l'UMP Benoist Apparu avaient défendu, sans succès, des amendements « Tavernost ».

L'HEURE DES COMPTES

Ce 16 janvier 2009, on passe enfin au vote du texte. C'est l'heure de vérité. Au niveau des groupes charnières du Sénat, Mercier a promis 17 voix avec le vote de l'amendement sur la redevance et 5 voix supplémentaires sur l'amendement télécoms. De son côté, le Toulousain Jean-Pierre Plancade, pour le RDSE, a promis une large abstention de son groupe, ce qui est énorme et imprévu au départ. Albanel part confiante, sa règle à calcul sous le bras.

Mais les mauvaises nouvelles commencent à s'accumuler en début d'après-midi. Jean-Pierre Raffarin et les sénateurs UMP qui lui sont proches auraient décidé de voter contre le texte. Albanel misait sur leur abstention. Coup dur ! Raffarin, qu'elle avait fini par croiser, avait été aimable, affable, et lui avait promis qu'il ne ferait rien qui viendrait la gêner...

Par ailleurs, certains sénateurs UMP en délicatesse avec le chef de l'État ou fâchés sur divers sujets politiques profitent de ce texte pour manifester leur mauvaise humeur. L'avance à peine confortable du départ devient franchement très limitée.

Henri de Raincourt est très inquiet. Il multiplie les coups de téléphone pour essayer de persuader les abstentionnistes de l'UMP de voter pour le texte. Legendre fait de même de son côté.

Claude Guéant, à l'Élysée, demande sans cesse des nouvelles. Quart d'heure par quart d'heure, on le tient informé. La pression monte. Sarkozy tourne en rond. À la demande de Christine Albanel, Claude Guéant décroche lui-même son téléphone pour appeler Raffarin. L'entretien est houleux et ne donne rien.

Les collaborateurs d'Albanel, de Roger Karoutchi (le ministre des Relations avec le Parlement) et de Matignon ne lâchent pas leur calculette, font et refont les comptes. Si les centristes de Mercier et le RDSE ne tiennent pas parole, le texte est mort et enterré. Et la réforme Sarkozy dans les choux pour longtemps ! La pression monte...

Roulement de tambours au moment du vote. Mercier et Plancade ont tenu parole. Le texte est voté à 14 voix près. Raffarin et les siens se sont finalement abstenus... Deux sénateurs UMP ont voté contre : l'agrégé d'histoire André Lardeux et l'instituteur calédonien Simon

Loueckhote. Plancade a obtenu 10 abstentions (dont Michel Charasse) sur les 17 membres de son groupe.

Christophe Tardieu appelle la cellule parlementaire de l'Élysée pour annoncer les résultats du vote. Tout le monde se réjouit bruyamment. « Mon interlocuteur m'a dit "Vous ne deviez plus... enfin, vous devez... être crevé par tout cela". Je pense qu'il voulait me dire "vous ne deviez plus avoir un poil de sec", mais qu'il n'a pas osé. C'était pourtant l'exacte vérité. Certes, on était dans une ambiance plus feutrée et moins conflictuelle qu'à l'Assemblée, ce fut plus court, mais on a vraiment ramé jusqu'au vote final et ce fut loin d'être simple. Autant à l'Assemblée cela ressemblait à un match de rugby où la mêlée se relève chaque fois, avec des pignes qui partent de tout côté, autant au Sénat, l'ambiance était plus florentine. Mais ce n'était pas pour cela que les poignards étaient rangés au vestiaire... »

Le match n'est pas fini. Le couteau entre les dents, Jean-François Copé et ses sbires attendent les sénateurs de pied ferme en commission mixte paritaire.

Chapitre 16

Copé, toujours vivant !

Les cinéphiles qui s'intéressent à la politique comprendront mieux les enjeux d'une commission mixte paritaire s'ils se remémorent la sublime comédie musicale de Leonard Bernstein, *West Side Story*. Il faut imaginer deux clans, les Jets, d'origine polonaise avec Jean-François Copé à leur tête, et les Sharks, d'origine portoricaine à la suite de Michel Mercier et d'Henri de Raincourt. À l'écran, deux bandes rivales d'adolescents se disputent un quartier de New York. En politique, le sujet de discorde n'est autre que ce serpent de mer de la redevance audiovisuelle. Le sujet est chaud car Jean-François Copé en a fait une question de principe. Tout le monde a en tête son « moi vivant, la redevance n'augmentera pas »...

François Fillon, qui tient le rôle du policier, s'inquiète des déchirures entre ces deux bandes rivales. Avant que députés et sénateurs ne s'étripent, il convoque dans ses murs une réunion des belligérants. Prudence élémentaire car une commission mixte paritaire est toujours source d'angoisse pour un gouvernement. Elle fonctionne comme une boîte noire : aucun représentant du gouvernement n'assiste à la réunion. Une fois que le texte de compromis est trouvé, il devient difficile pour l'exécutif de l'amender, sauf si cela porte sur un point essentiel du texte. Mais c'est alors compliqué de trouver une majorité... Fillon prend les devants.

Le 27 janvier, à 19 heures, un ballet de voitures officielles dépose les Jets et les Sharks dans la cour de Matignon. À l'entrée, chacun est prié de déposer crans d'arrêt et autres poings américains. Fillon veut la concorde. Difficile d'envisager un compromis avec des positions aussi radicalement éloignées. Christine Albanel s'en ronge les ongles : elle voit bien qu'il faudrait que l'une des deux parties cède. Et comme elle les connaît bien, elle se doute que ce ne sera pas facile de faire avaler son chapeau au perdant... Ce sera la crise soit avec les sénateurs, soit avec Copé.

La réunion commence. François Fillon, flanqué de son directeur de cabinet, Jean-Paul Faugère, et de son directeur de cabinet adjoint, Alain Gosset-Grainville, fait face à deux ministres : Albanel et Karoutchi. Pour les Jets de l'Assemblée, Copé est accompagné de Christian Kert, Michel Herbillon et Patrice Martin-Lalande pour l'UMP. François Sauvadet du Nouveau Centre a fait le voyage. Du côté des Sharks du Sénat, on retrouve Jacques Legendre, Michel Thiollière, Catherine Morin-Desailly, Henri de Raincourt pour l'UMP et Michel Mercier pour les centristes.

Deux témoignages concordants, émanant de parlementaires des deux assemblées, font état d'une réunion « haute en couleur ». François Fillon explique brièvement le motif de ces retrouvailles : arriver à un accord entre le Sénat et l'Assemblée avant la commission mixte paritaire prévue le lendemain à 16 heures. Copé place rapidement la barre très haut en se livrant à un rapide mais sanglant réquisitoire en deux parties.

Dans un premier mouvement de ballet, il tourbillonne autour du Sénat. Ce dernier est, selon Copé, dans l'opposition, puisque l'UMP n'y a plus la majorité. De toute façon, le groupe UMP au Sénat n'est pas tenu – Raincourt prend ça dans les dents. Ensuite, les sénateurs n'ont pas de comptes à rendre à leurs électeurs, à la différence des députés. Gros bras d'honneur général.

Deuxième partie : entrechats autour des centristes. Il va falloir que ces derniers fassent un choix un jour et cessent le grand écart. Soit ils sont dans la majorité, soit dans l'opposition. Et Copé d'enfoncer le clou en rappelant que la majorité et lui-même à l'Assemblée ont été insultés pendant tout le débat sur l'audiovisuel par Jean Dionis du Séjour (unique membre du Nouveau Centre à descendre en flammes la réforme Sarkozy), qu'il qualifie au passage d'un adjectif peu affectueux.

Legendre et Raincourt sont ulcérés. Thiollière bout intérieurement. Côté Assemblée nationale, on sent que Sauvadet bougonne dans sa barbe, mais pas trop fort. Voilà un Jet qui, si ça continue, va passer Shark...

Le bon Christian Kert essaie de ramener le calme en insistant sur les points de convergence. Il n'est pas très écouté. Albanel regarde le bout de ses chaussures en tordant nerveusement une de ses mèches de cheveux comme au plus beau temps du débat à l'Assemblée. Mercier reste très calme. Il connaît par cœur l'une des expressions favorites de Jacques Chirac : « C'est seulement à la fin du marché que l'on compte les bouses... »

François Fillon essaie de ramener le débat sur le chemin de la convergence. Sur la redevance, en bon technophile, il explique qu'il n'est pas possible de taxer les possesseurs d'ordinateurs, contrairement aux souhaits des sénateurs. Albanel approuve et rappelle que ce ne serait pas judicieux : on risquerait de taxer des étudiants impécunieux. Les sénateurs grommèlent mais acceptent. Voilà un premier monticule aplani.

Vient ensuite le morceau de bravoure : Fillon tente un très beau coup de bluff sur l'augmentation de la redevance. Son discours tient en peu de mots. Selon lui, Nicolas Sarkozy a été très clair : d'accord pour une indexation de la redevance sur le coût de la vie mais pas d'augmentation de cette dernière. Alors comment faire pour les deux malheureux euros supplémentaires votés par le Sénat ? Rien n'est plus simple. Il suffit de considérer que ces deux euros représentent le coût de l'inflation... depuis 2008. Personne ne perd la face. Il ne s'agit que d'un habillage de forme. On parle d'une inflation passée pour mieux justifier une hausse à l'avenir. Quel tour de passe-passe ! Et Copé peut continuer à dire que la redevance n'est pas augmentée mais a seulement été indexée ! Un enfant de sept ans ne s'y laisserait pas prendre. Sur ces entrefaites, François Fillon s'enfuit, laissant le soin à Christine Albanel et Roger Karoutchi de finir la réunion : il passe au 20 h de France 2 ce soir-là. Vous comprenez, il y a des choses plus importantes...

Fillon est-il vraiment l'auteur de ce subterfuge ? Pas vraiment. Cette brillante idée a été mûrie par la cellule parlementaire de l'Élysée et les cabinets de Fillon et d'Albanel.

Selon les parlementaires, le départ précipité de Fillon sème le trouble chez les participants. Mercier, marmoréen, répète : « Et moi, qu'est-ce que j'ai dans cette affaire ? » Copé ne veut pas trop admettre le tour de passe-passe de Fillon mais se rend compte que c'est la meilleure porte de sortie pour lui après ses propos pour le moins cinglants. Les sénateurs sont ravis de voir que leur amendement est sauvé.

Copé, de son côté, sauve la face. Il se fait ensuite un plaisir de tailler en pièces les amendements votés au Sénat qui restent en discussion : l'arrondi à l'euro supérieur connaît un sort funeste. En ancien ministre du Budget, Copé sait bien que la règle fiscale veut que l'on arrondisse à l'euro le plus proche...

On passe enfin au « pouvoir de révocation » de Nicolas Sarkozy. Les garanties supplémentaires du Sénat sont un obstacle que le Président souhaite voir sauter. Les sénateurs, et Jacques Legendre le premier, savent très bien que le chef de l'État en fera un *casus belli* de premier ordre. Mercier n'en fait pas un point de fixation. Les seuls qui peuvent s'émouvoir sont les sénateurs membres du RDSE. Mais pour le vote du texte de la commission mixte paritaire, l'UMP aura resserré les rangs et l'opposition du RDSE ne pose plus de problèmes. Sarkozy sort vainqueur de cette réunion : son pouvoir de révocation des présidents de l'audiovisuel public est intact. C'est-à-dire sans contrepoids autre que formel.

Jets et Sharks se quittent sans qu'aucun blessé ne soit à déplorer. L'ambiance est certes un peu tendue, car personne ne sait avec certitude quelles décisions ont été prises. Copé n'a pas juré sur la tête de sa mère que le subterfuge de Fillon lui allait comme un gant. Il faut pour cela attendre le petit déjeuner de la majorité du lendemain autour du Président Sarkozy. Ce petit déjeuner est une formalité : Copé et Sarkozy se mettent rapidement d'accord sur la redevance. C'est gagné.

En vérité, Jean-François Copé sait que le rapport de force ne lui est pas favorable. Il a fait ses comptes. Au sein de la commission mixte – 7 députés, 7 sénateurs –, s'il regimbe, il sera mis en minorité. Il ne peut, en effet, compter que sur 4 voix sur 14 : la sienne, et celle des trois autres députés UMP (Michel Herbillon, Patrice Martin-Lalande et Christian Kert). Contre lui, il trouvera une alliance large : trois députés socialistes pro-redevance (Patrick Bloche, Michel Françaix, Didier Mathus), deux sénateurs socialistes (David Assouline et Serge Lagauche), une sénatrice centriste (Catherine Morin-Desailly) et enfin trois sénateurs UMP (Jacques Legendre, Michel Thiollière, Catherine Dumas).

La commission mixte paritaire se déroule le mardi après-midi. Si un accroc de dernière minute apparaît, aucun membre du gouvernement ne pourra éteindre l'incendie. Laisser les Jets et les Sharks face à face sans la police est toujours périlleux. Fillon patiente à son bureau, en s'inquiétant régulièrement : « Alors ? » Albanel, dans son bureau, en éternelle pessimiste, pense que la longueur des débats n'est pas bon signe. D'après les témoins, les discussions sont parfois houleuses, interrompues une fois, mais en fin de compte le texte qui en sort est, pour le gouvernement, absolument parfait. « J'ai fait un peu de cinéma pour dire que ça commençait à suffire avec la redevance, confie Copé. Politiquement, j'ai déjà payé assez chèrement cette histoire. »

Le vote du texte de compromis a lieu à l'Assemblée nationale et au Sénat sans encombre. Le Conseil constitutionnel, saisi par les socialistes, valide très largement le texte. Pire ! Le recours des socialistes provoque l'inverse de l'effet recherché : les sages censurent la possibilité pour les parlementaires de bloquer la révocation du président de France Télévisions par le président de la République, offrant ainsi un ultime trophée au sarkozysme... Les commissions compétentes du Parlement ne pourront donner qu'un avis non contraignant lors de sa révocation. Un boomerang amer pour les socialistes...

Ainsi s'achève un long épisode législatif de plus d'un an, entamé le 8 janvier 2008 lorsque le chef de l'État planta sa banderille sur le dos de l'audiovisuel public. On l'accuse de faire un cadeau à TF1, de faire crouler l'audience de France Télévisions sous le poids des émissions culturelles... Si telle était son intention, alors, sa volonté sera trahie par les faits, car rien ne va se passer comme prévu.

Chapitre 17

Il faut sauver le soldat TF1

Le 22 mai 2007, soit seize jours après l'élection de Nicolas Sarkozy à la présidence de la République, Nonce Paolini est transféré de Bouygues Télécom à la direction générale de TF1. Il doit encore endurer jusqu'en décembre la tutelle de Patrick Le Lay, un PDG qui n'a pas choisi ce second. Le rugueux patron breton avait même contribué à évacuer Paolini vers le groupe Bouygues, cinq ans plus tôt... Pourquoi ce bannissement ? Nonce Paolini, alors directeur des ressources humaines, avait eu l'outrecuidance de réclamer la direction des programmes en lieu et place d'Étienne Mougeotte, le sphynx de la Une, et avait fait produire un rapport soulignant l'âge avancé des deux capitaines. Un crime de lèse-majesté dans l'univers rectiligne de la Tour de Boulogne, où Le Lay réfrigère d'une douche écossaise tous ceux qui s'avisent de lui tenir tête un quart de seconde.

« Edmond Dantès » à Boulogne

Mougeotte et Paolini se détestent cordialement. Toutes les fois qu'il le pouvait, Paolini, juché sur son pouvoir de directeur des ressources humaines du groupe TF1, tentait d'entraver les recrutements qui ne lui convenaient pas. Mougeotte, qui n'était dupe de rien, y décelait une tentative de prise de contrôle sournoise. Le candidat subissait alors toute une batterie de tests psychologiques d'une redoutable complexité. Claude Dumas, qui fut recommandé par Bernard Tapie à son ami Le Lay pour être son chef de cabinet, se souvient ainsi d'avoir passé des épreuves écrites destinées à trouver la faille en lui... « Paolini ne voulait pas de moi. La veille, j'ai demandé à une copine DRH de me briefer pour passer les tests sans problème », me confia-t-il peu de temps après le retour de Paolini dans la Tour TF1.

Le nouveau patron de la Une fait son come-back animé d'un esprit de revanche. C'est presque en Edmond Dantès, son surnom, qu'il foule les couloirs de la Une, avec une timide suavité à laquelle il ne faut pas se fier. Coupe sage, lunettes rectangulaires, costume sombre à fines rayures, ce grand amateur de jazz va faire valser la vieille garde. Y compris ceux dont il était proche.

Naturellement, il ne met pas six mois à rompre le contrat de conseiller d'Étienne Mougeotte. Un vrai risque : Mougeotte est un proche de Nicolas Sarkozy. Il a même failli le rejoindre à l'Élysée avant de trouver refuge à la tête du *Figaro* où Serge Dassault, un ferme partisan du nouveau chef de l'État, lui offre un formidable bâton de maréchal.

Paolini y va franco. Mougeotte se présente un jour de janvier 2008 pour assister à une réunion hebdomadaire au siège de la Tour. Son badge est démagnétisé... Sans rire, Paolini invoque une incompatibilité « déontologique » entre son mandat à TF1 et son nouveau job au *Figaro*. En somme, la chaîne de Martin Bouygues reproche à Mougeotte de défendre les couleurs d'un organe de presse pro-Sarkozy ! On rêve... TF1 déboursera 1,5 million d'euros pour se passer de ses services après une négociation acharnée entre avocats. Dans cette affaire, Paolini n'aurait jamais débarqué Mougeotte sans avoir obtenu, au préalable, l'accord de Martin Bouygues. Même entre amis du Président, les règlements de comptes ne sont pas exclus.

Après Mougeotte, d'autres subiront un sort similaire : Charles Villeneuve, Robert Namias, jusqu'à la chute spectaculaire de Patrick

Poivre d'Arvor à l'été 2008, qui fera les remous que l'on sait. Était-ce la main de Nicolas Sarkozy ? Paolini assume seul. N'empêche, quelques semaines plus tôt, le chef de l'État ne cessait de répéter : « Qu'est-ce qu'ils attendent, à TF1, pour prendre Laurence Ferrari ? » Eh oui, notre cher Président ne se contente pas d'avoir des idées précises sur ce que doit être la qualité des programmes de France Télévisions, il s'intéresse aussi aux émissions des chaînes privées...

Nonce Paolini n'a pas que des torts. La « vieille garde » n'a pas suffisamment préparé le renouvellement des programmes, a éliminé du tableau les quinquas qui pouvaient reprendre le flambeau et a raté le virage de la TNT gratuite en 2005. M6, avec sa filiale W9, joue parfaitement le couplage publicitaire et prend en étau la Une, isolée dans un paysage à 18 chaînes.

Face à cette concurrence démultipliée où tout le monde court après la cible de la fameuse ménagère de moins de cinquante ans, l'audience de TF1, déjà déclinante, descend brutalement : de 30,7 % de part d'audience en 2007, la première chaîne du PAF décroche à 27,2 % en 2008. Nonce Paolini reçoit toutes les flèches, parfois injustement. Son seul tort : pécher par orgueil et ne pas s'adjoindre les services d'un véritable « gourou des programmes » comme pouvait l'être Mougeotte. Il modifie profondément l'organisation de la chaîne et privilégie un fonctionnement collégial. Malheureusement, quand arrive la tempête, mieux vaut un chef doté d'une vision, capable de haranguer les troupes du matin au soir, plutôt qu'un groupe de managers qui dissertent... Comme disait Churchill, « un chameau est un cheval dessiné par un comité ».

Bref, quand Nicolas Sarkozy prend ses quartiers à l'Élysée, le leader français de la télévision gratuite est en danger. Sa confortable avance sur ses concurrents s'effrite. Ceci est un point crucial : c'est en dominant de la tête et des épaules le paysage audiovisuel que la Une s'est assuré un levier inégalable sur les annonceurs. Le chef de l'État peut-il sauver le soldat TF1 ? Le veut-il ? À la marge, peut-être. Mais comment lutter contre un état de fait ? La télévision généraliste est en crise partout dans le monde. Et Nicolas Sarkozy n'y peut pas grand-chose. À moins que...

DÉRÉGULONS, DÉRÉGULONS...

En s'installant rue de Valois, Christine Albanel hérite d'un premier dossier audiovisuel qui suscite bien des convoitises : la réforme des « décrets Tasca » en attente de publication au *Journal officiel*. Quezako ? Un nouveau fardeau d'obligations de production pour les chaînes, une corne d'abondance promise pour les producteurs et les auteurs, surtout de fiction. Une sacrée pomme de discorde en attendant !

Aussi, à peine a-t-elle posé le bout du pied dans son bureau de la rue de Valois que producteurs, diffuseurs et auteurs se ruent sur la ministre. TF1 et M6 se déchaînent contre ces nouvelles obligations tandis que, dans le camp des créateurs, on presse la ministre de les publier au plus vite. Car, en France, nous avons ce sentiment qu'il existe des genres télévisuels plus nobles que d'autres, et parmi cette nomenclature protégée comme une espèce rare figurent les fictions, les documentaires, les dessins animés, et la captation de pièces de théâtre, d'opéras... A contrario, les œuvres « impures » sont ces émissions de divertissement, ces magazines de société pour ménagères où l'on parle de recettes minceur, de people, de gastronomie, de faits divers racoleurs, etc. Tout en bas de l'échelle des valeurs, la télé-réalité – qui plus est d'inspiration américaine – patauge dans la lie des émissions de télé qui ne peuvent en aucun cas revendiquer le titre d'« œuvre »...

Voilà la ministre véritablement assaillie, pressée, malmenée presque. À vrai dire, Albanel n'y connaît rien en arrivant rue de Valois et déteste ne pas se sentir à l'aise sur des sujets techniques. Durant les deux premiers mois de son mandat, la ministre flotte. Elle ne déroge pas vraiment à son rythme de vie versaillais et rentre chez elle le soir bosser ses dossiers tandis que ses prédécesseurs, de fieffés bambochards, couraient les théâtres et autres réceptions. Des échos dans la presse commencent à souligner que l'agenda nocturne de la ministre n'est pas très garni en mondanités. Albanel se réveille brutalement et comprend que son image doit évoluer. Une personne va se charger de recadrer la ministre : Paulette Giry-Lattérière, officiellement « chargée de mission », en vérité cerbère en chef qui veille sur Albanel comme une mère louve depuis des années. C'est elle qui commencera à restructurer le look de la ministre en retravaillant sa coupe au carré, jugée trop bourgeoise de droite, style « Puy du Fou »...

Regonflée à bloc, Albanel met les bouchées doubles pour combler ses lacunes et rencontre très vite les principaux cadors du PAF. Les auteurs de la SACD sont représentés par le redoutable lobbyste Pascal Rogard, bouille ronde ornée d'un tarin à la Raimu, champion de l'amendement parlementaire qui tue, excellent communiquant, dialecticien hors pair des rapports de force, lutteur émérite contre les studios hollywoodiens et grand défenseur du système de subventions à la française, que l'Europe cherche régulièrement – et en vain – à détricoter. Si Hollywood doit un jour nous vampiriser, c'est que Pascal Rogard aura rendu l'âme... Ou sera passé à l'ennemi. Et ce jour n'est pas près d'arriver. Rogard connaît tout le monde. Et tout le monde connaît Rogard, dont l'un des maîtres à penser fut le regretté Claude Berri. C'est ce grand cinéaste qui, il y a bien des années, a débusqué cet agent d'assurances madré pour défendre les intérêts du cinéma. Quel bon casting pour Berri !

Chez les producteurs audiovisuels, l'USPA, l'Union syndicale de la production audiovisuelle, tient la dragée haute aux autres syndicats. Jacques Peskine, son directeur général, connaît le secteur comme le fond de sa poche. En outre, il préside le syndicat des employeurs du spectacle vivant et, à ce titre, Albanel a besoin de lui pour tenir le couvercle sur l'éruptif problème des intermittents. Se le mettre à dos serait fort maladroit. La ministre craint cependant le dogmatisme de ce polytechnicien froid. Tout cela s'arrangera quand, au-dessus de lui, le grand producteur Jean-Pierre Guérin (*Julie Lescaut*), un être doux et créatif, prendra la présidence de l'USPA. Peskine se sentira alors plus libre et permettra des avancées majeures...

Mais pour l'heure Nonce Paolini toque à la porte. Lors de cette première rencontre, il n'est pas encore PDG. C'est Le Lay qui mène la délégation. La ministre connaît très bien le patron breton et l'apprécie, notamment pour sa grande érudition, qu'il masque soigneusement sous des airs bravaches et ses déclarations à la pince coupante sur le thème du « temps de cerveau disponible pour Coca-Cola ». Quand Paolini prend le contrôle de la chaîne, ses relations sont d'abord complexes avec Albanel, qui ne sait trop que penser de cet homme insaisissable. Elle se tient sur ses gardes. La proximité entre Martin Bouygues et Nicolas Sarkozy la gêne aux entournures. Paolini s'impatiente parfois : les fruits des amitiés présidentielles tardent à pousser sur les branches de son groupe. La ministre ne se presse pas, en effet. D'abord parce que TF1 représente l'exact opposé de sa culture, toute de raffinement. TF1, fille d'un groupe de BTP, en épouse les méthodes carrées, brutes de décoffrage. Quand Le Lay hurlait, chacun savait qu'il fallait en prendre et en laisser. Combien de fois a-t-il feint la colère, du reste ? Avec Paolini, c'est plus compliqué. Il est moins prévisible. Et puis, cette froideur...

Lors d'une des premières rencontres de travail, Nonce Paolini donne le « la » : trop de règles enserrent TF1 dans un carcan quasi soviétique. Pourquoi s'enferrer dans ces fictions françaises coûteuses ? En outre, TF1 paie mais n'est pas propriétaire des images, qui restent la possession des producteurs. C'est qu'après avoir brillé au sommet des audiences avec les *Navarro* et autres *Julie Lescaut*, le téléfilm *made in France* dévale la pente des audiences à toute allure. Nonce Paolini sait de quoi il parle. Son épouse, Catherine Falgayrac (ex-madame « Téléshopping » de TF1), a joué un petit rôle dans une série hospitalière qui a obtenu la pire audience d'une fiction française jamais enregistrée sur TF1 !

En somme, TF1 n'y trouve plus son compte et souhaite qu'on cesse de la contraindre à en produire. Nonce Paolini a fait ses comptes : une fiction française coûte 1,8 à 2 millions d'euros et ne s'amortit que péniblement à la deuxième, voire troisième diffusion. Alors qu'une série américaine – achetée 80 000 à 100 000 euros l'épisode – rapporte trois à quatre fois son prix en une seule soirée ! Au diable la fiction française, crie la Une. Place aux *Experts*, matin, midi et soir ! Tant et si bien que Daniel Bilalian, le patron des sports de France Télévisions, s'amuse de ce que la première chaîne est devenue : « En zappant au hasard, on sait tout de suite si on est sur TF1. D'abord, on atterrit dans une morgue. Ensuite, un type en blouse blanche examine un poil, et rien qu'avec ça, il est capable de dire que l'assassin habite au quatrième étage, au 221 sur Madison Street. Fort, le mec ! »

Et voilà que, dans la foulée de l'équipage Le Lay-Paolini, les sabots d'un fier destrier retentissent dans la cour du Palais-Royal. Dégagez, manants, et laissez passer le fier Nicolas de Tavernost, le patron du groupe M6. Brillant, fine lame, sûr de lui, son comportement est typique de celui du seigneur du Moyen Âge qui vient expliquer aux ministres du roi qu'il en est à son cinquième Roi fainéant et son dix-huitième sénéchal chargé de la Culture. Avec l'indéboulonnable Jérôme Clément d'Arte, Tavernost occupe le rang de parrain du PAF et se donne des airs de sage.

Albanel aime ce style d'Artagnan qui donne toujours l'impression d'avoir attaché son cheval aux grilles du Palais, tandis qu'un écuyer fournit moult avoine à sa monture. Catholique, de droite bien que social, amateur de formules assassines, il séduit la ministre. Son discours ne surprend guère. D'abord quelques piques sur les concurrents, TF1, « les pauvres », dont le modèle économique part en capilotade, France Télévisions, qui coûte si cher aux contribuables, et Canal +, victime du syndrôme du « monopole libéral ». Au milieu de tout cela, une petite chaîne qui monte et n'en finit plus de monter grâce à un modèle très viable, un sens poussé de l'économie et des trésors d'imagination. Hélas, le devenir de cette chaîne, si bien gérée, est obéré par une série de règles stupides qui sclérosent le PAF : les « décrets Tasca ». Ils mettent en œuvre une loi de 2004, votée sous le gouvernement Jospin. Pascal Rogard a profité de la loi du 5 mars 2007 sur la télé du futur (soit deux mois avant l'élection de Nicolas Sarkozy) pour faire passer un amendement qui durcit encore plus les règles et impose que les « œuvres patrimoniales », en gros les téléfilms français, pèsent pour 85 % des obligations de production [1]. C'est ce fameux décret, appelons-le « décret Rogard », que TF1 et M6 veulent à tout prix empêcher...

---

1. Rogard avait obtenu cet amendement pour compenser le fait que les chaînes historiques, TF1, M6 et Canal +, s'étaient vu attribuer un « canal bonus » à occuper librement dès l'extinction du signal analogique, fin 2011. Tout est une question d'équilibre.

Consigne du château

En septembre 2007, coup de théâtre ! Le cabinet Albanel, gêné, convoque les belligérants pour annoncer que le « décret Rogard » ne sera pas signé. Il est « reporté ». Aucune explication n'est donnée. Ulcérées, l'USPA et la SACD comprennent bien vite que le coup est parti d'en haut... L'Élysée. Mais qui ? Sarkozy ? Non. Georges-Marc Benamou ? Même pas ! D'ailleurs, lui-même ancien producteur, il ferait beau voir que...

Pascal Rogard mène son enquête. Et découvre que l'affaire est partie de TF1, comme il s'en doutait. C'est un discret coup de téléphone de Laurent Solly, la jeune étoile du groupe TF1, ancien aide de camp de Nicolas Sarkozy, qui a tout déclenché. Il n'a pas appelé le Président, non. Juste sa grande amie, Emmanuelle Mignon, directeur de cabinet de l'Élysée. Il lui explique que ces imbéciles de la rue de Valois n'ont rien compris. Il décrit les détails kafkaïens des décrets Tasca à Mignon, qui fulmine. Comment ? Dans un pays moderne dirigé par Nicolas Sarkozy, on a encore des camisoles administratives ? Et puis, cette affaire de sous-quotas Rogard, cela ressemble à la politique agricole commune. Allez, allez, débarassons-nous de tout cela ! On va expliquer à ces ânes de la rue de Valois comment on doit travailler.

Plus tard, Emmanuelle Mignon avouera à l'inspecteur Rogard qu'elle était bien à l'origine du meurtre de son décret. Il appréciera la sportivité du geste. Pourquoi Albanel a-t-elle plié ? En septembre, elle est déjà en difficulté. Tous les ministères sont le petit doigt sur la couture du pantalon quand l'Élysée parle. Les conseillers de Sarkozy se sentent investis de la force divine. Du moins le font-ils croire...

Dans son bureau, Christine Albanel est tout de même salement enquiquinée. TF1 et M6 célèbrent leur victoire. Mais, à l'inverse, Rogard et Peskine lui promettent bien des ennuis. Car ces deux personnages charrient avec eux tous les lobbies de la culture. Il est très délicat pour un ministre de favoriser les puissantes chaînes face aux petits producteurs et aux auteurs, indépendants des grands groupes... Véronique Cayla, sa copine du CNC, l'avertit du danger.

Que faire ? Albanel réunit son équipe : Christophe Tardieu, Mathieu Gallet et François Hurard, chargé du cinéma et qui connaît ce milieu comme personne. Une idée germe. Il faut que la ministre prenne une initiative et définisse une politique audiovisuelle, sinon tout le monde va croire que tout se décide à l'Élysée. Et l'on craint, en effet, les initiatives intempestives de Benamou.

Au départ, Albanel regimbe. Elle ne se sent pas prête, ni familière avec ce dossier. Tardieu et Gallet se font pressants : « Si vous ne bougez pas, vous allez vous faire bouffer ! » De mauvaise grâce, Albanel consent. L'occasion avec le prochain MIP TV (le marché international des programmes de télévision), à Cannes, le lundi 3 décembre 2007, se présente de reprendre les commandes du secteur devant tous les professionnels.

L'OFFENSIVE DU MIP

Regonflée à bloc, Christine Albanel descend à Cannes avec quatre annonces qui signent sa véritable prise de fonctions dans le monde audiovisuel. D'abord, la ministre se déclare disposée à envisager la modification des règles anti-concentration dans les médias si les professionnels en éprouvent le besoin. Ici, c'est une ouverture vers les industriels qui n'attendent que ça. Mais les journalistes le redoutent. Ensuite, elle annonce qu'elle va ouvrir le robinet publicitaire en application de la directive européenne « SMA » (service de médias audiovisuels). TF1 et M6 sautent de joie ! Enfin, elle envisage de réformer les fameux « décrets Tasca » mais elle souhaite que ce soit par un accord entre les chaînes, les auteurs et les producteurs... Ce même jour, elle dit accompagner Carolis dans ses chantiers de réforme de France Télévisions. Le patron de France Télévisions se sent conforté. Ni la ministre ni lui ne se doutent qu'un mois plus tard, Nicolas Sarkozy fera tout voler en éclats en supprimant la pub sur le service public...

Le coup de Cannes a été longuement mûri. Il faut donner satisfaction à tous les acteurs sans s'attirer les foudres de l'Élysée. Nonce Paolini et Nicolas de Tavernost sont aux anges mais ils sentent bien que l'annonce d'une simple réforme des décrets Tasca signifie que des règles contraignantes persisteront. Au moins, puisqu'il s'agit d'un accord, ils se disent que leur signature est indispensable...

Rogard et Peskine ne sont pas mécontents. Car Albanel leur envoie un signe sous le nom de... David Kessler. C'est lui que la ministre, inspirée par Tardieu, désigne pour mener la renégociation des décrets Tasca. David Kessler, le patron de France Culture, grand ami des arts, militant socialiste, connaît remarquablement le secteur. Il était le conseiller audiovisuel de Jospin quand les fameux décrets Tasca ont été rédigés... Il ne peut donc les détricoter. Pour Rogard et Peskine, il n'y a pas plus rassurant.

Quand Albanel donne son feu vert, Tardieu est chargé de sonder l'intéressé. Kessler accepte la mission rapidement, après avoir compris qu'Albanel n'a aucune volonté homicide sur les décrets Tasca. Il approuve l'idée d'accords interprofessionnels et admet que les obligations de production des chaînes nécessitent un toilettage.

Toutefois, le nom de Kessler fait tiquer TF1. À Boulogne, on le décrit comme un « crypto-marxiste » – rien que cela. Et comme prévu, par le canal habituel, le téléphone rouge de l'Élysée commence à émettre des réserves.

Les collaborateurs d'Albanel décident alors de sortir une seconde carte de leur manche. Pas question cette fois de se coucher devant le château. Puisque TF1 ne veut pas de Kessler, on va lui adjoindre une seconde personnalité qui ne pourra être récusée. C'est ainsi qu'Albanel propose de confier la mission à l'ancien député UMP Dominique Richard. Un UMP à côté d'un socialo... Ultime finesse : Richard n'a pas été choisi au hasard. C'est lui qui, en 2007, a déposé « l'amendement Rogard »... Les deux hommes se mettent au travail. En outre, ils s'entendent bien.

Fin décembre, Kessler et Richard ont bien avancé. Conformément à la première partie de leur mission, ils rendent un rapport qui dresse des pistes d'accords. Le document est immédiatement mis en ligne. Reste maintenant à réunir tous les acteurs autour d'une table pour essayer de signer ces fameux accords.

Et c'est ici que Nicolas Sarkozy fait involontairement tout capoter...

Colère de Bouygues

Avec le tsunami provoqué par sa conférence du 8 janvier portant sur le financement de France Télévisions, tout l'audiovisuel est en émoi. De façon paradoxale, le coup d'éclat de Nicolas Sarkozy n'arrange pas du tout... TF1 ! Au moins, sur les obligations de production.

Paolini a parfaitement compris que, compte tenu de l'inquiétude des producteurs et des auteurs, il n'est plus question d'envisager une remise à plat pure et simple du dispositif, ce qui était l'objectif premier. En effet, si TF1 bénéficie du report de la pub de France Télévisions, elle ne pourra pas baisser très sensiblement ses obligations de production. C'est fromage ou dessert. Pas les deux !

Seulement, voilà, Paolini s'est beaucoup avancé et il doit revenir avec des trophées devant Martin Bouygues, sinon son rugueux actionnaire va lui bétonner les oreilles... À partir de là, il va mettre au point sa stratégie : si TF1 ne peut obtenir de baisser de manière importante son niveau d'obligations, elle peut au moins obtenir que celles de M6 augmentent très sensiblement. En effet, depuis sa création et pour l'aider à grandir, la Six bénéficie d'un traitement plus léger. Elle est très loin d'avoir à investir autant d'argent que sa grande sœur dans les fictions françaises... D'où la profusion, sur son antenne, de ces magazines extrêmement rentables car produits avec trois francs six sous. Nicolas de Tavernost a la réputation d'avoir des oursins dans les poches.

Durant toute la négociation, Paolini n'aura donc que ce souci. Il veut bien continuer à payer pour la fiction française – aux audiences catastrophiques – à condition que M6, de son côté, ouvre aussi son porte-monnaie et soit obligée d'en produire de plus en plus. S'ils doivent plonger, ils plongeront ensemble. Il introduit une clause suspensive dans son accord : si M6 ne contribue pas plus, son accord tombe de lui-même... « TF1 applique la théorie relative du bonheur dont l'axiome se résume ainsi : mieux vaut se priver d'un avantage car le handicap sera plus lourd à supporter pour les concurrents », commente Nicolas de Tavernost. C'est ainsi que, pendant des années, Le Lay a refusé la seconde coupure pub dans les films – ce qui aurait pu enrichir TF1 –, uniquement pour empêcher M6 d'en profiter aussi. Idem concernant les cachets des comédiens. Aux termes d'un vieil accord, les artistes touchaient 25 % de leur cachet initial à chaque rediffusion. Moyennant quoi, lors d'une rediffusion, le cachet très important[1] touché par Roger Hanin, alias Navarro, pouvait être supérieur au prix du programme lui-même ! Patrick Le Lay a refusé durant plus d'une décennie de renégocier cette règle aberrante uniquement pour empêcher feu La Cinq et M6 de rediffuser leurs téléfilms... La « théorie du bonheur relatif » de TF1 correspond à « la loi de l'emmerdement maximum » pour M6.

Paolini infléchit légèrement la politique de Le Lay. Il veut clairement moins d'obligations. Pour l'amadouer, les conseillers d'Albanel brandissent la sucette publicitaire. Albanel fait bien comprendre au patron de la Une qu'un cadeau publicitaire ne peut aller sans contrepartie. Pour des raisons politiques, ce serait inacceptable et donnerait prise aux critiques de la gauche... Paolini attend, en fait, deux décrets techniques après les annonces du MIP : élargir de six à neuf minutes de pub par heure la durée maximale de ses écrans de pub et obtenir un nouveau mode de calcul (l'heure glissante) qui fasse teinter agréablement son tiroir-caisse. Ces dispositions vont certes avantager toutes les chaînes (y compris France Télévisions avant 20 heures) mais comme le groupe TF1 est ultradominant sur le marché publicitaire, c'est lui qui en tirera le plus gros bénéfice.

Avec le printemps, le climat s'est nettement réchauffé entre Nonce Paolini et Christine Albanel. Le 22 avril, ils petit-déjeunent ensemble. Le patron de la Une sent que la ministre n'est pas hostile à des inflexions réglementaires. Il appelle Martin Bouygues et l'invite à faire connaissance avec une si bienveillante personne. Les équipes montent rapidement un déjeuner qui a lieu, six jours plus tard, dans le salon Jérôme du ministère, le 28 avril 2008. L'ami de Nicolas Sarkozy y va en maugréant, pensant s'y enquiquiner copieusement... Mais le propriétaire de TF1 se présente à l'heure dite. Il n'a pas de temps à perdre avec les salamalecs et le cérémonial chinois de la préséance républicaine. En « bulldozer », il déroule une

---

[1]. De l'ordre de 300 000 euros par épisode lors de la première diffusion. Donc, 75 000 euros supplémentaires à la rediffusion.

« liste de commissions » préparée par Jean-Michel Counillon, le secrétaire général de TF1. « On m'a demandé de vous demander ça, ça, et puis ça, je ne sais pas ce que c'est mais il paraît que c'est important... » Choc des cultures au ministère des artistes ! En gros, Martin Bouygues demande à Albanel de faire avancer au plus vite certains dossiers, dont la taxe sur l'audiovisuel (la plus faible possible) et ces fameux décrets de production... Sa chaîne va de mal en pis alors, fissa, et que ça saute !

Choquée, Albanel se recroqueville dans son siège et lâche des onomatopées en guise de conversation. Fermée comme une huître, elle explique toutes les difficultés à venir si elle donne satisfaction à TF1. Martin Bouygues, fumasse, sort de ce déjeuner et fonce aboyer sur Paolini à TF1 en fustigeant cette ministre qui n'y comprend rien, ce repas chiant à mourir et cette Albanel rétive à aider TF1. Un grand moment à Boulogne !

Albanel n'a entendu parler de rien pendant trois semaines quand se présente le Conseil des ministres du 21 mai. Elle doit y faire sa communication sur le cinéma français. D'emblée, Nicolas Sarkozy ne cesse de l'interrompre. Le cinéma français est jugé « nul » comparé à Hollywood. Étrange jugement l'année où *Les Ch'tis* de Dany Boon écrasent Hollywood au box-office. Nous sommes, en outre, à quatre jours de la Palme d'or cannoise décrochée par un film français, *Entre les murs*. Ce n'était plus arrivé depuis vingt et un ans ! Albanel se fait découper en morceaux.

Évidemment, Martin Bouygues est allé se plaindre auprès de son ami. Et rebelote le 29 mai, une semaine plus tard ; en Conseil des ministres, Nicolas Sarkozy s'emporte : « Nos groupes audiovisuels privés sont des nains à côté d'Orange ! » ; « Tout le monde dit que je veux faire des cadeaux à TF1 mais, moi, je n'en ai rien à fiche de TF1 ! » Et le Président d'évoquer les états généraux de la presse qu'il a appelés de ses vœux pour l'automne : « Si je n'étais pas là, la presse serait déjà morte ! » S'il n'était pas là, on s'ennuierait à mourir, c'est évident.

Moyennant quoi il devient urgent d'aider TF1, et par là même M6. *Le Canard enchaîné* révèle la préparation discrète par le ministère de la Culture d'un amendement devant instaurer une seconde coupure publicitaire dans les films. En fait, Matignon va stopper cette initiative, pourtant soutenue par l'Élysée, estimant que cette disposition isolée court le risque d'être déclarée inconstitutionnelle. Il faudra attendre la loi audiovisuelle. Mais avant, on peut quand même faire quelque chose : Nicolas Sarkozy et Christine Albanel prévoient de publier dès juillet des décrets ouvrant la corne d'abondance publicitaire au 1er septembre. Finalement, tout cela semble bien se goupiller. Albanel, l'éternelle pessimiste, est stupéfaite. Elle est sur le point d'accomplir la modernisation des décrets Tasca...

Cela dit, tout le monde y a intérêt, les producteurs et les auteurs les premiers. Plus les chaînes sont riches, plus elles devront investir dans la production, soutenant ainsi tout un secteur économique, des techniciens et artistes jusqu'aux intermittents du spectacle de tout acabit. Le système est ainsi fait que lorsque TF1 tousse, les producteurs attrapent un rhume, les auteurs une grippe carabinée, les artistes une otite et les intermittents la rubéole... Mieux vaut donc soutenir les chaînes. Penser qu'en enrichissant TF1, on ne fait qu'épaissir le porte-monnaie de Martin Bouygues relève du simplisme malintentionné. Aussi Jacques Peskine et Pascal Rogard se montrent-ils compréhensifs : une légère diminution des obligations de TF1 pour passer une crise économique, et des clauses de revoyure si la crise persiste ou, au contraire, si le rebond se profile.

En outre, on a trouvé un baudet bien commode : France Télévisions. Pour calmer les angoisses des auteurs et des producteurs, le service public souscrit, quant à lui, des obligations en valeur. Et elles augmentent sur trois ans jusqu'à 480 millions d'euros par an. C'est beaucoup plus parlant que des pourcentages assis sur un chiffre d'affaires défini, à sa guise, par l'État... Patrice Duhamel, toujours méfiant, proteste un peu. Aura-t-on les moyens de cet effort ? France Télévisions cède et signe. Canal + ne pose pas de problème. De toute façon, la fiction française, Rodolphe Belmer, son jeune patron, y croit beaucoup et ne compte pas ses efforts pour dépoussiérer ce genre plan-plan.

Le baroud de Tavernost

Tout irait pour le mieux si M6 ne faisait sa mauvaise tête. C'est évidemment la chaîne de Tavernost qui a le plus à perdre dans cette histoire. Le patron se déplace pour convaincre la ministre de le laisser tranquille. Après les dix minutes traditionnelles consacrées aux « marxistes » qui font les lois, les règlements, et l'État corseté par des hordes de fonctionnaires incompétents, le patron de M6 entre dans le vif du sujet : la ligne éditoriale qui fait le succès de « la petite chaîne qui monte » n'a pas besoin des œuvres de création française. Sauf que, depuis quelques années, M6 ne respecte pas ses anciennes obligations. Rogard le sait parfaitement et a prévenu : il ne lâchera rien sur ce sujet. De l'autre côté, TF1 résiliera sa signature si M6 n'est pas lestée d'obligations plus fortes. Dans cette affaire, TF1 et Rogard sont devenus complices pour faire payer M6.

« C'est quand même un monde !, s'indigne Tavernost. Les télévisions anglaises, espagnoles, italiennes et allemandes ne sont soumises à aucun quota de production. Et que se passe-t-il ? Non seulement, ils produisent plus de fictions que les Français mais leurs fictions nationales ont plus de succès que les séries américaines ! Ça devrait nous faire réfléchir, non ? Nos concitoyens, qui ont l'esprit de contradiction, se vengent en se ruant sur les séries américaines. Voilà le résultat des quotas ! »

Albanel veut bien ne pas accabler M6 à condition que la chaîne fasse un effort. Sinon ? La ministre ne répond pas. C'est un de ses conseillers qui répond à sa place : « Dans ce cas, nous prendrons un décret qui fixera les obligations de ceux qui n'ont pas signé un accord interprofessionnel. » Et là, l'addition pourrait être plus salée... « En somme, j'ai le choix entre le peloton d'exécution ou la chaise électrique », conclut le big boss de M6.

C'est un Tavernost très remonté qui sort de la rue de Valois après avoir embrassé très chaleureusement sa « chère Christine qui est si mal entourée ».

Le patron de M6 sent bien qu'il est coincé. Aussi va-t-il développer deux stratégies alternatives. D'un côté il demande à ses troupes, son numéro deux, Thomas Valentin, et Karine Blouet, la lobbyiste de la chaîne, de négocier avec les auteurs et les producteurs. De l'autre, il fait monter au créneau d'autres syndicats de producteurs comme le SPI (syndicat des producteurs indépendants) avec lequel il va passer un accord alternatif. Évidemment, un accord plus favorable... Albanel refuse de valider.

Parallèlement, Tavernost agite ses réseaux pour faire revenir la rue de Valois sur sa décision. Du côté d'Albanel, on évalue la situation. Comme prévu, Tavernost peine à agiter le landerneau politique. N'est pas Martin Bouygues qui veut... Il essaie de sensibiliser Matignon. Tentative vaine. En matière audiovisuelle, l'hôtel de Varenne marche sur des œufs. Surtout ne pas prendre le risque de fâcher un Président aussi éruptif quand il s'agit de télévision...

La rue de Valois tient bon face à ces pressions. Albanel siffle la fin de la partie et convoque tous les acteurs, producteurs, auteurs et chaînes de télévision pour signer les fameux accords le 22 novembre 2008. La date n'est pas choisie au hasard. Nous sommes à quatre jours du démarrage des débats à l'Assemblée sur la loi audiovisuelle. Albanel a besoin d'être confortée politiquement et surtout d'obtenir la neutralité bienveillante des auteurs et des producteurs qui, pour la plupart, ne penchent pas en faveur de la politique de Sarkozy et surtout de cette réforme.

Des ultimes concessions sont faites par Jacques Peskine pour inciter M6 à venir signer. Mais Tavernost s'entête et refuse d'aller rue de Valois...

La cérémonie de signature montre l'harmonie retrouvée d'un secteur. Au milieu de Carolis, Meheut, Paolini, Rogard, Fansten (président de la SACD) et Guérin, Christine Albanel est tout sourires. Paolini est détendu et amical ; Méheut très attentionné pour la ministre comme toujours, Carolis enveloppant ; Rogard, heureux et soulagé de cette fin.

Les collaborateurs d'Albanel font le tour des journalistes et passent le message : M6 pour le moment ne veut pas signer car l'accord n'est pas encore prêt. La porte leur est ouverte à tout moment. Ce n'est que dans la pire des hypothèses – mais personne ne veut ni ne peut y croire – qu'il y aura *in fine* un décret fixant de façon autoritaire les obligations pour les chaînes qui n'auront pas signé un accord interprofessionnel...

En fait, Tavernost continue de négocier. Et dans la soirée, un accord finit par être trouvé. Jacques Peskine, une fois de plus, a fait jouer ses formidables talents de négociateur avec Stéphane Le Bars qui prendra sa succession.

Le lendemain soir, Tavernost, dans sa voiture, appelle Tardieu et lui demande de prévenir la ministre qu'il accepte de signer l'accord. Tardieu le félicite chaudement et lui donne rendez-vous le lendemain avec la ministre et les autres signataires. S'ensuit alors une violente diatribe : « Nicolas de Tavernost me dit alors que je suis le dernier bolchevik du PAF, que je suis en train de tuer sa chaîne, que nous faisons n'importe quoi. Hélas, comme il est en voiture, la conversation est hachée et s'interrompt toutes les vingt secondes. À chaque fois, il me rappelle en me disant aimablement "où en étais-je ?". Et le flot de critiques redémarre sur nos insuffisances et nos inconséquences. J'essaye de le calmer en lui disant "Mais monsieur le président, vous ne pensez pas vraiment ce que vous dites ?" Mais cela repart de plus belle. Au bout d'un moment et de trois interruptions, une critique plus véhémente que les autres sur notre inspiration crypto-marxiste me fait éclater de rire. Il me dit alors, outré : "Mais je suis très sérieux !", ce dont je ne peux douter une seule minute. Je lui ai juste suggéré de cesser de répéter partout que je l'avais obligé à signer cet accord car il me faisait une publicité incroyable. Un type comme moi qui débarque dans le secteur depuis moins d'un an, capable de faire plier Nicolas de Tavernost en personne ? Là, ce n'était pas sérieux du tout. En fait, M6 ne s'en tire pas si mal que cela. Si l'on avait fait passer le décret de Rogard, ils auraient souffert davantage. »

Le lendemain, 24 novembre 2008, Nicolas de Tavernost, tout sourires et très détendu, vient signer son accord avec les producteurs et les auteurs. Il glisse même quelques amabilités à la ministre sur la qualité de son équipe. Albanel sourit car Tardieu lui a raconté la scène de la veille... Le grand hobereau a fait une chute de cheval. Mais il se relève en souriant. La marque des grands. Le groupe M6 n'est pas une rossinante qui finira sur la paille. Aux dernières nouvelles, c'est elle qui traverse la crise en sautant le mieux les obstacles. Et le génie de Tavernost n'y est pas pour rien. Même s'il fait des sourires, Tavernost reste, en son for intérieur, persuadé que

« Christine Albanel s'est comportée comme la petite télégraphiste de TF1 ». Tavernost est tenace : il a introduit un recours devant le Conseil d'État afin de faire sauter le décret qui valide cet accord...

Et la Une, justement ? Triste bilan, en vérité. La chaîne ne cesse de baisser au thermomètre des audiences : 24,8 % en décembre 2009. Le plus faible écart historique avec France 2 (16,3 %) et le couple M6-W9 (13,2 %). Et Nonce Paolini n'a toujours pas trouvé le remplaçant de Mougeotte. Son mariage avec Axel Duroux n'a duré que six semaines. Nicolas Sarkozy n'y peut rien. C'est le modèle TF1 qui est durablement en panne. En 2009, la chaîne de « Qui veut gagner des millions ? » essaie surtout de ne pas en perdre.

En revanche, l'année 2010 se présente sous de bien meilleurs auspices. Le CSA valide, fin mars, le rachat par TF1 des chaînes TMC et NT1. La puissance du groupe s'en trouve renforcée face au groupe M6. Un « cadeau » que la Une a payé fort cher : 447 millions d'euros au total. Un trésor tombé dans les coffres suisses de Claude Berda, excellent vendeur et malin au point de savoir quitter la TNT au meilleur moment, après avoir obtenu, cinq ans plus tôt, des fréquences gratuites du CSA. M6, furieux contre les Sages, a décidé de porter le fer devant le Conseil d'État. Finalement, TF1 a bien reçu un « cadeau », non des mains de Sarkozy mais de celles du CSA. Certains diront que c'est un peu pareil...

Chapitre 18

Neuf « Sages » en folie

Le Conseil supérieur de l'audiovisuel (CSA) fait partie de ces institutions souvent moquées, un peu à l'image des gendarmes de Saint-Tropez courant après des nudistes. On ricane dans son dos, on se plaint tantôt de son action, tantôt de son inaction, et, au final, on s'agace de son côté « horodateur qui verbalise ». Pourtant, chacun de ses membres est estimable : Michel Boyon, son président, représente la figure du grand commis de l'État, Rachid Arhab est un journaliste intègre, Marie-Laure Denis, une juriste prometteuse, Michèle Reizer, une très bonne documentariste, etc. Comment cette somme de talents, de personnes hautement qualifiées, peut-elle collectivement produire tant de décisions frappées au coin du non-sens ? C'est que le CSA n'est pas, comme on le croit, l'addition de neuf sages mais l'armature administrative d'une bureaucratie de 200 personnes qui découpent la télévision en fines lamelles et relèvent scrupuleusement les moindres écarts en ayant toujours à l'esprit cette maxime : fort avec les faibles, faible avec les forts. Mais les choses peuvent changer, surtout quand l'institution se sent en danger.

Bouvard et Pécuchet au CSA

Nicolas de Tavernost, le patron de M6, utilise souvent cette image : « Le CSA ne s'occupe que des choses inutiles. Et les choses utiles, il les rend inutiles. C'est un transformateur. Plus grave, c'est un censeur. » Remontons un peu dans le temps. M6 n'est encore qu'une petite chaîne qui pousse à l'ombre d'un service public ventripotent et d'une première chaîne au faîte de sa puissance. La chaîne de Neuilly-sur-Seine est soumise à de moindres obligations de diffusion et de production d'œuvres françaises que ses grandes cousines. M6 se fraie un chemin dans ce maquis en produisant des œuvres érotiques, ce qui lui permet de remplir – pour des queues de cerises – ses quotas, et de se démarquer des autres chaînes dans les heures avancées de la soirée. C'est ainsi que M6 produit une série de téléfilms dérivée du film *Emmanuelle*, gros succès des *seventies*. Sylvia Kristel, l'actrice d'origine qui a passé la date de péremption pour le genre dénudé, se contente d'offrir sa « voix off » tandis que de jeunes actrices reprennent le flambeau...

Jusqu'au jour où le CSA sort le carton rouge : du jour au lendemain, les fictions érotiques ne rentrent plus dans les quotas d'œuvres françaises. Pourquoi ? L'histoire est à se rouler par terre. Les services du CSA ont fait venir des sourds et malentendants au siège et leur ont fait visionner lesdites œuvres de charme. Découverte formidable : la transcription des mouvements de lèvres laisse apparaître que les acteurs ne s'expriment pas en français ! Or, le règlement du CSA est précis : ne sont considérées comme hexagonales que les œuvres dont 50 % des dialogues sont en bon français... En outre, « la barrière de la langue », si l'on ose dire, fait tomber les aides publiques du CNC perçues par M6 sur la série des *Emmanuelle*. Si les films érotiques sont recalés, M6 ne remplit plus ses quotas... ni sa tirelire.

Des sourds au CSA ? Nicolas de Tavernost se pince ! Lui qui pensait qu'il n'y avait que des aveugles... Il attaque la décision de l'autorité de régulation devant le Conseil d'État. Et il gagne l'affaire [1]. Quelque temps plus tard, il se retrouve assis, dans un

---

[1]. Arrêt du 6 avril 1998.

dîner, à côté de Marc Lambron, écrivain et rapporteur de la section du contentieux au Conseil d'État. Ce dernier lui souffle : « Vous savez que je vous ai sauvé la vie ? C'est moi qui ai traité l'affaire des œuvres érotiques. Ça m'a paru tellement dingue que le CSA puisse faire appel à des sourds pour lire sur les lèvres... » Pour parvenir à la barre des 50 % fatidiques et écarter la méthode de lecture sur les lèvres, Marc Lambron a trouvé une astuce. D'abord, il a considéré que les sourds du CSA ne pouvaient, par définition, avoir entendu la « voix off » de Sylvia Kristel qui, elle, est bien française. Ensuite, il a établi que les personnages hors champ ou « vus de dos » échappaient forcément à la lecture sur les lèvres. Et il a supposé que ces derniers parlaient français. « Ce fut l'un des arrêts les plus cocasses que j'ai eu à traiter, reconnaît Marc Lambron. L'examen de l'affaire n'était pas dépourvu d'agrément puisque les cassettes vidéo de la série *Emmanuelle* étaient jointes au dossier. »

Cette anecdote en dit long sur la folie d'une institution qui vient de se lancer dans un combat encore plus fou, voire dangereux : la quantification de la diversité ethnique et sociale sur les écrans. Il n'y aurait donc pas assez de blacks, de beurs, d'ouvriers, de handicapés dans tous les programmes de télévision. Mais quel est le chiffre d'or ? Le CSA bute sur cette difficulté puisque les statistiques ethniques sont interdites en France. Il a donc demandé aux chaînes de quantifier elles-mêmes les individus « vus comme non-blancs » à la télévision. Puis, il se chargera de vérifier chaque année que cette proportion de « non-blancs » est en progression par rapport à la précédente... Jusqu'à quand ? Quel est l'objectif final ? 12, 15, 20 % ? Bien malin celui qui saura dire : « Stop, assez de "non-blancs" ! »

Mais là encore, un certain nombre de gags sont rapportés par les chaînes. Dans deux précédentes études du CSA, qui portaient sur deux semaines prises au hasard[1], les statistiques de « personnes vues comme non-blanches » avaient eu tendance à fluctuer étrangement. Par exemple sur France 3, dans la même semaine de février 2008, le

---

1. Le CSA réalise une première étude en passant à la loupe les programmes du 11 au 17 février 2008 (de 17 heures à minuit). Puis une deuxième étude passe au crible la semaine du 8 au 14 juin 2009 (de 17 heures à 23 heures).

taux chutait prodigieusement. Pourquoi ? Parce que Audrey Pulvar, la présentatrice du 19/20 de France 3, était tombée malade... Son alitement avait donc provoqué une chute de la diversité ethnique sur la chaîne des régions. Grotesque ! Mais la même semaine sur France 2, la statistique avait été prodigieusement flatteuse en terme de « non-blancs ». En effet, le décès d'Henri Salvador le 13 février 2008 avait rameuté tous ses copains des îles sur les antennes dans le JT de David Pujadas !

Idem concernant Canal + : la semaine de juin 2009 est désastreuse alors que la semaine de février 2008 est plutôt bonne. Et le CSA de tirer des conclusions alarmistes et de rappeler à la chaîne ses devoirs citoyens. Curieuses conclusions car ni la grille des programmes de la chaîne cryptée ni son personnel n'ont fondamentalement évolué entre les deux sondages. Le décryptage de l'étude ne manque pas de sel : en juin 2009, le chroniqueur du Grand Journal, Ali Badou, avait eu le malheur de tomber malade tandis que son collègue Mouloud Achour était absent pour cause de tournage aux États-Unis. En outre, la grille de l'après-midi avait été colonisée par le tournoi de Wimbledon, diffusé en exclusivité. Le tennis n'étant pas, contrairement à l'athlétisme, un sport spécialement pratiqué par les Africains, la proportion des « personnes vues comme blanches » sur Canal + était montée en flèche au cours de la semaine B... Pathétique. Quand le CSA produit des statistiques, on frise la méthode de Bouvard et Pécuchet. Pareil concernant l'information : comment équilibrer les catégories sociales dans les JT ? Le CSA a décidé, pour faciliter le décompte, de tracer une ligne de partage à propos des micro-trottoirs : les piétons seront répartis selon qu'ils portent ou non la cravate ! Risible... Mieux encore : le CSA envisage désormais de comptabiliser la « diversité » à la radio. Comment ? Par la voix. Une perspective qui fait rire cet animateur de couleur sur France Culture : « Dois-je me mettre à parler comme dans une publicité pour Banania afin d'être décompté ? »

Le dossier de la diversité a été pris en main par Rachid Arhab et Alain Méar, deux conseillers très sérieux. Le 10 décembre 2009, en fin de matinée, Patrice Duhamel, Patrick de Carolis et Camille Pascal sont convoqués au siège du CSA, quai de Javel. L'état-major de France Télévisions se voit signifier par Rachid Arhab qu'il y a trop de CSP + dans les variétés et divertissements. Il faudrait rééquilibrer. Carolis n'en croit pas ses oreilles. En fait, le CSA considère que tous les artistes appartiennent à la catégorie « cadres et professions supérieures ». Mais comment faire entrer des ouvriers dans les divertissements ? Va-t-on faire jouer de l'accordéon à des mineurs du Nord ? Hélas, il n'y en a plus. L'absurdité du raisonnement provoque la colère de Carolis qui manque, au cours de cette réunion, de quitter la table une ou deux fois. Il n'en revient tellement pas qu'il lance : « Je voudrais que vous me l'écriviez ! » Le soir, en rentrant de cette audition, Carolis a appelé Michel Boyon :

— Ça ne peut pas continuer comme ça !

Michel Boyon a accepté de calmer le jeu.

Car une autre affaire venait d'envenimer les rapports entre France Télévisions et le CSA : l'affaire du « droit à l'oubli ». Quinze jours plus tôt, le 26 novembre 2009, Patrice Duhamel, accompagné de son adjoint Philippe Vilamitjana, est convoqué par le même Rachid Arhab, cette fois secondé par la conseillère Michèle Reizer. Que se passe-t-il ? Le CSA a reçu du courrier pour se plaindre de l'émission « Faites entrer l'accusé » dont le producteur, Christian Gerin, fait également acte de présence, ainsi que Nathalie Darrigrand, la responsable des magazines. Ces lettres sont adressées par des ex-taulards qui ne veulent pas que la télévision française revienne sur les faits qui les ont conduits derrière les barreaux et revendiquent un « droit à l'oubli ». Pour certains, ils souhaitent que l'émission ne soit pas rediffusée...

Sylvie Courbarien, la juriste de France Télévisions, balaie ce « droit à l'oubli » qui ne repose sur aucun fondement juridique. Rachid Arhab le reconnaît. Gerin précise que l'émission a d'elle-même appliqué une forme de « droit à l'oubli », seulement quand les familles des victimes ne veulent pas ressasser leurs blessures. Une exception a été faite également pour le ravisseur du baron Empain. L'émission n'a pas montré son visage, et n'a évoqué que son prénom. Gerin s'est laissé attendrir par un courrier du kidnappeur l'informant que son jeune fils ignorait tout de son passé criminel...

Patrice Duhamel s'impatiente. Il fait remarquer que les émissions sur les faits divers ont fleuri à la télévision dans la foulée du succès de « Faites entrer l'accusé ». Il en existe désormais seize, dont trois sur France Télévisions. « J'espère que cette audition est la première de toute une série. Ou bien est-ce la seule ? », s'inquiète-t-il. Réponse sèche de Michèle Reizer : « Nous n'avons pas à nous justifier. » Rachid Arhab louvoie : s'il ressort quelque chose d'intéressant de cet entretien, il y en aura d'autres. Sinon, on s'en tiendra là.

Le dossier du CSA repose en fait sur deux lettres. L'une de Luc Tangorre, condamné pour viols en 1983 et 1992, en liberté conditionnelle depuis 2000. La seconde émane de l'aumônerie catholique d'Angers, qui se plaint de l'impact sur la population carcérale de l'émission consacrée à un retentissant procès pédophile dans la région. L'aumônerie attire l'attention sur le fait que les photos des détenus les désignent à la vindicte des autres prisonniers.

Patrice Duhamel réplique que « c'est le problème de l'administration pénitentiaire, pas celui de France Télévisions ». Michèle Reizer pose alors à Christian Gerin la question qui tue : « Est-ce que tu es pour la rédemption ? » Duhamel est abasourdi. Est-ce au CSA de faire l'examen des consciences des producteurs et dirigeants de l'audiovisuel public ? Rachid Arhab est un peu embêté par la sortie de sa collègue. « Christian Gerin répondra ce qu'il voudra mais moi, à sa place, je ne répondrais pas à une question personnelle », cingle Duhamel, au bord de l'apoplexie. Plus calmement, Gerin répond : « Oui, je crois en la rédemption. » Est-on dans un confessionnal ? Non, toujours au CSA...

Reizer embraye et annonce qu'elle a étudié la « sémiologie » de « Faites entrer l'accusé ». Selon elle, c'est du voyeurisme ! Duhamel bondit : « Je vous demande de retirer ce mot ! » L'émission ne reconstitue pas les scènes avec des acteurs et se contente de la caméra subjective. Le magazine ne traite que des affaires classées, et ne remet jamais en cause l'autorité de la chose jugée. Très énervé, le patron de France Télévisions exige que l'accusation de voyeurisme qui vient d'être proférée fasse l'objet d'un courrier écrit de la part du président du CSA au président de France Télévisions. La réunion s'achève dans une totale confusion.

Michel Boyon regrettera plus tard auprès de Carolis les propos sur « la rédemption » tenus par sa collègue. Autant dire que le « droit à l'oubli » est tombé aux oubliettes.

L'AFFAIRE JEAN SARKOZY

Nicolas Sarkozy n'a guère d'estime pour le CSA. En le privant de son principal « joujou » – le pouvoir de nomination des PDG de l'audiovisuel public –, il a profondément déstabilisé une instance qui a toujours douté de son ancrage. Michel Boyon a donc tout fait pour renforcer les pouvoirs du CSA, en profitant du débat sur la loi audiovisuelle pour glisser des amendements instaurant une tutelle plus stricte des sages sur France Télévisions : une tentation quand on est, comme lui, un ancien patron de Radio France. Sans que personne ne le sache, une bataille feutrée s'est alors déroulée dans l'hémicycle, où l'équipe de Carolis s'est évertuée à éliminer – avec succès – les amendements pro-CSA. Ce qui n'a pas arrangé leurs relations...

Le CSA se sait en danger. Sa fusion avec l'ARCEP, l'instance de régulation des télécoms, est quelquefois évoquée par les politiques. Aussi s'efforce-t-il de donner des gages à l'actuelle majorité afin de prouver son utilité. Un exemple récent illustre ce positionnement : l'affaire Jean Sarkozy. On sait à quel point Nicolas Sarkozy a été agacé par le traitement qu'en a fait la presse, relayant, pour une fois, l'indignation populaire devant ce fait du prince. Le Président n'a pas compris que la « nomination-élection » de son fils de vingt-trois ans à la tête de l'établissement public de La Défense, gérant des milliards d'euros, ne passait pas dans l'opinion publique. Fâché, il donne consigne à ses troupes de faire feu de tout bois contre cette presse ingrate qu'il vient de combler par de mirifiques aides publiques [1]. Le CSA va, ici, se montrer un supplétif utile pour mater la rébellion.

Mais le Président cherche d'abord à rebondir. Il met au point une interview dans un journal qui ne lui veut pas trop de mal : *Le Figaro*. Pas moins de six journalistes du quotidien de Serge Dassault, dont Étienne Mougeotte, recueillent religieusement les propos présidentiels. Mais à la fin de l'entretien, n'y tenant plus, Nicolas Sarkozy se lance dans son homélie favorite : l'épître critique aux journalistes.

---

[1]. 600 millions d'euros sur trois ans pour sauver des quotidiens en panne de lecteurs et un outil de distribution plus que grippé.

Agacé par la polémique, le chef de l'État fait remarquer à Charles Jaigu, l'un des journalistes du *Figaro* venus l'interviewer, qu'il est malvenu, de sa part, de lui faire un procès « en fils de ». La vanne présidentielle n'est compréhensible que si l'on sait que Charles Jaigu est lié à la richissime famille Wendel (Ernest-Antoine Seillière, l'ancien patron du Medef). L'Élysée dément de tels propos qui nous ont été rapportés par nos collègues du *Figaro*...

Mais la diatribe présidentielle s'est surtout concentrée sur deux grands absents : Éric Fottorino, le patron du *Monde*, et Christophe Barbier, le patron de *L'Express*, considéré comme « la tête de Turc » favorite du Président en raison de quelques éditos mal digérés depuis l'été 2009. Du côté de Fottorino, la fâcherie est plus récente. Le patron du *Monde* venait, en effet, de publier un édito intitulé « Brouillage » (le 13 octobre), qui n'a pas eu l'heur de plaire au président. « [...] Laisser Jean Sarkozy, 23 ans, toujours étudiant en droit, briguer la présidence de l'Établissement public de La Défense, voilà de quoi douter de l'impartialité du pouvoir en place », écrivait le patron du *Monde* avant d'ajouter, quelques lignes plus loin : « Ce qui sidère, c'est moins l'appétit du fils que le laisser-faire du père. Quand on est chef d'une nation démocratique, tout n'est pas permis. Ce n'est écrit dans aucun manuel, mais il est des choses qu'on ne fait pas, qu'on ne s'autorise pas. »

Le CSA ne peut pas contrôler la presse écrite. Il ne peut guère non plus s'immiscer dans la ligne éditoriale des chaînes de télé. Mais il peut traquer la faute ! Deux chaînes vont s'illustrer dans ce domaine. Le scandale « Jean Sarkozy », en vérité, dépasse nos frontières. La France est la risée de l'Europe. On en parle jusqu'en Chine ! Canal + va tenter d'illustrer ce phénomène. Le 18 octobre, dans le magazine politique « Dimanche + », animé par Anne-Sophie Lapix, la chaîne cryptée diffuse, parmi d'autres, une séquence extraite d'un JT allemand de la chaîne ARD dans laquelle le présentateur semble commenter de façon ironique l'élection propable de Jean Sarkozy à la tête de l'EPAD. Problème : ces images, piquées sur Internet, étaient un montage. Les propos allemands ne correspondent pas aux sous-titres ! La chaîne a évidemment commis une faute. Dès le dimanche suivant, elle rectifie sous la forme d'un erratum. M6 commet la même erreur en reprenant la séquence bidonnée le

22 octobre. Les semaines passent... Les services du CSA relèvent l'erreur. Nicolas Sarkozy est alerté. Par qui ? Il est peu probable que le Président ait découvert l'anomalie tout seul. Betrand Méheut, le patron de Canal +, est convoqué à l'Élysée ainsi que celui de M6. Le chef de l'État leur passe un savon d'enfer.

Le CSA, lui, dégaine l'arme de la mise en demeure vis-à-vis de M6. Déjà sous le coup d'une mise en demeure, Canal + prend plus cher : une procédure de sanction est engagée. Le communiqué du CSA tombe le 25 novembre 2009. Mais celui de Frédéric Lefebvre, le porte-parole de l'UMP, qui se réjouit de cette « leçon » infligée à la presse date du... 24 novembre. Autrement dit, sitôt la plénière du CSA terminée, quelqu'un au CSA s'est empressé de prévenir l'UMP que les sanctions allaient tomber. Si ce n'est pas faire du zèle...

« Sur la forme, nous avons eu tort de diffuser cette séquence », reconnaît-on chez Canal +. Mais sur le fond, l'affaire Jean Sarkozy a bien été vivement critiquée par l'ensemble de la presse étrangère. La forme est fautive mais l'information est vraie. On voit bien ici que le CSA force la dose de la sanction pour complaire au pouvoir. La faute est d'autant plus vénielle que les images allemandes étaient imbriquées dans une suite de cinq séquences évoquant le népotisme présidentiel vis-à-vis du « prince Jean ». À l'écran défilent des manchettes de journaux anglais, belge, espagnol, singapourien et une séquence de la chaîne chinoise CCTV. Le CSA n'a pas lâché l'affaire : quatre mois après les faits, il a imposé à Canal + la diffusion d'un communiqué dans l'émission « Dimanche + », sans tenir compte du fait que la chaîne avait, de sa propre initiative, rectifié son erreur dès le 25 octobre 2009[1].

Pourquoi cet acharnement ? Parce que le CSA veut empêcher les chaînes de télévision de puiser parmi les images du web. Un souci de prudence louable tant les sources sont peu fiables sur la Toile. Mais pas seulement : le CSA n'ignore pas que les « mauvais coups » de la prochaine campagne présidentielle proviendront du web, moins soumis à la censure que les médias traditionnels. Autant les éviter en imposant un black-out sur les images provenant du Net.

---

1. Canal + s'amusera à crypter le message du CSA et recevra une lettre d'avertissement. On est potache ou on ne l'est pas !

Autre épisode curieux à propos des temps de parole : fin août 2009, Xavier Bertrand, le chef de l'UMP, adresse un courrier de remontrance à Patrick de Carolis dans lequel il se plaint de la sous-représentation de la majorité parlementaire sur France 2. Le CSA vient, en effet, de boucler son bilan de l'année 2008 dans lequel il indique avoir adressé des « observations fermes » à France 2 sur ce point précis. Carolis pique une colère noire. Et pour cause : à la lecture des relevés, la majorité présidentielle est moins bien traitée sur TF1 et, cependant, France 2 est la seule pointée du doigt par le rapport du CSA... Pas un mot sur les déséquilibres dans les JT de TF1 qui – c'est assez malin – font la part belle à l'opposition. « J'ai appelé Michel Boyon. Il m'a expliqué que ce n'était pas un commentaire... », lâche Carolis, qui n'oublie jamais les croche-pattes.

LES CUMULARDS DU CSA

Les relations entre le CSA et les dirigeants de France Télévisions sont tendues. Ici, la pomme de discorde provient de l'affaire des « cumulards » : Rachid Arhab et Françoise Laborde n'ont pas démissionné de leur emploi à France Télévisions au moment où ils sont entrés au CSA. Ils sont en « détachement d'office ». Le problème, c'est qu'aucun texte ne prévoit ce type de détachement pour les membres du CSA. Et pour cause : les sages sont censés être indépendants des chaînes sur lesquelles s'exerce leur contrôle. Tout cela est si vrai que les textes leur imposent une interdiction de travailler dans l'audiovisuel, la publicité, la presse, l'édition et le cinéma durant les trois ans qui suivent la fin de leur mandat.

Rachid Arhab est entré au CSA en janvier 2007. Françoise Laborde l'a suivi deux ans plus tard. L'un et l'autre affirment qu'ils ne sont pour rien dans cette situation. Très bien. Mais ils refusent de démissionner car, disent-ils, ils ont la conscience propre et n'ont pas à faire la preuve de leur indépendance.

Il n'en demeure pas moins que leur situation illégale fragilise toutes les décisions du CSA auxquelles ils ont participé. C'est une bombe juridique ! Le lien qui les relie à France Télévisions produira tous ses effets à l'échéance des neuf ans qui les séparent de leur entrée au CSA et la fin de la période des trois ans de carence. Que se passera-t-il ? Ces deux journalistes seront en droit d'être réintégrés dans leur poste. Mais entre-temps, la loi audiovisuelle de mars 2009 a fondu France 2 dans le nouvel ensemble France Télévisions. Autrement dit, leur poste a été supprimé. France Télévisions ne les reclassera pas. Ils seront donc fondés à percevoir des indemnités correspondant à leurs carrières de journalistes. Et les neuf ans du CSA comptent dans ce calcul. C'est un joli magot qui attend Rachid Arhab et Françoise Laborde au bout du chemin... Leur situation actuelle contient la promesse d'une transaction future.

Officiellement, Michel Boyon a pris leur défense et affirme que tout est légal. Mais à l'intérieur de l'instance, on est plus que gêné. Personne ne peut les forcer à démissionner de France 2. C'est pourtant ce que beaucoup souhaitent. Une question reste en suspens : pourront-ils participer à l'élection du prochain président de France Télévisions ? Nicolas Sarkozy a certes le pouvoir de proposer un nom. Mais celui-ci doit encore être approuvé par un vote à bulletins secrets du CSA... Rachid Arhab et Françoise Laborde devront-ils se déporter et laisser le CSA trancher à sept ? L'imbroglio juridique de leur situation devient de plus en plus problématique. D'autant que le CSA est sous le feu d'une attaque juridique de longue haleine menée par la station Skyrock. Son patron, Pierre Bellanger, qui ne supporte pas la bureaucratie de l'instance, a décidé de porter son contentieux jusqu'aux plus hautes juridictions européennes. Il a commandé une étude juridique sur la situation des cumulards du CSA. On ne sait jamais, cela peut toujours servir. Même souci du côté du secrétariat général du gouvernement, dirigé par Serge Lasvignes. Comment sortir du piège dans lequel deux membres du CSA se sont enfermés ?

Résultat : Rachid Arhab, qui veut prouver sa bonne foi et son indépendance, ne cesse de titiller France Télévisions sur l'honnêteté de ses informations... Lors de la réunion plénière du 15 décembre 2009, le conseiller en charge de la déontologie présente au conseil la bourde du JT de 13 heures de France 2, commise le 1er octobre 2009. Dans un sujet consacré à la récidive, le reporter évoque « la mort du petit Enis ». Or, l'enfant, qui fut enlevé, séquestré et violé, a bel et bien été retrouvé vivant quelques heures plus tard... Une erreur aussitôt corrigée par la présentatrice Sophie Le Saint au cours de la même édition. Erreur regrettable, certes, mais pas de quoi fouetter un chat, étant donné la diligence du rectificatif. Rachid Arhab n'en démord pas. Il a convoqué Arlette Chabot, la directrice de l'info de France 2. Lassée de devoir déférer aux injonctions du CSA, elle ne s'y est pas rendue et a délégué son adjoint, Yannick Le Tranchant. Michel Boyon intervient là encore pour calmer le jeu. Finalement, le cas du « petit Enis » n'est pas tranché. Et son nouvel examen repoussé à plus tard...

Plus rien ne fonctionne sainement. Mais le CSA, vétilleux contrôleur des lois et règlements quand il s'agit des radios et des télés, est incapable de se mettre en conformité avec la loi quand il s'agit de deux de ses membres. Comment s'étonner de la faible estime que lui porte, par exemple, le Conseil d'État ? Dans un récent rapport remis au gouvernement, une conseillère d'État, Marie-Dominique Hagelsteen, s'est même permis de l'écrire en toutes lettres, officiellement. Le gouvernement Fillon lui avait demandé de réfléchir aux problèmes posés par les « exclusivités » des chaînes Orange sur les contenus sportifs, notamment en matière de distorsion de concurrence. La conseillère d'État a donc passé en revue différentes options pour réguler cette question sensible. Et voici ce qu'elle dit de la régulation du CSA[1] : « La proximité entre le CSA et les acteurs du secteur peut faire craindre que cette autorité fasse un usage trop modéré de ses pouvoirs ou le fasse dans des conditions biaisées. Enfin, le CSA ne dispose pas d'une expertise technique analogue à celle de l'ARCEP[2], notamment dans le domaine économique. » Comment être plus clair ? Un rapport officiel le dit sans ambages : le CSA est une instance inféodée aux chaînes les plus puissantes, sans colonne vertébrale et sans cerveau. Terrible.

Il faudrait encore dire un mot du temps de parole des personnalités politiques. Pendant des décennies, le CSA a appliqué aveuglément une directive interne de l'ORTF, datant de 1969. Selon cette

---

1. Pages 43 et 44 du rapport Hagelsteen.
2. ARCEP, Autorité de régulation des communications électroniques et des postes, est l'instance la plus redoutée par le CSA. Il est en effet régulièrement question de réunir ces deux instances en une seule.

note, l'opposition parlementaire était confinée à un tiers du temps de parole. Tandis que la majorité parlementaire et le gouvernement se partageaient les deux tiers. Le chef de l'État était, quant à lui, sacralisé au-dessus des partis, donc en dehors du sablier politique. Ce régime discriminatoire pouvait se comprendre dans le contexte historique de l'année 1969, lié à une reprise en main de la télé par les gaullistes après les insurrections de mai 1968.

Mais quarante ans plus tard ? On aurait pu attendre du CSA qu'il fasse évoluer sa doctrine et adapte la règle des trois tiers aux canons d'une République apaisée entre le Président, son gouvernement, sa majorité et l'opposition parlementaire. Pas du tout ! Le CSA a dû subir l'humiliation d'une décision du Conseil d'État pour qu'enfin la France se dote d'une distribution du temps de parole plus équitable. L'opposition dispose dorénavant de 50 % du sablier. Le chef de l'État n'est plus au-dessus des partis. Lorsqu'il s'invite dans le débat national, ses propos sont eux aussi comptabilisés.

On aurait très bien pu faire sauter toutes ces règles et s'en remettre à la sagesse des journalistes, quitte à compter en cas de contestation (comme les Anglais). Mais non, en France, on ne fait pas confiance aux gens. Alors on pond des règles, des décrets, des recommandations et, avec le compas et l'équerre, on trace, soupèse, pondère... Ça donne du boulot à tous les Bouvard et Pécuchet de notre République.

Nicolas de Tavernost possède, chez lui, un classeur où il a conservé tous les courriers que le CSA lui a adressés en vingt-deux ans. Quand il veut se détendre, il lui arrive de compulser cette littérature. Dernier exemple en date : après de longues années, M6 obtient le droit de faire de l'auto-promotion pour les programmes de sa filiale W9. Et puis, quelque temps après, il reçoit une lettre du CSA : quelque chose ne va pas dans les bandes-annonces en faveur de W9. Selon ce courrier, elles doivent se contenter d'être informatives et doivent éviter le ton « laudatif ». « On doit donc contrôler les intonations de la voix qui annonce les programmes de W9 sur M6. Et surtout, ne pas être trop enthousiaste !, s'amuse Tavernost. Je vous dis, j'en ai un plein classeur, des comme ça. »

II

OPÉRATION COMMANDO POUR CHRISTINE OCKRENT

Chapitre 1

L'hydre à trois têtes

Un jour d'octobre 2007, dans son bureau présidentiel, Nicolas Sarkozy entame sa journée par une série de contrariétés très personnelles. Son divorce avec Cécilia le préoccupe. Néanmoins, ce matin-là, il honore son rendez-vous : Christine Ockrent, qu'il a appelée au téléphone quelques semaines plus tôt, est devant lui. Il a décidé qu'elle serait la plus à même de diriger son premier grand chantier audiovisuel : la fusion de France 24, RFI et TV5 dans un grand ensemble capable de rivaliser avec CNN, BBC World, ou Al-Jazira. Il entame la conversation sur ce thème à sa façon : « Christine, tu ne vas quand même pas rester chez ces connards de France 3. Et puis, tu sais que Carolis ne te confiera jamais rien... » Le portable du Président retentit, la conversation s'arrête. C'est Cécilia. Le visage de Sarkozy passe par toutes les couleurs, ses traits se crispent. Christine Ockrent, embarrassée, fait mine de se retirer. Mais c'est Nicolas Sarkozy qui s'éclipse rapidement. La présentatrice de « Duel sur la Trois » reste ainsi, seule, une bonne vingtaine de minutes. Lorsqu'il réapparaît, le chef de l'État a manifestement déchaîné toute sa colère dans son combiné téléphonique. Il est un peu perdu et ne sait plus pourquoi il a invité Christine Ockrent.

L'entretien ne fait plus mention de l'audiovisuel extérieur... On en reste là. Ce n'était pas le bon jour.

Le big bazar

Passé ce moment d'égarement, l'audiovisuel extérieur reste une priorité pour Sarkozy. Nul ne sait qui a inspiré cette idée à un président de la République qui n'aime pas se déplacer longtemps à l'étranger et qui n'a guère le temps de regarder les chaînes francophones en dehors de son pays. Plusieurs influences sont envisageables : celle de José Frèche, pendant la campagne tout d'abord. Ce magistrat de la Cour des comptes, vibrionnant, sur-actif, se voyait déjà projeté par une grâce présidentielle à la tête de France Télévisions. Néanmoins, celui qui fut un temps donné pour ministre de la Culture quitte rapidement l'entourage présidentiel. Nicolas Sarkozy préfère lui confier la direction du Pavillon France lors de l'exposition universelle de Shanghai en avril 2010. On peut aussi penser que Georges-Marc Benamou, qui va s'imposer très vite comme le conseiller culture et communication de Nicolas Sarkozy, souhaite rapidement porter une réforme qui lui permettrait de prendre la tête d'un audiovisuel extérieur et d'assouvir son goût des voyages et des médias.

Nul ne peut en effet contester la nécessité de s'atteler à ce chantier devant lequel les pouvoirs publics ont toujours reculé. L'audiovisuel extérieur est un conglomérat de plusieurs entités qui ont peu ou prou les mêmes activités, sans qu'il n'ait jamais été possible de les regrouper ou d'envisager des synergies qui paraissent pourtant évidentes. La plus ancienne entreprise de l'audiovisuel extérieur est Radio France internationale (RFI). Cette radio a été dirigée pendant neuf ans (de décembre 1995 à mai 2004) par Jean-Paul Cluzel, qui rejoint par la suite Radio France...

Cet inspecteur général des finances, qui fut le numéro 2 de l'Opéra de Paris, est un habile homme. Si, pendant de nombreuses années, il ne perdait jamais une occasion de dire qu'il était le parrain de la fille d'Alain Juppé, il n'en a jamais imité les manières ou la méthode de travail. Selon de nombreux proches, Cluzel aurait été il y a quelques siècles un homme d'église exceptionnel et bon nombre de ses amis l'imaginent en cardinal. Sa voix douce, onctueuse, parfois cauteleuse, cette façon si particulière de joindre les mains, un humour décapant, caustique et parfois féroce sans se départir d'un calme et d'un flegme absolus... « À chaque fois que l'on voit Jean-Paul, raconte un proche, on a l'impression qu'il va vous demander d'ouvrir un missel ou qu'il va proposer d'offrir son absolution pour quelques péchés de chair. À la condition qu'on soit prêt à lui raconter la chose dans ses moindres détails. » On dit même qu'un soir, tard, Jean-Paul Cluzel a appelé le cabinet de Christine Albanel pour faire part d'une affaire de la première importance aux graves répercussions. Quand enfin il parvient à joindre un proche de la ministre, son interlocuteur découvre qu'il ne s'agit ni d'une grève sur Radio France ni d'un incident avec un animateur de la matinale de France Inter. L'urgence de Jean-Paul Cluzel ? Le père dominicain qui anime les émissions religieuses sur France Culture. Le brave curé partait prochainement en retraite et Jean-Paul Cluzel souhaitait qu'une décoration lui soit remise à cette occasion.

Non sans un certain courage, Jean-Paul Cluzel revendique avec cran son homosexualité et se veut un ardent militant de la cause gay, ce qui le conduit parfois à certains dérapages, dont le dernier lui sera fatal lors de sa tentative de renouvellement de son mandat à Radio France.

Cluzel a géré RFI avec son habileté coutumière, en tenant compte des canons et des figures imposées de la gestion publique. D'abord, pas de vagues avec les syndicats. Cluzel s'est appuyé sur le syndicat majoritaire de RFI, la CFDT, avec lequel il a mené une politique de coopération appuyée. Pour ses adversaires, Cluzel a cogéré RFI avec la CFDT.

Ensuite, pas de problèmes avec la principale tutelle, à savoir le Quai d'Orsay. Il est vrai que faire plaisir au Quai d'Orsay n'est pas difficile. Il suffit simplement de considérer que toutes les zones de la planète sont prioritaires et nécessitent donc que soient mises en onde des émissions de RFI dans la langue des pays concernés. C'est ainsi que RFI a des rédactions polonaise, serbe, croate, albanaise, laotienne, vietnamienne, sans que jamais personne ne se soit amusé à vérifier l'impact de ces émissions sur les populations visées et surtout leur audience... Car la stratégie de RFI n'a en fait que peu ou pas évolué avec les événements historiques comme la chute du mur de Berlin, ou l'avènement des nouvelles technologies comme Internet. On raconte même que lorsque RFI a émis pour la première fois des émissions en albanais, un mauvais branchement avait été effectué sur les émetteurs, ce qui fait que si les journalistes réalisaient avec conscience leurs quatre heures d'émissions quotidiennes, personne ne pouvait les entendre en Albanie à la suite de cette erreur technique. Et l'on a mis plusieurs mois à s'en apercevoir. Heureusement que ça n'avait pas été le cas de la BBC pendant la Seconde Guerre mondiale ! « Une étude a également montré qu'en Roumanie, RFI comptait autant d'auditeurs que... de professeurs de français ! », souligne Geneviève Goetzinger, l'actuel directrice générale déléguée de RFI. Dans le même ordre d'idée, la station internationale a envoyé chaque jour des éléments sonores à une radio australienne partenaire avant de s'apercevoir que, de l'autre côté de la planète, plus personne ne les recevait. Combien de temps a duré ce manège absurde ? Nul ne le sait.

Le personnel de RFI a une très haute idée de ses missions. Il ne se ressent ni comme la « voix de la France » ni comme une radio commerciale ou grand public. Cela donne en fait un patchwork sans unité, dans lequel des habitudes parfois encore plus irrédentistes que dans la fonction publique ont été prises, sans véritable stratégie autre que de plaire aux syndicats et à la tutelle. Ce point avait d'ailleurs été remarqué dans un rapport de l'inspection générale des Finances, rédigé en 2004 par Mathieu Louvot, actuellement conseiller à l'Élysée, et qui avait beaucoup fâché Jean-Paul Cluzel... Cela ne l'avait pas empêché, quelques mois plus tard, de devenir PDG de Radio France.

Jean-Paul Cluzel a été remplacé à son poste par Antoine Schwarz, qui avait été le PDG de la SOFIRAD, ce groupe audiovisuel qui, depuis 1942, gère les participations de l'État dans les entreprises de télévision et radiodiffusion. Grand, la voix éraillée, Schwarz est un homme qui n'hésite pas à monter au front et qui aime la bagarre. Avec les syndicats de RFI, les oppositions et les affrontements ont été nombreux. Dans son discours de départ, Schwarz n'a pas manqué de souligner à quel point la culture de la grève était pénalisante pour RFI, s'attirant de nombreux sifflets qu'il accueillit avec gourmandise. Schwarz a néanmoins pâti de relations exécrables avec le Quai d'Orsay. Il affichait pour sa tutelle diplomatique un souverain mépris. Difficile dans ces conditions de faire évoluer une maison de toute façon rétive au changement.

Le deuxième pilier de l'audiovisuel extérieur est TV5. Cette chaîne n'est pas française mais francophone puisqu'en sus de la France qui possède 66 % du capital, on y compte aussi la Suisse, la Belgique, le Canada et le Québec...

La France occupe une position particulière au sein de TV5. Si elle possède les deux tiers du capital, l'État français assure près de 80 % du budget. Pour autant, TV5 n'est pas une chaîne comme les autres. Son conseil d'administration est éminemment politique et diplomatique car il regroupe des représentants des différents États. Georges-Marc Benamou va d'ailleurs l'apprendre à ses dépens.

TV5 doit composer avec ses actionnaires étrangers. La programmation doit respecter un certain équilibre entre les émissions provenant des différents pays francophones. Pas question de se passer du journal télévisé de la Suisse romande ou du Canada, même s'il est difficile de passionner le monde entier avide de la langue française pour un concours de vaches dans le Valais, la rupture d'une canalisation d'eau chaude à Edmonton, ou la grève des éboueurs de Charleroi.

Pour autant, TV5 dispose de forces non négligeables qui peuvent être un atout de premier plan pour l'audiovisuel extérieur. Son réseau de distribution de très bon niveau lui permet d'être présente dans le monde entier. Rares sont les hôtels de par le vaste monde dans lesquels les francophones ne peuvent retrouver leur chaîne.

Les recasages de TV5

TV5 a aussi été un point de chute pour les personnes à recaser de la Chiraquie : Serge Adda dans un premier temps, qui a laissé un grand souvenir dans cette maison. Jean-Jacques Aillagon ensuite, après son départ du ministère de la Culture et dont le passage à TV5 a été marqué par deux événements : le renvoi brutal de Frédéric

Mitterrand, actuel ministre de la Culture, qui était en charge des programmes de la chaîne, et à nouveau son départ tout aussi retentissant pour aller s'occuper du futur musée d'art contemporain de François Pinault, d'abord à Boulogne-Billancourt sur l'île Seguin puis à Venise au Palazzo Grassi. Aillagon fut remplacé par François Bonnemain, chiraquien bon teint qui avait décidé de gérer cette chaîne selon la méthode de son mentor. Pas de vagues avec les syndicats et du doigté avec la tutelle. Néanmoins, ses relations avec le Quai devinrent rapidement orageuses.

Le tour du propriétaire sera complet lorsqu'on aura évoqué la petite dernière de l'audiovisuel extérieur de la France (AEF) : France 24. Cette chaîne récente, portée sur les fonts baptismaux par un Jacques Chirac finissant et posant en commandeur des incroyants de l'ordre mondial façon G.W. Bush, se veut une chaîne d'information continue avec la particularité d'émettre dans trois idiomes : le français, l'anglais et maintenant l'arabe. Mais peu importe la langue, il s'agit ici de délivrer aux décideurs du globe ainsi qu'à leurs opinions publiques une vision française de l'actualité internationale. Le coq gaulois se pousse peut-être un peu du col, n'empêche, même la timide Allemagne ne nous a pas attendus pour lancer sa Deutsche Welle, sorte de « Voice of Germany » tout en images. L'idée, séduisante, date des récents conflits au Moyen-Orient qui, sous les coups de tambours martiaux des grands networks mondiaux, ont vu se constituer une forme d'opinion mondiale dans un village planétaire disparate et peu à peu soumis à la dictature des images du web. Les grands networks anglo-saxons CNN ou BBC News occupent ce terrain depuis vingt ans. Qu'il s'agisse des conflits au Moyen-Orient ou en Afghanistan, le fait de filmer tel ou tel camp, avec tel ou tel préjugé, selon tel ou tel montage, n'est pas sans conséquence sur le grand vent planétaire qui soulève l'émotion des peuples pour telle cause, telle famine, tel attentat.

Le constat est simple : depuis la politique étrangère du général de Gaulle, la France fait entendre de par le monde une musique différente, faite d'équilibre entre les grandes puissances et de résistance aux impérialismes de toute nature : c'est le discours de Phnom Penh du 1er septembre 1966, le « vive le Québec libre » de 1967, le discours du Bundestag en 1983 ou celui de la « vieille Europe » à la tribune des Nations unies. L'objectif de France 24 est de faire entendre cette autre voix et de faire aimer la France. Pour cela il faut s'exprimer dans une langue comprise dans le monde entier. D'où le choix de l'anglais et de l'arabe.

Mais France 24 est quand même une drôle de bête dans le monde des médias. La chaîne dispose de deux actionnaires qui s'entendent comme chiens et chats : France Télévisions et TF1. France Télévisions n'a pas eu le choix : c'était une exigence du président de la République, Jacques Chirac. La chaîne s'est exécutée sans discuter. Il est vrai que le ticket d'entrée à 16 000 euros n'allait pas grever ses comptes. Les raisons pour lesquelles TF1 saute à pieds joints dans l'aventure sont moins nobles que les objectifs de la chaîne. En étant actionnaire de la chaîne à 50 %, TF1 s'offrait le moyen d'empêcher la diffusion de France 24 sur la TNT, le câble ou le satellite en France. Ainsi pas de risque de concurrencer LCI (sa propre chaîne d'info, payante). Mouvement défensif de courte vue car Patrick Le Lay, le PDG de TF1, n'a pas mesuré qu'en manquant totalement le virage de la TNT, TF1 avait déjà condamné à mort le modèle de LCI...

Pour mener à bien l'entreprise de séduction mondiale de France 24, il faut un grand séducteur et un homme capable d'assurer la promotion de cette chaîne. Le publicitaire Alain de Pouzhilac, ancien patron d'Havas – ennemi juré du très sarkozyste Vincent Bolloré –, semble l'homme de la situation. Pouzhilac est un homme du Sud : affable, charmant, charmeur, hâbleur comme tout bon commercial, drôle, c'est un communicant exceptionnel. Alain de Pouzhillac a gagné beaucoup d'argent dans la publicité. À soixante ans passés, et à l'abri de tout souci financier, il est un homme de passion et de projet. Il vit pour son travail et le développement de sa petite chaîne. Son charme et ses relations vont lui permettre de jouer un rôle de premier plan dans la réforme de l'audiovisuel extérieur. Mais quelle secousse pour le monde clos des journalistes de RFI que de voir débarquer ce super-VRP toujours bronzé ! L'accueil sera frais, très frais, et pour tout dire apocalyptique...

Voici donc le paysage de l'audiovisuel extérieur français. Trois entités différentes, qui se sont développées séparément sans jamais se soucier de l'existence de l'autre et qui se sont même soigneusement évitées. Trois structures néanmoins qui portent la voix de la France et de la francophonie à l'étranger. Un ministère de la Communication absent et peu disposé à jouer son rôle de co-tutelle, loin derrière le ministère de Bernard Kouchner. Un Quai d'Orsay, ministère de référence mais qui préfère diviser pour mieux régner et qui surtout n'a aucune stratégie et n'assure aucun pilotage de l'ensemble.

C'est donc le type de dossier sur lequel on se dit que Nicolas Sarkozy va remettre de l'ordre, stopper la gabegie et faire des économies. Et finalement, dans une totale et absolue cacophonie, en dépit de toute attente, ce dossier de l'audiovisuel extérieur va être le premier de la liste des grands chantiers de l'audiovisuel du Président.

Chapitre 2

Un trublion chez les diplomates

L'homme qui va se charger seul du dossier de l'audiovisuel extérieur est Georges-Marc Benamou. L'individu offre à ses contemporains plusieurs visages : journaliste et homme de gauche, il a connu son grand moment de célébrité en accompagnant François Mitterrand de son départ de l'Élysée à sa mort. La quête de la vérité n'est pas le Graal de Georges-Marc Benamou qui s'accommode assez bien de certaines approximations. Ses discussions avec les syndicats en porteront le témoignage.

Benamou a réussi à intégrer l'équipe rapprochée autour de Nicolas Sarkozy durant la campagne présidentielle. L'homme a un charme certain qu'il sait utiliser auprès des femmes. « Quand j'étais jeune, Benamou me faisait rêver », témoigne François-David Cravenne, conseiller politique pendant un temps de Christine Albanel. « Quand je serai élu, lui aurait dit un jour le futur Président, on aura toutes les femmes que l'on veut. » Benamou possède également une belle aptitude à semer des ennemis aux quatre coins de Paris : Pierre Bergé, qui ne lui a jamais pardonné sa collaboration avec le journal *Globe* ; Patrick de Carolis, avec lequel il va entretenir très vite des relations tendues, puis inamicales, et enfin franchement hostiles. La liste de ses contempteurs ne cessera de s'allonger à mesure que le dossier de l'audiovisuel extérieur s'épaissira et on y trouvera bientôt... Alain de Pouzilhac, Christine Ockrent et Christine Albanel. Si bien que Benamou finira par livrer à l'auteur de ces lignes son sentiment général lors d'un petit déjeuner à la *Coupole* : « On me fait payer le fait que je ne suis pas un énarque. Et pour tout dire, j'y vois le signe d'un certain antisémitisme... » Ce jugement, rapporté à ses adversaires, les a laissés pour l'essentiel sans voix tant la riposte de Benamou sur le terrain de l'intolérance raciale fut jugée déplacée.

Mais évoquons d'abord l'arrivée à l'Élysée de Georges-Marc Benamou. Elle ne se fait pas sans bruit. Aux tout premiers jours, c'est Dominique Antoine qui devait être chargé d'un pôle Sport, Éducation et Culture. Benamou fait le forcing auprès de Guéant pour être nommé conseiller en charge de la Culture et de la Communication et récupérer le magnifique bureau de Jacques Foccart dans la rue de l'Élysée. Et Dominique Antoine avale sans bruit la couleuvre, renonce à la culture et conserve le Sport et l'Éducation nationale, ce qui est déjà un vaste portefeuille.

Guerre de position

Avec l'enthousiasme des béotiens, Georges-Marc Benamou s'attelle au grand chantier de la réforme de l'audiovisuel extérieur en réunissant autour de lui une *task force* composée de représentants des différents ministères. On y retrouve des hommes venus de Bercy, Stanislas Potier, conseiller de Christine Lagarde, Rémy Rioux, de l'Agence des participations de l'État, pour le Quai d'Orsay Philippe Étienne, directeur de cabinet de Bernard Kouchner, Victoire Bidegain, conseillère, et Richard Boidin, directeur de l'audiovisuel extérieur. Ce dernier réussit une prouesse étonnante : être adulé par Georges-Marc Benamou et unanimement détesté par tous les responsables de l'audiovisuel extérieur. La rue de Valois est représentée par Mathieu Gallet, conseiller de Christine Albanel, parfois Christophe Tardieu, son directeur adjoint de cabinet, et Laurence Franceschini, directrice du développement des médias. Les conseillers de Matignon qui participent à la *task force* vont d'Aline

Sylla-Walbaum, en charge de la culture et des médias, à Jacques Lapouge, conseiller diplomatique de François Fillon, très attaché au Quai d'Orsay. Enfin, pour l'Élysée, Benamou est assisté par Éric Garandeau, conseiller technique en charge de la culture et de la communication, et d'une chargée de mission, Isabelle Mariani, ancienne condisciple de Benamou à l'IEP d'Aix-en-Provence et qui vient du CSA.

Ces réunions donnent lieu à des débats étonnants ; tous les ministères s'observent de façon très attentive, chacun cherchant à protéger son domaine de compétence. La chorégraphie de ces réunions peut être assimilée au théâtre Nô des Japonais. La posture des comédiens du théâtre Nô se caractérise par des arrêts prolongés dans le temps du geste et de la mimique afin d'en accroître l'intensité. Chaque comédien porte un masque d'impassibilité. À ce jeu, le Quai d'Orsay – qui a le plus à craindre de la réforme – excelle. Bien qu'il n'ait jamais cherché à faire quoi que ce soit de l'audiovisuel extérieur, brillant en cela par une absence totale de volonté et de vision stratégique, le Quai comprend rapidement que ses intérêts sont en jeu. Il opte donc pour une stratégie gagnante : la tactique dite de Raminagrobis. Son meilleur atout pour envoyer la réforme dans le mur réside précisément dans l'enthousiasme et l'absence totale d'expérience administrative de Georges-Marc Benamou. Aussi, toutes les idées, les initiatives les plus farfelues dudit Benamou sont ponctuées, de la part des représentants du Quai, par des « Mais oui, Georges-Marc, ce que tu proposes est très intéressant, il faut explorer cette piste... ». Cette tactique aboutit à des résultats extraordinaires et il s'en faut de peu que cette entreprise de sape habilement dissimulée n'atteigne son but. C'est ainsi, par exemple, qu'il faut quasiment attendre une grève des personnels de RFI pour que le Quai propose que la *task force* rencontre les syndicats.

Plus grave, le Quai omet soigneusement de signaler l'un des faits saillants du dossier TV5, à savoir l'extrême susceptibilité des partenaires et actionnaires francophones de la chaîne. Même si ces derniers n'assument que 20 % du budget, les partenaires de TV5 ont une sainte horreur de l'arrogance française et des décisions prises à l'emporte-pièce sans les consulter. C'est ainsi que le projet de réforme de l'audiovisuel extérieur est quasiment bouclé sans que les actionnaires francophones de TV5 aient, à un moment ou à un autre, eu leur mot à dire. Cette maladresse intentionnelle du Quai provoque un incident diplomatique de grande envergure. Si bien que le Quai est obligé de rattraper les partenaires francophones par les cheveux une fois que tout est mis sur la place publique.

De son côté, Bercy n'a qu'une inquiétude, fort légitime de surcroît : faire en sorte que la dépense budgétaire attribuée à l'audiovisuel extérieur de la France ne croisse pas dans des proportions défavorables pour le budget de l'État et éviter la création d'un nouveau monstre, fruit d'un montage juridico-financier hasardeux. La pétaudière France 24, mariage du lapin TF1 et de la carpe France Télévisions, est déjà assez difficile à démanteler pour qu'on n'en rajoute pas une couche...

La rue de Valois se terre dans une position d'attente. Les services d'Albanel subodorent qu'il y a peut-être un hold-up à tenter sur le quai d'Orsay. Après tout, se disent-ils, il ne serait pas si illogique que la Direction des médias (DDM), qui gère tout l'audiovisuel public y compris Arte, ait des compétences en matière extérieure.

Matignon pour sa part essaie de maintenir un équilibre entre toutes ces positions, ce qui est impossible et voué à l'échec.

Avec l'enthousiasme des troupes fraîches qui montent à l'assaut la fleur au fusil, Georges-Marc Benamou incarne un Arlequin lâché sur la scène japonaise susdécrite. Il vibrionne, tranche, explore des voies nouvelles. Arlequin ne se doute pas que son tréteau diplomatique est plus miné que les plages du débarquement.

De « Manhattan » à Lucerne

Dès la rentrée de septembre 2007, Georges-Marc Benamou se met à organiser des auditions. Toutes les personnalités du monde politique et des médias défilent devant lui sur le thème de l'audiovisuel extérieur. Il reçoit également les syndicats des différentes entités concernées. Hélas, ces auditions le lassent vite et donnent lieu à d'insignes maladresses, qui ont le don de froisser les personnes qui comptent. C'est ainsi, par exemple, que Jacques Valade, puissant président de la commission des affaires culturelles du Sénat, n'est auditionné que par Isabelle Mariani, chargée de mission auprès de Georges-Marc Benamou, ou que Michel Boyon, président du CSA, doit longuement attendre le conseiller du Président. « Non, pas longtemps, juste un quart d'heure », corrige ce dernier. Auditionné lui aussi, Patrick Bloche se souvient : « J'ai été accueilli très obséquieusement par Benamou qui m'a aussitôt expliqué qu'il ne pouvait m'écouter. Et il m'a laissé en plan. Les autres m'ont écouté poliment. »

Alain de Pouzilhac, qui n'est alors que président de France 24, conserve un souvenir mémorable de son audition : « Ils sont quinze en face de moi. Benamou veut débaptiser toutes les entreprises, France 24, TV5, RFI, Monte-Carlo Doualya (une station qui arrose la Méditerrannée) pour les regrouper et lancer une marque mondiale, France Monde. J'hallucine ! Je leur dis : "Mais vous savez combien ça coûte de lancer une marque mondiale ? Qui, ici, a déjà lancé une marque mondiale ? Levez la main." » Naturellement, personne ne bronche. Pouzilhac, l'ancien patron d'Havas, est à son aise sur ce terrain : des marques « mondiales », il en a lancé 70 à 80 au cours de ses trente ans de carrière. Le prix d'un lancement ? 200 à 300 millions d'euros... Il insiste dans la provocation : « Vous les avez ? Et, au fait, votre marque "France Monde", vous l'avez déposée ? » Benamou, piqué, réplique : « Ça, ce n'est pas vos affaires. » La réunion tourne au vinaigre car Pouzilhac, sûr de son fait, ne bat nullement en retraite. Il réalise que ce comité Théodule va droit dans le mur.

Georges-Marc Benamou a également quelques sorties acrobatiques avec les syndicats, multipliant les promesses rassurantes sur l'absence de plan social ou d'alignement sur les conventions collectives les plus favorables. Ces promesses, quelque peu démagogiques, inquiètent encore davantage les syndicats qui savent mieux que quiconque que la période n'est pas au rasage gratis.

C'est à peu près au même moment que le Quai, inquiet de la tournure des opérations et du caractère pour le moins fantasque du conseiller du Président, obtient de l'Élysée la nomination de Jean-David Levitte comme co-responsable de la réforme de l'audiovisuel extérieur. En arrachant l'implication directe du sherpa de Nicolas

Sarkozy, le Quai espère encore sauver les meubles et ne pas abandonner son pré carré.

Pendant que Benamou s'affaire, les services de la DDM et de l'APE (Agence des participations de l'État) noircissent, dans le plus grand secret, des pages de rapport. Plusieurs hypothèses commencent à se dessiner. L'idée d'une fusion entre les trois entités, France 24, RFI et TV5, voire entre deux d'entre elles, est abandonnée car trop compliquée et vraisemblablement trop coûteuse. La machinerie politico-administrative étatique est davantage convaincue par la création d'une holding regroupant les trois entités, tout en sachant bien qu'un sort particulier devra être réservé à TV5, pour tenir compte des partenaires francophones. À terme, des synergies sont attendues en fonction des spécialités des différentes entités : une *news factory* pour l'ensemble de l'audiovisuel extérieur devrait être mise en place et confiée à France 24. TV5, pour sa part, serait chargée de la distribution dans le monde entier des chaînes de l'audiovisuel extérieur.

Début novembre, il est temps de sortir du bois : une réunion des ministres francophones est prévue le 9 à Lucerne pour parler de l'avenir de TV5. Chez les partenaires francophones, l'exaspération est devenue palpable. Chacun multiplie les signes. Fadila Naaman, ministre belge de la Communication, réputée pour son franc-parler, fait part de ses inquiétudes à Christine Albanel. Les Canadiens et les Québécois, peut-être ensemble pour la première fois, ont fait connaître leur irritation. Les francophones reprochent à la France d'avoir tout décidé dans son coin sans aucune concertation, renforçant leur vieille méfiance devant l'arrogance française. Ce n'est pas tout à fait infondé...

Le climat est empoisonné par les sorties de Georges-Marc Benamou. Le conseiller, qui se voit en vice-ministre dans ce début de quinquennat où tous les conseillers de l'Élysée se lâchent dans les médias, ne manque jamais une occasion de répéter que, si les francophones disposent bien de 33 % du capital de TV5, ils n'assument que 20 % des dépenses. Autrement dit, qu'ils la mettent un peu en sourdine. La réalité budgétaire est certes imparable mais, en langage diplomatique, certains chiffres méritent d'être arrondis autant que les discours, si l'on veut apaiser les esprits. Benamou n'en a cure. Ça promet !

Le 6 novembre, pavé dans la mare : la présidente de la Confédération helvétique, Micheline Calmy-Rey, coupe au bol et sabre au clair, publie une grande tribune dans *Le Monde* assez révélatrice des tensions diplomatiques. Elle fait part de sa profonde inquiétude pour l'avenir de TV5 et exige que l'autonomie éditoriale de la chaîne ne soit pas remise en cause avec les réformes en cours. Difficile de mieux préparer le terrain avant Lucerne. L'avertissement est clair.

La réunion de Lucerne se déroule en deux temps : le 8 novembre, la réunion des hauts fonctionnaires en charge de l'audiovisuel extérieur, le 9, la réunion des ministres. Parmi les premiers, Richard Boidin pour la direction de l'audiovisuel extérieur du Quai, Laurence Franceschini pour la DDM, qui relève du Premier ministre, et Rémy Rioux pour l'Agence des participations de l'État, qui dépend de Bercy. Mathieu Gallet se souvient : « On était en retard, on a couru dans l'aéroport comme des dératés pour ne pas rater l'avion, Laurence Franceschini avait ses chaussures à la main. En raison des intempéries, l'avion ne pouvait atterrir. On a dû mettre huit heures pour rejoindre Lucerne tard dans la nuit... » Néanmoins, la réunion a lieu comme prévu. Les premières pistes de la réforme sont évoquées dans un contexte de grande vigilance de la part des partenaires francophones, mais sans hostilité particulière.

La délégation au grand complet se retrouve le soir à Lucerne et une scène particulièrement croustillante se déroule sous les yeux amusés de la délégation française. Georges-Marc Benamou, qui affiche une grande complicité avec Richard Boidin, lui demande s'il existe à Lucerne un établissement un peu olé olé, où il faut absolument se montrer. Boidin, qui n'ignore pas que Lucerne est absolument dépourvu de ce genre d'établissement, lui répond qu'il en existe bien un : le Manhattan. Cette découverte met en joie Georges-Marc Benamou, qui fait alors le tour de la délégation française avec force clins d'œil appuyés en disant « et ce soir après le dîner, on va au Manhattan, hein les gars ! ». Certains témoins de la scène se rappellent encore ce gigantesque bobard lancé par Boidin. « C'est pour cela qu'il était aussi difficile de détester Benamou : certes, il n'était pas fiable, on ne pouvait pas lui faire confiance mais il avait des côtés à la fois amicaux et immatures qui le rendaient sympathique. » Mais le plus drôle, ce fut la tête des émissaires suisses quand Benamou leur donna rendez-vous au Manhattan. « Ils se consultèrent en quatrième vitesse afin de débusquer où pouvait bien se loger ce fichu établissement. Nul n'en avait la moindre idée et, par précaution, aucun n'osa doucher Benamou », évoque cet autre témoin. Coup de chance pour Boidin, à la hauteur de son canular, Georges-Marc Benamou prend le parti de se dégonfler en invoquant une grande fatigue et une note à faire pour le Président... Le Manhattan a perdu, ce soir-là, une bande de joyeux drilles !

La réunion de ministres du lendemain est présidée côté français par Jean-Marie Bockel, secrétaire d'État à la Coopération. Ce dernier est suivi par une importante délégation du Quai et de l'Élysée, Matignon est absent et Christine Albanel, interloquée par ce déploiement de forces, n'a envoyé qu'un seul conseiller, Mathieu Gallet.

Pendant la réunion, Georges-Marc Benamou présente la dernière idée à la mode : faire de la holding une « marque ombrelle » pour l'ensemble de l'audiovisuel extérieur. Ce concept, quelque peu ésotérique, inquiète les francophones, mais Bockel, avec tact, courtoisie et fermeté, réussit à calmer les esprits et à ramener de la sérénité dans les débats. Un premier esclandre est évité de justesse. Hélas, au déjeuner qui suit, les digues lâchent. Benamou se lance dans une grande tirade en expliquant que l'avenir de l'audiovisuel extérieur va passer par des chaînes thématiques consacrées au sport, à la jeunesse, à l'art de vivre... Stupeur des francophones, colère de Bockel et de la délégation française. Cette idée n'a naturellement jamais été évoquée au préalable et est sortie telle Minerve, tout droit de la cervelle féconde de Georges-Marc Benamou. Les francophones hurlent alors à la trahison et Bockel a bien du mal à ramener le calme. Les participants français sont furieux. Tous les efforts déployés pour calmer le jeu sont réduits à néant.

Néanmoins, Lucerne permet d'obtenir l'accord des francophones sur des points importants de la réforme : la création d'une *news factory*, une force commerciale unique autour de TV5, un site

Internet unique et la réunion des fonctions supports (juridique, ressources humaines, etc.) au sein de la holding. L'essentiel est sauf. Malgré les vicissitudes, la réforme de l'audiovisuel extérieur continue à avancer. Reste maintenant à dégoter quelqu'un qui puisse l'incarner.

Chapitre 3

Kouchner joue « To be or not to be »

Une holding, très bien. Mais qui pour la diriger ? Le poste en fait saliver plus d'un. Mais la crainte partagée par la Rue de Valois, Matignon et le Quai d'Orsay est de voir Benamou se chercher un point de chute à la tête de cet ensemble. Tout le monde sent bien que son auréole pâlit dans le ciel bleu roi de la Sarkozie... De multiples preuves de l'agacement présidentiel sont visibles. Ça commence à sentir le recasage.

LES TROIS COUPS AU QUAI D'ORSAY

Albanel décide de faire l'union sacrée avec Kouchner pour éviter ce danger. Il n'est pas très compliqué de faire courir le bruit que l'État recherche un candidat pour prendre la tête de la holding. Un rapide *brain storming* est monté. Trois candidats peuvent être mis en lice. Alain de Pouzhilac, patron de France 24, Emmanuel Hoog, qui a redynamisé le vieux métier de l'archivage audiovisuel à la tête de l'INA, et Pierre Louette, PDG de l'AFP qui gère cette agence avec habileté et obtient des résultats incontestables.

Deux autres candidats potentiels sont approchés : Rémy Pflimlin, patron des NMPP (Nouvelles Messageries de la presse parisienne), et Renaud Donnedieu de Vabres (RDDV), l'ancien ministre de la Culture. Le premier, rompu aux discussions avec les syndicats, fut un patron respecté de France 3. Christine Albanel le contacte directement. Il décline la proposition, expliquant qu'il a encore tant à faire pour réformer les NMPP. Quant à RDDV, ses échecs électoraux aux législatives et aux municipales le rendent disponible. Christine Albanel lui aurait fait une proposition convenable, notamment parce qu'elle aurait apprécié sa courtoisie et sa dignité lors de la passation de pouvoir. Mais cette version est formellement démentie par RDDV : « Albanel ne m'a jamais proposé quoi que ce soit. Pas même des croquettes pour chien ! » Étrange...

Toujours est-il que c'est pour évoquer ces candidatures que Christine Albanel prend rendez-vous avec Bernard Kouchner le 3 décembre 2007, juste avant de partir avec le Président pour un déplacement officiel en Algérie. En voisine de la Comédie-Française, elle ne s'attend probablement pas ce jour-là à assister à un Feydeau avec Bernard Kouchner en tête d'affiche...

La ministre de la Culture est toujours d'une extrême ponctualité. À 11 heures moins 2 minutes, la voici qui fait son entrée dans l'antichambre du chef de la diplomatie, accompagnée de son directeur adjoint de cabinet. Les deux représentants de la culture sont courtoisement rejoints par Philippe Étienne, directeur de cabinet de Bernard Kouchner, Serge Tell, directeur adjoint, et l'ineffable Richard Boidin.

Alors qu'un huissier annonce l'arrivée de Bernard Kouchner, un bruit de pas vers la porte et la voix du célèbre *french doctor* confirment sa présence de l'autre côté. Si chez Feydeau les portes claquent, au Quai elles refusent de s'ouvrir. On ne sait par quel sortilège Kouchner a réussi à s'enfermer dans son bureau... « Mais que se passe-t-il ? », clame l'artiste en s'acharnant sur la poignée. Affolement général. Tous se lèvent comme un seul homme en criant « Le ministre est enfermé ! ». Suit alors une noria d'huissiers à chaîne qui se mettent à courir aux quatre coins du ministère en répétant cette phrase terrible : « Le ministre est enfermé ! Le ministre est enfermé ! » Au bout d'un moment, un gendarme fait son entrée muni d'une longue clé qu'il brandit comme une sainte relique. Mais Kouchner est tellement furibard qu'il pousse de toutes ses forces. Le gendarme ne peut viser le trou de la serrure et lâche cette phrase impérissable : « Arrêtez de la secouer ! Arrêtez de la secouer, monsieur le ministre ! » On retient son fou rire comme on peut... La maréchaussée libère enfin le ministre des Affaires étrangères qui retrouve aussitôt une tête aimable et des sourires enjôleurs.

L'acte II peut commencer. Une dizaine de participants s'installent autour de la table. Christine Albanel commence par évoquer les différents points de la réforme de l'audiovisuel extérieur. Un témoin du Quai d'Orsay raconte : « Habituellement, le ministre n'est pas vraiment calme et a du mal à tenir en place, mais ce jour-là, c'est un festival. D'autant que les objets continuent de lui résister. Un rayon de soleil frappe son œil. Gêné, Kouchner se lève pour tirer les immenses rideaux situés derrière son bureau tout en digressant sur la réforme. Le rideau résiste. Une fois, deux fois, trois fois. Kouchner s'obstine à tirer sur le cordon sans interrompre son propos. Mais comme il nous tourne le dos, on n'entend plus du tout ce qu'il dit. Impossible de fermer les rideaux. Il revient s'asseoir en nous interrogeant du regard. Il avait dû poser une question que personne n'avait entendue. »

Albanel évoque alors le nom du futur patron de l'audiovisuel extérieur. Même si elle a beaucoup d'estime pour Hoog et Louette, elle préconise la nomination d'Alain de Pouzilhac. Elle considère qu'une telle réforme sera mieux portée par un homme qui est déjà dans la place. Sait-elle, à ce moment-là, que Nicolas Sarkozy mène ses propres recherches ? Ou bien s'est-elle ralliée au point de vue du chef de l'État ? En tout cas, selon Alain de Pouzilhac, c'est Nicolas Sarkozy en personne qui, un jour, lui passe un coup de fil pour lui proposer ce poste. Et cela, bien avant sa nomination officielle...

Kouchner ne connaît pas Alain de Pouzhilac. Lui attend prudemment le verdict du Président avant de se prononcer. Mais ce n'est pas ce qui le préoccupe... Ensuite, précise Albanel, il faudrait nommer un numéro 2 qui soit un vrai professionnel des médias, si possible un journaliste qui connaisse bien le secteur international. Kouchner saute sur l'idée et entonne une sérénade qui évoque les meilleurs couplets de Julio Iglesias : « Excellente idée ! Vous, les femmes, vous avez toujours raison ! » Et d'envoyer de pleines pelletées de fleurs à Christine Albanel. Charmeur, charmeur, ce Bernard. Puis, soudain, son visage se fige dans un rictus de peine. Kouchner se lève, tel Richard III se tord les mains et, comme à lui-même, lâche : « Oui, mais je ne peux pas. Ce n'est pas possible. »

Une phrase énigmatique qui laisse place à un grand silence. Les conseillers se regardent. Kouchner se lève brusquement et, avec l'emphase d'un grand tragédien, poursuit son idée : « Il y a bien quelqu'un qui serait formidable pour cela, mais si je lui demande, elle va refuser, non ce n'est pas possible, pourtant ce serait idéal, elle serait formidable. »

Lumière ! Tout le monde a compris où voulait en venir le chef de la diplomatie. Le nom n'a pas encore été prononcé. « Tu veux parler de qui ? de Christine ? », demande Albanel, interloquée. « Mais oui, répond Kouchner. Elle serait formidable, mais c'est impossible, elle ne voudra jamais si c'est moi qui le lui demande... » Un grand mélodrame shakespearien se joue au Quai d'Orsay. Titre de la pièce : Être ou ne pas être... femme de ministre. « Nous regardions tous nos chaussures », témoigne l'un des spectateurs aux premières loges. « Voir arriver la compagne du ministre à l'audiovisuel extérieur nous paraissait comporter des risques politiques énormes. »

Kouchner, qui ne s'est toujours pas rassis, fait volteface, et tend alors l'index vers Albanel. Au comble de l'excitation, il déroule son idée de façon quelque peu confuse : « Oui, mais si toi, Christine, tu dis à Christine "Christine, on a besoin de toi à l'audiovisuel extérieur", elle ne pourra pas te le refuser... » « On espérait qu'Albanel, qui avait l'air tétanisée, allait lui dire que ce n'était pas sérieux, raconte un conseiller de Kouchner. Malheureusement, Tardieu, son directeur adjoint de cabinet, prend la parole pour dire qu'il trouve que c'est une excellente idée. J'ai croisé alors le regard de Philippe Étienne. Si ses yeux avaient été des mitraillettes, il y aurait eu des morts dans le bureau. »

Albanel se ressaisit vite. Elle promet à Kouchner de prendre très rapidement contact avec Christine Ockrent. Chacun a sorti sa calculette : Albanel ne tient pas à se fâcher avec Bernard Kouchner. Elle, dont la presse ne cesse de dire que son fauteuil ministériel est éjectable, a besoin d'alliés au sein du gouvernement. Et puis, elle a compris son intérêt : avec Ockrent dans le panier garni, impossible que la holding France Monde dépende du Quai d'Orsay, et donc de Bernard Kouchner. En effet, difficile pour le *french doctor* d'accorder des subventions et de contrôler l'entreprise dirigée par sa compagne. Avec Christine Ockrent comme numéro 2 et son ami Alain de Pouzhilac aux commandes, la ministre de la Culture est bien placée pour récupérer la tutelle de l'audiovisuel extérieur. Les hauts fonctionnaires du Quai l'ont aussi parfaitement compris, ce qui ne fait qu'accroître leur fureur. Tout compte fait, le choix d'Ockrent, une professionnelle reconnue, parlant plusieurs langues, n'apparaît plus si absurde pour Albanel qui ajuste son jugement à ses intérêts. Pas si cruche, la « gentille » Albanel…

La diplomatie parallèle de Sarkozy

Mais là encore, il ne faut pas négliger la diplomatie parallèle du chef de l'État qui, dès le mois d'octobre, soit presque deux mois plus tôt, a déjà proposé le poste à Christine Ockrent… Qui dupe qui dans cette affaire ? Kouchner fait-il l'innocent ? Sait-il que dans la tête de Nicolas Sarkozy, tout déjà est combiné ? Mystère. En tout cas, le rôle de Carla Bruni n'est pas à négliger, comme nous allons le voir plus loin.

En attendant, au sortir de cette mémorable réunion au Quai d'Orsay, l'idée va continuer à faire son chemin pendant plusieurs semaines. L'important est de ne pas trop l'ébruiter. Le 11 décembre, Christine Albanel organise un dîner dans les salons du ministère, rue de Valois. À sa table, le placement est subtil. Et l'on retrouve Christine Ockrent, dont le couvert est idéalement situé entre Pierre Louette et… Alain de Pouzilhac. Louette et « Poupou » sont tous deux candidats à la présidence de la holding France Monde. Quel que soit le vainqueur du sprint final, Ockrent est, quoi qu'il arrive, à la bonne place. Mais Pouzilhac a un petit avantage…

Albanel imagine qu'il lui reste maintenant à faire avaliser tous ces plans par le président de la République. Plusieurs réunions vont être programmées puis annulées. Ce n'est qu'à la mi-février 2008, le vendredi 15 février précisément, que la réunion décisive autour du

Président a lieu. Premier couac : le Président considère que l'audiovisuel extérieur de la France ne doit s'exprimer qu'en français. Si l'axiome est frappé au coin du bon sens pour TV5, cela ne peut être le cas pour RFI ni pour France 24. D'ailleurs, la jeune chaîne d'information espère bien développer ses programmes en arabe. Il faut des trésors de diplomatie pour expliquer au Président que ce n'est pas une bonne idée, mais Nicolas Sarkozy y reviendra plusieurs fois... La question des nominations passe de façon étrange beaucoup mieux. Christine Albanel avait sondé Claude Guéant au préalable pour savoir si la candidature d'Alain de Pouzhilac ne pouvait apparaître comme une provocation vis-à-vis de Bolloré, avec qui il est en procès. Mais Guéant avait été rassurant et, en effet, le Président approuve cette nomination. Et pour cause : là encore, il l'avait lui-même fait savoir à l'intéressé auparavant.

Le témoignage de Pouzilhac révèle à quel point la politique des nominations est totalement ubuesque et que seule la volonté du monarque élyséen compte. « Quand il me propose le poste, Nicolas Sarkozy me dit qu'il pense à Ockrent pour la partie éditoriale. Je n'y vois aucun inconvénient », confie « Poupou ». Depuis l'élection de Nicolas Sarkozy, le patron de France 24 – considéré comme chiraquien – assure ses arrières. Sa meilleure idée a été d'embaucher sur la chaîne info une pigiste de luxe : Christine Ockrent, qui assure une chronique de cinq minutes par semaine en français et en anglais pour... 120 000 euros par an ! En s'engageant dans un tandem avec la compagne d'un ministre, Pouzilhac se sent davantage à l'abri des tentatives de flingage de Vincent Bolloré sur sa personne.

« J'appelle Christine Ockrent trois fois. En fait, elle est mitigée », raconte Pouzilhac. C'est vrai, la reine Christine, toujours rédactrice en chef de son magazine à France 3, a du mal à renoncer à exercer son métier sous les feux de la rampe. Ses précédentes expériences dans le management, à *L'Express*, lui ont laissé un goût amer. Elle ne se souvient que trop bien de la façon dont Jacques Chirac avait eu sa peau à la tête de l'hebdomadaire en mars 1996, après dix-sept mois d'exercice...

Dans son bureau de l'Élysée, Georges-Marc Benamou sent que les choses lui échappent. Ockrent ? Pas question. Depuis des mois, il pousse sa propre liste de candidats : Dominique Fagot, le patron de

Canal Overseas, pour la direction de l'entreprise, et Pierre Lescure pour les contenus. Et pourquoi pas lui-même ? ajoutent ses détracteurs.

L'ESCAPADE ÉGYPTIENNE QUI FÂCHE

La fin décembre approche. Après l'épisode de son divorce, Nicolas Sarkozy, tout heureux de sa nouvelle conquête, projette un voyage en Égypte, à Sharm el-cheikh. Le couple n'a guère d'amis en commun. Tout l'entourage du Président fleure bon la droite neuilléenne tandis que Carla Bruni recrute le sien, rive gauche, chez les bobos de Saint-Germain... Au dernier moment, Nicolas Sarkozy propose à son ministre des Affaires étrangères de l'accompagner en Égypte. En fait, l'idée émane de Carla Bruni. Pourquoi ? « Bernard et moi sommes l'un des rares points de contact entre l'univers amical de Carla et celui de Nicolas Sarkozy », nous explique Christine Ockrent, laquelle hésite quelques jours avant d'accepter. En effet, les Kouchner-Ockrent avaient programmé un séjour en Asie. Peut-on refuser l'invitation d'un président de la République ? Impensable. Christine Ockrent annule l'Asie et s'embarque pour l'Égypte... « Je savais que je m'exposais à la critique de mes ennemis. Et ça n'a pas manqué », déplore-t-elle. Elle en désigne un, en particulier : Georges-Marc Benamou.

Car l'escapade égyptienne n'échappe pas à sa vigilance. Le conseiller sent ses affaires très mal engagées. Il se trouve que Benamou compte parmi ses amis Jean-François Téaldi, le président du syndicat SNJ-CGT qui, depuis plusieurs mois, guette les moindres faux-pas de miss Ockrent. Cette fois, l'occasion est trop belle : le syndicat publie un communiqué cinglant dénonçant ce « mélange des genres » que les téléspectateurs « comprennent de moins en moins ». Si bien que Bernard Kouchner doit se fendre, en toute hâte, d'un communiqué pour expliquer que sa compagne rejoindrait bien vite la France... Même Paul Nahon, le patron de l'information de France 3, doit sortir l'extincteur pour calmer ses troupes, obligé d'assurer que Christine Ockrent ne prend aucune part, « ni de près, ni de loin », à la visite du chef de l'État en Égypte.

Sarkozy ? il s'en fiche éperdument et ne voit même pas où est le problème...

Furieuse, Ockrent prend l'avion du retour. Elle rentre à Paris en écumant contre Benamou, qu'elle estime le véritable maître d'œuvre de cette campagne. À ce jour, nous ne savons pas si cette thèse est exacte. Ce qui l'est, c'est la désinvolture avec laquelle Christine Ockrent dresse à sa guise une frontière très poreuse entre sa vie professionnelle et sa vie privée. En tout cas, au retour d'Égypte, Nicolas Sarkozy remonte à l'assaut : « Tu vois, Christine, tu ne peux pas rester avec ces connards de France 3. Ils ne te laisseront jamais tranquille. » Cette fois, c'est acquis. Ockrent accepte de lâcher « Duel sur la Trois » pour épauler Pouzilhac à la tête de la holding « audiovisuel extérieur de la France ».

Le 17 janvier 2008, Benamou reçoit Alain de Pouzilhac dans son bureau de l'Élysée. « Alors, vous militez pour Christine ? C'est une très mauvaise idée, lui souffle Benamou. Tous les scandales risquent de vous éclabousser. » Le conseiller de l'Élysée n'a pas prévu la réaction éruptive de « Poupou » qui se fâche tout rouge et quitte son bureau. Benamou se rend compte qu'il y est allé un peu fort. Ce jour-là, il pleut des cordes. Pouzilhac sort rue de l'Élysée avec Benamou à sa suite, qui tente de se récupérer : « On va déjeuner ensemble. » Réplique sèche et définitive de Pouzilhac : « Alors, là, pas question que je déjeune avec vous. C'est terminé ! Moi, je ne collabore plus avec vous. » Gêné, Benamou raccompagne néanmoins Pouzilhac jusqu'au bout de la rue sous la pluie. Pouzilhac ne desserre pas les dents. Scène muette qui dit tout le mépris que lui inspire le conseiller de l'Élysée. Les deux hommes ne se croiseront plus.

Dès la mi-janvier, « Poupou » se met à travailler avec Ockrent. « N'ayant pas de bureau, je suis allé chez elle et j'ai apporté des macarons. On travaillait dans son salon », rapporte Pouzilhac, tandis que Christine Ockrent confirme que les réunions avaient lieu tantôt chez elle, tantôt chez lui.

Dans ces conditions, le vendredi 15 février, quand Sarkozy reçoit Kouchner et Albanel, les jeux sont plus que faits. Albanel propose donc en numéro deux le nom de Christine Ockrent. Kouchner est crispé et se tait. Le Président détend très vite l'atmosphère :

« Christine, je l'adore, c'est une excellente idée. » Quand on pense que le tandem est déjà à la tâche, quels comédiens ! Le chef de l'État se charge d'officialiser auprès de Pouzilhac et Ockrent au cours du week-end. Pure formalité... Finalement, l'affaire égyptienne aura précipité la décision d'Ockrent de quitter France 3. Si Benamou est derrière cette affaire, il aura obtenu l'inverse de l'effet souhaité. Le 18 février 2008, Alain de Pouzilhac est chaleureusement reçu par Nicolas Sarkozy à l'Élysée. Le Président prend son hôte par le bras ; la réunion est quasi affectueuse. Le 19 février, c'est au tour de Christine Ockrent d'être intronisée par le Président.

L'information filtre très vite. Si le choix d'Alain de Pouzhilac ne suscite guère de débat, en revanche, comme le craignent les conseillers de Bernard Kouchner, l'annonce de la nomination d'Ockrent fait des vagues tant auprès des syndicalistes que de l'opposition. Mais c'est dans les moments de tumulte que Kouchner se montre grandiose. Interrogé quelques jours après sur la matinale de France Inter, Kouchner explique qu'il est prêt à démissionner de son poste pour laisser Christine Ockrent faire son métier et qu'il ne comprend pas pourquoi les femmes doivent toujours sacrifier leur carrière pour leur conjoint. Plus grave pour son administration, il fait le serment de ne plus s'occuper de l'audiovisuel extérieur. Christine Albanel est en route pour son ministère dans sa voiture et sourit. Elle pense avoir gagné la tutelle de l'audiovisuel extérieur. Le Quai d'Orsay est furieux. Le hold-up de la rue de Valois a presque parfaitement fonctionné. Car, en définitive, c'est Matignon qui hérite du paquet cadeau et coiffera l'audiovisuel extérieur. François Fillon s'en serait bien passé, à dire vrai. Mais il ne fallait pas faire de jaloux.

Quant à Benamou, depuis quelques semaines, il n'est plus que l'ombre de lui-même. Claude Guéant lui cherche un point de chute. En effet, le conseiller incontrôlable est définitivement tombé en disgrâce. Un incident personnel avec le préfet Guéant précipite son départ. Le 17 mars, Benamou quitte l'Élysée par la petite porte. Fidèle à lui-même, il annonce qu'il prend la direction de la Villa Médicis. Ce que Fillon lui a promis. Aussitôt une fronde se soulève parmi les artistes. On crée en toute hâte un faux comité de sélection qui n'a pour but que d'écarter, pour la forme, sa candidature déjà condamnée par Sarkozy, sur les conseils de... Carla Bruni. La première dame en profite pour suggérer un nom pour la Villa Médicis, en Italie, sa patrie : ce sera Frédéric Mitterrand, un ami de sa grande amie, l'ex-mannequin Farida Khelfa, témoin de mariage du couple Sarkozy. Et puis, Mitterrand ayant été molesté au moment de constituer la Commission finalement présidée par Copé, il fallait bien lui offrir une compensation pour laver l'affront.

Chapitre 4

Le coup de Jarnac de TV5 Monde

Six mois de travail viennent de trouver leur conclusion. Il faut encore constituer la holding et, pour cela, obtenir l'accord des partenaires francophones. Ces derniers vont alors prendre leur revanche sur la désinvolture française. Techniquement, la problématique est simple : la loi sur l'audiovisuel en préparation va permettre à RFI d'intégrer le holding par un simple transfert des parts de l'État. Concernant France 24, c'est à l'État de racheter les parts de France Télévisions et de TF1. Enfin, il faut convaincre les francophones d'intégrer TV5 dans le holding. Ce qui nécessite d'acquérir tout ou partie des actions françaises détenues par France Télévisions, Arte France et l'INA...

Accueil glacial

Alain de Pouzhilac et Christine Ockrent entament dès leur nomination une tournée des partenaires francophones de TV5 pour être bien sûrs que tous les incendies soient éteints. L'accueil est glacial. Fin février, ils montent une réunion à la Maison du Canada et y convient les hauts fonctionnaires belges, suisses et canadiens qui supervisent TV5. Le tandem fait son exposé et ouvre ensuite la séance des questions-réponses. « Un silence de mort ! », se souvient Pouzilhac. La défiance est telle que les francophones se sont concertés pour rester obstinément « bouche cousue ». Un grand moment de solitude... Il faudra encore deux mois avant que les capitales des pays francophones acceptent de recevoir Pouzilhac. C'est dire si les frasques de Benamou ont cabré nos amis francophones...

La logique voudrait qu'Alain de Pouzilhac soit nommé PDG de TV5 et Christine Ockrent directrice générale. Mais dès que les négociations commencent, les partenaires francophones (les Suisses, les Belges et les Québécois) font bloc : ils refusent que Christine Ockrent soit nommée directrice générale de TV5 Monde.

Les francophones redoutent que cette chaîne multilatérale ne se transforme en instrument de propagande du point de vue français. Le fait que Christine Ockrent partage la vie de Bernard Kouchner, le chef de la diplomatie française, les renforce dans leurs craintes. De leur point de vue, ce poste doit revenir à un candidat émanant de leurs rangs. Autrement dit, un non-Français. Qu'à cela ne tienne, les négociateurs français tentent d'habiller la chose et en font des tonnes sur la nationalité belge de Christine Ockrent... Mieux, c'est une authentique Bruxelloise et toute l'âme du plat pays coule dans ses veines, c'est bien connu ! Ça ne prend pas.

La question du nouvel organigramme va de pair avec le nouvel actionnariat de TV5 Monde. Au moment où les négociations se déroulent, la chaîne est détenue à 66,66 % par la France (à travers France Télévisions, Arte et l'INA), à 11,11 % par la Suisse (à travers la TSR), à 11,11 % par la Belgique (à travers la RTBF) et à 11,11 % par le Canada (à travers Radio Canada et Télé-Québec). Les francophones disposent donc d'une minorité de blocage de 33,33 %. Pour eux, la holding France Monde doit rester sous la barre des 50 % et leurs parts doivent demeurer inchangées. Ils obtiennent gain de cause. Mais les négociations butent longtemps sur les règles en usage concernant l'utilisation de cette minorité de blocage...

Finalement, un consensus est trouvé. Le nouveau montage consiste donc à redistribuer 49 % des parts de TV5 Monde à la holding France Monde en diluant les parts de France Télévisions (qui tombent à 12,58 %), d'Arte France (3,29 %) et de l'INA

(1,74 %). La partie francophone est naturellement intacte. Reste à valider l'ensemble de ces dispositions dans un conseil d'administration. La Suisse voudrait gagner un peu de temps et attendre, comme préalable, la prochaine réunion des ministres de la francophonie en mai. La France veut aller plus vite et prépare le parachutage de Pouzilhac et Ockrent pour le 16 avril.

Le jour venu, dès 9 heures du matin, tout part de travers. Alain de Pouzilhac pénètre dans le bureau du PDG, François Bonnemain, où il rejoint les patrons de France Télévisions et d'Arte. Patrice Duhamel le reçoit un peu froidement. « Poupou » fait mine de ne pas remarquer la présence du Suisse Gilles Marchand qui représente la TSR. L'Helvète est assis à gauche, dans un coin. Pouzilhac met les pieds dans le plat et profère un sonore : « Ils commencent à faire c...ier les francophones ! » Et de dérouler l'argument ordinaire des Français : on paie le plus cher donc on décide qui dirige TV5 Monde. Duhamel ne sait plus où se mettre. Jérôme Clément lève les yeux au ciel. Ils ne savent pas si Pouzilhac a repéré la présence du Suisse... En tout cas, Gilles Marchand prévient les autres francophones. Ça ne pouvait commencer plus mal !

Pire : un deuxième front va se créer à l'intérieur du camp français. La veille, Pouzilhac s'est déchiré au téléphone avec Carolis. Au-delà des personnes, le contexte est tendu entre France Télévisions et TV5. La télévision française a contracté une dette de 5 millions d'euros dont Carolis ne reconnaît pas la légitimité. Matignon met la pression sur Carolis pour qu'il honore ce paiement. Il le fait de mauvaise grâce. Donc tous les prétextes sont bons pour se disputer.

« Poupou » provoque

Du coup, l'accession de Pouzilhac au trône ne va pas être facilitée. Et, en effet, en ce 16 avril chargé d'ondes négatives, deux poids lourds du PAF, Patrice Duhamel et Jérôme Clément, le patron d'Arte, vont se mettre au travers du chemin. Ils réfutent les moyens juridiques proposés par Pouzilhac. Selon lui, un administrateur qui démissionne peut voter après coup... Et « Poupou » de s'appuyer sur un arrêt de la cour d'appel d'Amiens de 1977. « Manœuvre illégale », répond la juriste de France Télévisions, consultée de toute urgence. Blocage, palabres, va-et-vient de pièce en pièce. L'ambiance est au coup d'État. Sans compter Christine Ockrent au milieu du bazar, qui excite les réticences francophones, et ne lâche pas Pouzilhac d'une semelle...

La petite phrase de « Poupou » a mis les francophones en ébullition. Ils se disent ulcérés de la manière dont on les traite et ont le sentiment de revivre la séquence Benamou. Patrice Duhamel en profite pour pousser la candidature de son ami québécois Sylvain Lafrance, président de Radio Canada. Quand arrive la pause déjeuner propice aux manœuvres en coulisse, on n'a pas avancé d'un pouce. À la reprise, les Français constatent qu'ils sont seuls dans la salle du conseil. Les trois représentants des francophones (Suisse, Belgique et Canada) ont décidé de jouer la politique de la chaise vide. Les trois représentants des salariés de TV5 sont également absents. Les deux camps sont ici des alliés de circonstance : pour les francophones, Pouzilhac symbolise l'hégémonie française désireuse de faire main basse sur un trésor commun ; pour certains salariés, il incarne une menace pour l'emploi et les conditions de travail.

Six absents sur douze membres. Pas grave, le *quorum* est atteint. Au contraire, c'est mieux : en l'absence d'opposants, la France a les mains libres ! Mais, hélas, c'est là que se trouve l'os. Chez les Français aussi, il en manque un. Cinq au lieu de six. Tout est fichu ! Le *quorum* n'est pas atteint. Où est donc passé Jérôme Clément, le patron d'Arte ? Le grand absent, qui s'est éclipsé à la pause, a une bonne excuse : l'après-midi, il est auditionné par la Commission Copé sur la télévision publique. Clément aurait pu annuler, il ne l'a pas fait... Pouzilhac se doute d'une manip' ; il est furieux. Il a poireauté toute la matinée dans l'antichambre sans même avoir pu exposer son projet. « Mon absence ne change rien au problème, déclare Jérôme Clément. Il est inimaginable d'élire le président de TV5 en l'absence des représentants des francophones et des salariés. » Sur ce point-là, il faut bien reconnaître que le président d'Arte, orfèvre des relations franco-allemandes, n'a pas complètement tort.

En tout cas, la défection de Jérôme Clément représente une aubaine pour les francophones qui profitent ainsi des divisions françaises. Du coup, le conseil d'administration est annulé et reporté *sine die*. Bonnemain remballe sa démission et Pouzilhac ronge son frein. Quelle pantalonnade diplomatique ! Répondant à des questions parlementaires, le gouvernement helvétique ne cache pas qu'en cas de blocage prolongé, « le Conseil fédéral devra réexaminer le sens même de la participation de notre pays à TV5 Monde et réfléchir à d'autres possibilités pour assurer la présence télévisuelle de la Suisse dans le monde francophone ». Une menace dont la France pèse le poids.

Deux jours plus tard, le vendredi 18 avril, tous les protagonistes sont convoqués à Matignon, dans le bureau d'Alain Gosset-Grainville. L'adjoint de Fillon reprend les choses en main. C'est la grande explication de texte entre Duhamel, Pouzilhac et Clément. On accorde les violons. Pouzilhac comprend que la candidature d'Ockrent comme numéro 2 ne passe pas. La compagne de Bernard Kouchner propose le nom de Paul Nahon, son ancien patron à France 3. Pouzilhac réfute : « Il est trop service public. » Lui a sa petite idée. Il invite à déjeuner Marie-Christine Saragosse, au restaurant *Marius et Jeannette*. Pour les francophones, cette femme chaleureuse est loin d'être une inconnue. Le multilatéralisme n'a plus de secret pour elle. De 1997 à 2006, cette énarque chemina dans l'encadrement de TV5 Monde jusqu'à en être la vice-présidente. En 2006, elle s'est repliée au Quai d'Orsay pour éviter le calvaire que lui faisait vivre Jean-Jacques Aillagon, son nouveau PDG. Au Quai, elle s'ennuie. Un retour à TV5 ferait son bonheur.

Christine Ockrent est moins chaude. Du temps où elle animait une émission mensuelle sur TV5, ses rapports avec la « vice », comme elle l'appelait, n'étaient pas toujours harmonieux. Pouzilhac ne tient aucunement compte des réticences d'Ockrent et se met à intriguer tous azimuts pour pousser sa candidate pendant les deux semaines qui le séparent du prochain conseil d'administration.

« En fait, on a fait alliance avec les Belges et les Suisses contre les Canadiens qui lui étaient hostiles », précisera-t-il plus tard. Si bien que le 29 avril, la France et ses partenaires francophones trouvent enfin un compromis. Le conseil d'administration entérine la démission de François Bonnemain et son remplacement par Alain de Pouzilhac au poste de président du conseil d'administration. Lisons attentivement : président du conseil d'administration et non PDG comme le souhaite le gouvernement français. La différence ? De taille. Le PDG dirige la société, le président du conseil d'administration compte les sets de table... La France a donc bel et bien reculé face au bloc helvético-belgo-québéco-canadien.

Alain de Pouzilhac découvre une dernière mauvaise surprise : la marque France Monde, qui devait rayonner à travers le globe et ses 24 fuseaux horaires, doit être abandonnée. Benamou n'avait pas vérifié : elle était déjà déposée pas moins de sept fois ! Le rachat de marque a été tenté. Une association réclame 15 000 euros, une deuxième 187 000 euros, les autres ne répondent pas au courrier de « Poupou ». Jusqu'à ce que Gilbert Collard, l'avocat de l'ONG Cœur de France Monde, se réveille et réclame... 15 millions d'euros ! Soit quatre fois le budget de la holding ! Pouzilhac laisse tomber. Le contribuable ne paiera pas une somme pareille. Pouzilhac teste toutes les autres hypothèses : reprendre l'intitulé France 24 ? Impossible, il appartient aussi à TF1. TV5 ? Il appartient aussi aux francophones. Appeler l'ensemble RFI ? Il faudrait une loi. À cours d'idées, la holding hérite d'un nom à coucher dehors : « Audiovisuel extérieur de la France », siglé AEF. Fait certain, avec une dénomination pareille, le terrain du dépôt de marque était vierge...

TF1 VEND CHÈREMENT SA PEAU

Martin Bouygues peut chaleureusement remercier Jean-Pierre Raffarin. En invitant TF1 à prendre 50 % de France 24, l'ancien Premier ministre de Jacques Chirac lui aura fait faire le placement de sa vie ! En effet, la chaîne doit rejoindre la holding de l'audiovisuel extérieur. L'État, à travers son Agence des participations, signifie à TF1 et France Télévisions qu'il compte racheter leurs parts.

Le nominal de ces parts avait une valeur de 16 000 euros. Que valent-elles deux ans plus tard ? Peut-on dire que France 24 s'est imposée dans le monde comme la rivale de CNN si bien que la chaîne française serait devenue une poule aux œufs d'or ? Patrick de Carolis ne fait pas de difficulté. Il attend une proposition de l'État sans faire de vagues. Cependant, il pose une condition : le groupe France Télévisions doit être traité de la même manière que TF1.

Pour les dirigeants de la Une, le revirement de l'État est une aubaine. La vache à lait se présente dans le pré, il n'y a plus qu'à la traire. Et chez TF1, on songe que la présence amicale de Nicolas Sarkozy à l'Élysée va lubrifier les rouages d'une négociation fructueuse... Martin Bouygues, qui entend bien faire monter les enchères, commande une étude à la banque Rothschild où travaille son ami, Grégoire Chertok. L'étude, plus que complaisante, estime la valeur de France 24 à près de... 90 millions d'euros ! Soit une somme supérieure à son budget annuel, lequel est entièrement financé par une dotation de l'État ! Depuis sa création et ses malheureux 17 500 euros de capital, TF1 n'a pas déboursé un centime dans France 24 et se fait payer les images qu'elle fournit à la CNN française, ce qui assure à LCI un revenu supplémentaire honorable. Chez Bouygues, on ose tout et les dirigeants de TF1 présentent la facture à Bercy : 45 millions d'euros, qui correspondent donc à 50 % du capital.

Bruno Bezard, le patron de l'Agence des participations de l'État, hurle de rire. Christine Albanel et François Fillon beaucoup moins. Difficile, dans un État de droit, de forcer une entreprise privée à céder à l'État ses droits sur une société. Cette opération a un nom : c'est une nationalisation. Mais elle nécessite une loi. Et malgré ses propositions financières de la plus haute fantaisie, TF1 se trouve en position de force... La constitution de la holding piétine.

Il faut encore plus de 6 mois de négociation avec TF1 pour ramener le prix de rachat de France 24 à des proportions moins délirantes. TF1 recevra 2 millions d'euros en échange de ses 50 %. Parallèlement, TF1 voit son contrat de fourniture d'images d'archives et de sport à France 24 prolongé pour sept ans aux mêmes conditions, soit environ 1,6 million d'euros par an. Faites les comptes : 2 millions + 11,2 millions de fourniture d'images. Au total, TF1 empochera 13,2 millions d'euros pour un investissement initial de 16 000 euros. Soit 825 fois la mise ! Certes, rapportée à la taille du groupe Bouygues, cette somme représente une bavure de plâtre. Mais pour TF1, c'est l'équivalent de 22 émissions de divertissement en prime time... Pas si négligeable.

C'est Alain de Pouzilhac qui, une fois à la tête de l'AEF, achève la négociation mais l'accord de principe est bloqué par la longueur des débats parlementaires sur la loi audiovisuelle... Pas grave. TF1 attendra encore un peu son chèque jusqu'en février 2009.

Patrick de Carolis a veillé à être traité de façon – presque – équitable. Le groupe France Télévisions jouit, pour sa part, d'un contrat de fourniture d'images d'actualité (issues des JT, de France 2 et de France 3) d'un montant d'un million d'euros par an. Lui aussi voit son contrat prolongé pour sept ans. Il récupère également 2 millions d'euros en cédant ses parts.

Dans l'euphorie du moment, tout le monde semble négliger que les autorités européennes, qui avaient accordé leur feu vert à ce mariage public-privé, avaient mis en garde contre le risque du rachat des parts de TF1 par l'État. Aux yeux de Bruxelles, cela reviendrait à une aide indirecte de l'État français à TF1.

Chapitre 5

Attention, terrain miné

Au printemps 2008, Pouzilhac et Ockrent ont loué des bureaux chez Régus, à côté de la Madeleine, où ils accueillent une dizaine de collaborateurs. Le noyau dur de l'AEF se constitue. Mais c'est un cerveau sans pattes. « Nous étions certes nommés au sommet de la holding mais nous n'étions les bienvenus nulle part, s'amuse Pouzilhac. France 24 est encore une société privée. Chez TV5, les francophones ne veulent pas de nous et chez RFI, Antoine Schwarz est encore président. »

Un remède de cheval

La première urgence : traiter « l'homme malade » de l'audiovisuel extérieur, RFI. Antoine Schwarz, son président, est débarqué par le gouvernement au milieu de son mandat à l'été 2008. Afin de compléter ses trimestres de retraite, le 17 juillet 2008, on lui trouve un point de chute à la Cour des comptes. La place est nette pour Pouzilhac, aussitôt nommé par le CSA sur proposition du gouvernement.

Le tandem dirigeant l'AEF nomme rapidement la journaliste Geneviève Goetzinger à la direction générale de RFI. Pouzilhac et Ockrent auscultent la station. Selon eux, le constat est accablant : des audiences en chute libre en Afrique, un personnel pléthorique (1 180 salariés à temps plein et jusqu'à 1 500 avec les CDD et pigistes) qui asphyxie les comptes de l'entreprise et creuse un déficit. « Poupou » sent que l'avenir de l'entreprise passe par un plan social mais il se garde de le dire tout de suite.

Début septembre 2008, il présente sa stratégie au comité d'entreprise. L'ancien patron d'Havas emploie un vocabulaire commercial qui sonne comme du volapük aux oreilles des syndicalistes. Pour la première fois dans l'histoire de la station, on leur parle de performances. « Ce qui s'est passé ce jour-là est inimaginable, raconte Pouzilhac. Je commence à parler et je présente mon objectif général. Je suis aussitôt interrompu par un mec de la CGT qui se lève et me dit : "Général, c'est l'armée !" Puis, je parle d'audiences et de cible. Un autre se lève et me dit : "Cible, ça veut dire que vous allez canarder ?" C'était une obstruction systématique. La réunion a duré du matin au soir, exactement sur ce mode enfantin. » Marc Thiébault, le patron de la CFDT, confirme ce récit.

Pouzilhac sort de ce premier round épuisé et mesure l'immensité de la tâche. En somme, quand il parle de déficits, on lui rétorque qu'il n'y en a pas [1]. La chute des audiences [2] ? Ce n'est pas un problème. L'adaptation des technologies et le passage des ondes moyennes aux ondes courtes ? Pas touche. La réforme de la politique des langues ? Pas question de fermer des services. Une intersyndicale se forme, de la CGT au SNJ. Marc Thiébault, de la CFDT, se démarque. Lors d'un rendez-vous en tête à tête avec Pouzilhac, il admet que RFI a besoin d'être modernisée mais il annonce qu'il

---

1. L'ancienne direction de RFI se targue d'avoir laissé, fin 2007, une trésorerie excédentaire de 23 millions d'euros. On peut comprendre le trouble des syndicats devant les assertions de Pouzilhac.
2. Selon les études TNS Sofres publiées entre 2004 et 2008, l'audience de RFI en Afrique a globalement progressé. L'étude est sujette à caution en raison de la méthodologie employée. Une note de la direction des études du 9 février 2007 adressée à Antoine Schwarz le met en garde contre l'utilisation de ces chiffres...

s'opposera à un plan social. Pouzilhac soupire, il a enfin trouvé un interlocuteur.

Mais la controverse sur les chiffres du déficit va continuer de courir. L'ancienne direction le situait à 2,7 millions d'euros. Pouzilhac le chiffre subitement à 8,7 millions d'euros. Pourquoi cette différence ? Pour les syndicats, il s'agit d'une manœuvre classique : « Poupou » noircit le tableau afin de justifier un plan social. À la Cour des comptes, Schwarz peste : c'est son bilan qu'on foule aux pieds ! Christine Ockrent justifie : « Nous avons découvert que les cotisations Urssaf n'avaient pas été payées, tandis que les retraites et congés payés n'avaient pas été provisionnés. » Et Alain Pouzilhac complète l'ardoise : en plus du redressement de l'Urssaf, nous avons un risque prud'hommal évalué à un million d'euros et un autre million d'euros pour couvrir des licenciements. »

Pouzilhac court les couloirs de Bercy et obtient une recapitalisation de 16,9 millions d'euros en faveur de RFI. Le 15 janvier 2009, cette fois, il lâche la bombe nucléaire : la station subira un plan social conduisant à la suppression de 206 postes (sur 1 180), dont la moitié chez les journalistes. Six rédactions en langue étrangère sur dix-neuf sont jugées non prioritaires et devront cesser leur diffusion. Sont visés l'albanais, l'allemand, le laotien, le polonais, le serbo-croate et le turc. Cette annonce déclenche la plus longue grève dans cette entreprise, qui en connut pourtant d'importantes.

L'intersyndicale se lance dans une bataille terrible devant les tribunaux, attaquant la moindre initiative de la direction. Les référés se multiplient. Pouzilhac recule et accepte de convertir le plan social sec en plan de départs volontaires. Seule la CFDT accepte d'en négocier les conditions (qui seront très avantageuses). Mais les mois passent et les procédures judiciaires bloquent tout le processus. La radio s'enlise dans une grève de longue durée où une quinzaine de techniciens suffisent à bloquer la station…

C'est alors que survient la mort d'Omar Bongo, début juin 2009. Un événement considérable pour RFI ! Comment rester muette pour cause de grève vis-à-vis des auditeurs africains ? Ils ne comprendraient pas, d'ailleurs ils ne comprennent rien à ce conflit et endurent pendant plusieurs jours la répétition en boucle d'un reportage… sur le fromage ! Pour le décès de Bongo, quand même, le personnel fait un effort et brise le piquet de grève. Une émission spéciale est rapidement montée avec les meilleures africanistes de la station. Du RFI comme on l'aime. Las ! Omar Bongo n'a pas choisi son jour pour mourir car, dans l'après-midi, les syndicats ont rendez-vous pour une audience au Palais de Justice... Un jour de procès correspond toujours à une journée d'action. Prudente, la direction de la station a prévu une solution de secours : si le studio à Paris est envahi par les syndicalistes, l'émission pourra se poursuivre via le studio de Libreville, au Gabon. Il faut imaginer les conditions épiques dans lesquelles cette « spéciale Bongo » va se dérouler : les portes du studio sont bloquées tandis que, dehors, dans le couloir, plusieurs dizaines de grévistes manifestent. Ils cognent sur la porte pour exprimer leur colère. « Ce qui a fini par s'entendre à l'antenne, raconte Geneviève Goetzinger, la directrice générale déléguée de RFI. Nous avons donc basculé sur Libreville. » Petit détail qui en dit long sur le climat : ce jour-là, parmi les meneurs qui font du boucan, un salarié de RFI, Gilles Chevreux, s'est déguisé en diable, avec cornes et cape rouge. Ce n'est pourtant pas mardi-gras. « Je crois qu'il voulait signifier qu'à ses yeux, nous, les dirigeants, nous étions des diables », lâche Geneviève Goetzinger. Belzébuth et le dialogue social, rencontre inédite...

Controverse autour d'une « morgue »

Le mépris affiché de Christine Okrent pour ses troupes n'arrange rien. Évidemment, les séances des comités d'entreprise, dont elle est absente, tournent au crêpage de chignon. Et l'on s'interroge en termes crus sur son rôle au bras de Bernard Kouchner : « Même dans les dictatures africaines, on ne fait pas cela ! », lance une syndicaliste. Et la conversation se perd dans des échanges fielleux sur ce que Christine Ockrent, première femme à présenter le JT de 20 heures, « apporta ou non à la condition féminine ». En comité d'entreprise, on s'égosille sur cette vacherie qu'elle a ou non proférée : « RFI est une morgue dont les cadavres ne veulent pas sortir[1]. » Tout un scandale !

Avec son entrain habituel, Pouzilhac, lui, tente de charmer les salariés en les conviant à petit-déjeuner dans son bureau. En vain. Il n'échappe pas, lui non plus, au procès pour absence dans les comités d'entreprise où Geneviève Goetzinger le représente. Les syndicalistes vont jusqu'à s'appuyer sur un « tweet » prêtant à Pouzilhac des propos peu amènes envers les salariés de RFI. En fait, tout est parti d'un discours de Claude Sérillon, prononcé à l'occasion des vingt-cinq ans de TV5, et dans lequel le journaliste encourage le combat des salariés de RFI. À la fin du discours, Pouzilhac est allé lui dire sa façon de penser. Le lendemain, une rumeur courait les couloirs de RFI : « Pouzilhac nous a traités de cons et de syndicats soviétiques ! »

L'État tient bon. Ni Albanel ni Frédéric Mitterrand n'accepteront de désavouer le tandem Ockrent-Pouzilhac. Sans doute parce que Nicolas Sarkozy a donné la consigne d'aller jusqu'au bout.

En fin d'année 2008, Christine Ockrent avait fait venir au chevet de RFI François Dupuis, un sociologue spécialiste des sociétés bloquées. « Je lui ai demandé d'analyser le service des techniciens de RFI. Son rapport explique bien comment RFI est une machine à fabriquer de l'amertume, confie Christine Ockrent. En fait, les chefs de service ne se sentaient pas investis de l'autorité suffisante, à force d'être désavoués par leurs supérieurs. Au lieu de se comporter en chefs, ils se comportaient en camarades avec leurs subalternes et renvoyaient à la direction des ressources humaines le moindre problème. Si bien que la DRH concentrait toutes les demandes et ne pouvait évidemment en solder aucune. » Ce rapport a été transmis aux représentants du personnel. Il n'a jamais fuité... Curieux, non ?

Nous avons pu le consulter. Extrait édifiant : Dupuis constate « la création d'un système fonctionnant de façon très autonome, capable de sélectionner lui-même et en dehors de toute hiérarchie les "bons" que l'on va utiliser en priorité et de laisser les moins bons tranquilles » (page 4). Un technicien livre sans ambages la norme de travail : « On choisit nos tableaux de service beaucoup plus en

---

1. L'expression est rapportée dans un PV du CE datant du lundi 19 octobre 2009.

fonction des horaires qui nous conviennent que de nos compétences. » Sans compter que certains salariés ont d'autres activités ailleurs... « Tu sais bien que je ne travaille pas le lundi ! », s'entend dire un cadre de RFI cité dans le rapport tandis qu'il propose une émission à une chargée de réalisation. Autre confidence d'un technicien : « Ici, l'ambiance de travail est très cool. Dans la radio où je travaillais avant, il y avait une vraie hiérarchie, de vrais chefs : ici, moi, j'en ai plein de chefs, donc je n'en ai aucun. Il n'y a que les journalistes qui ont une véritable armée mexicaine [sic] ! »

L'absence de chefs ouvre un boulevard aux organisations syndicales, « interlocuteurs naturels de la DRH ». « Se crée ainsi un cercle vicieux dans lequel deux acteurs institutionnels, la DRH et les syndicats "pilotent" le minimum de ce qui doit être piloté, note Dupuis, tandis que les individus s'auto-organisent en fonction de leurs goûts ou leurs nécessités. »

De fait, quand une nouvelle autorité s'avise de remettre en question ce système, l'intersyndicale bombarde les médias de communiqués assassins sur Christine Ockrent. Tandis qu'elle défend un plan social jugé scélérat, la « dame » du Quai d'Orsay est accusée de s'être octroyé, grâce à ses appuis élyséens, 310 000 euros de salaire et une prime de performance. « Je récuse totalement ce chiffre. Mon salaire a été aligné sur celui des patrons de l'audiovisuel extérieur et je ne touche aucune prime de performance », réplique-t-elle. En effet, Christine Ockrent perçoit 315 000 euros par an, primes comprises [1]. Soit exactement le même salaire qu'Alain de Pouzilhac. « J'ai négocié nos salaires identiques avec Jean-Paul Faugère, à Matignon, reconnaît-il. Pour ma part, j'ai accepté une baisse de salaire car, chez France 24, je gagnais 350 000 euros. Pour plaisanter, j'ai dit à Faugère : "C'est la première fois de ma vie que j'accepte un salaire moindre alors que j'ai plus de boulot !" »

Les syndicats ont un boulevard devant eux tant le comportement de Christine Ockrent prête le flan à la critique. Alors qu'elle se sait surveillée et que la période est délicate, elle défie la déontologie

---

1. La notion de « prime de performance » pour les dirigeants de l'audiovisuel public prête à sourire. En théorie, cette prime dépend d'objectifs à atteindre définis par la tutelle. En pratique, la tutelle ne détermine jamais les objectifs. Elle considère qu'ils sont atteints. La prime est donc automatique.

journalistique en traçant à sa guise une ligne de démarcation plus que floue entre ses deux vies, celle, publique, de manager et celle, privée, dans le compagnonnage du ministre des Affaires étrangères. Les syndicats en grève à RFI pointent assez justement du doigt la présence de la reine Christine au bras de l'homme de sa vie lors des commémorations du D-Day à Colleville-sur-Mer, le 6 juin 2009. Pouzilhac avait-il besoin de ça ?

Une photo montre qu'elle est la seule « épouse » (en fait, ils ne sont pas mariés) de ministre (Pénélope Fillon exceptée) à avoir effectué le déplacement en Normandie. Christine Ockrent a choisi de s'asseoir au milieu de la délégation ministérielle, c'est-à-dire dans la rangée occupée par Christine Lagarde, Patrick Devedjian, Hervé Morin, Éric Besson... « Je n'ai rien à dire et je ne souhaite pas nourrir davantage les tourments éthiques d'une "poignée de gens" », esquive-t-elle. La gêne est néanmoins palpable, y compris parmi les cadres dirigeants de RFI qui soutiennent sa réforme.

Après bien des actions judiciaires perdues et gagnées, le plan de départs volontaires – réduit à 201 postes du fait de départs et décès – est enfin ouvert le 28 octobre 2009. Un mois plus tard, les volontaires s'élèvent à 270 ! C'est plus qu'il n'en faut et la direction va devoir faire des frustrés. Un scénario que l'intersyndicale interprète à sa façon : « Les gens veulent partir parce qu'ils sont écœurés. » On peut aussi considérer que ce plan, qui octroie trente-six mois de salaires aux plus anciens, est une bénédiction pour certains salariés, très contents de quitter RFI avec un joli butin... L'obstruction syndicale était-elle la traduction de la stricte volonté de tous les salariés ?

Un dernier détail : qui paiera ce plan de départs volontaires ? RFI ? Non, c'est l'État. Le contribuable plus exactement. La réforme de l'audiovisuel extérieure, voulue par Nicolas Sarkozy, a pour l'instant davantage coûté que rapporté. On verra si les fameuses synergies tant vantées entre France 24, RFI et TV5 Monde seront d'un quelconque effet sur les deniers publics. Un jour, sans doute, la Cour des comptes produira un rapport. Son Premier président aura son petit quart d'heure de gloire dans quelques revues de presse. Et le lendemain, on oubliera et on sera passé à autre chose...

III

HADOPI :
SARKOZY FACE AUX JEUNES PIRATES

Chapitre 1

Un paysage calciné

Nicolas Sarkozy aborde le problème du piratage en orfèvre des calculs politiques. Bien sûr, le libéral qu'il est ne peut que se ranger du côté des défenseurs du droit d'auteur, transposition intellectuelle du vénérable droit de propriété, un dogme intangible dans sa pensée. Mais le piratage est si massif en France et dans le monde qu'il n'est plus très sérieux de chercher à embastiller cette jeunesse qui a quasiment transformé le peer-to-peer en rite initiatique. Est bien ballot celui qui, en 2007, dans la cour de l'école, du collège ou du lycée paie encore la musique qu'il transporte partout avec lui sur son baladeur MP3.

Ces jeunes – Sarkozy en est parfaitement conscient – n'ont pas voté pour lui. Le chef de l'État est le champion des seniors dans une France qui vieillit et dont l'âge médian se situe à plus de cinquante ans. Les deux tiers des retraités ont déposé dans l'urne un bulletin de vote en faveur du candidat UMP. Inutile de dire que la question du téléchargement illicite passe 10 000 pieds au-dessus des têtes chenues. À ceci près que les gros bataillons de pirates ne sont autres que leurs fils et petits-fils. Et pour cette seule raison, le corps social n'admet plus qu'on punisse la contrefaçon numérique aussi sévèrement qu'on frappe les auteurs de contrefaçon physique, à savoir de trois ans de prison et 300 000 euros d'amende. Des peines trop lourdes que les tribunaux renoncent d'ailleurs à appliquer.

Le candidat Sarkozy réalise, dès 2006, que le droit d'auteur est une carte politique à jouer, non pas pour récolter des voix, mais pour diviser la gauche. Il a déjà pris les commandes de l'UMP lorsque son collègue de la Culture, Renaud Donnedieu de Vabres, s'embourbe au Palais-Bourbon avec une piteuse loi sur le droit d'auteur et les droits voisins dans la société de l'information (DADVSI), mal ficelée et mal vendue aux parlementaires. En sous-main, Sarkozy organise à l'UMP des réunions où les caciques de l'industrie du disque, Pascal Nègre – le puissant patron d'Universal Music – et des artistes de renom, de Jean-Jacques Goldman à Charles Aznavour en passant par Jean-Michel Jarre, viennent chercher auprès du futur candidat à la présidentielle un soutien dans leur combat pour la préservation de leur gagne-pain. La gauche est déjà divisée entre les pro-artistes et les pro-internautes. Les saltimbanques – sa clientèle habituelle – ne comprennent plus cette gauche qui leur préfère, en partie, une jeunesse libertaire qui pille leur portefeuille. Sarkozy n'a pas mis longtemps à réaliser le parti qu'il peut tirer de ce schisme afin d'attirer à lui un certain nombre de « gauchos » qui grattent la guitare, ou du moins les neutraliser durant la campagne à venir. Si les baladins ne chantent pas encore sous ses fenêtres, au moins ils n'iront pas jouer de la mandoline sur les tréteaux du candidat de la gauche.

En outre, Nicolas Sarkozy est sensibilisé à ces questions par une frange d'artistes enrichis, ses voisins à Neuilly-sur-Seine. Parmi eux, Christian Clavier, Jean Reno... Certes, le cinéma n'est pas encore aussi touché que la musique [1], mais les prémices d'un téléchargement massif des images pointent à l'horizon. Tout le monde sait bien que le septième art est le prochain sur la liste à subir l'assaut de la vague numérique. Nicolas Sarkozy n'a pas encore rencontré Carla Bruni mais il a déjà choisi son camp sans la moindre hésitation : le piratage est l'ennemi à abattre, du moins à endiguer.

---

1. On ne constate aucun fléchissement des entrées en salle mais les ventes de DVD chutent de manière vertigineuse.

Pas étonnant que Christine Albanel se voie assigner cette tâche parmi les priorités de sa lettre de mission. Mais comment faire ? Question de méthode. Et d'abord, éviter les erreurs commises par son prédécesseur, Renaud Donnedieu de Vabres.

La débâcle de RDDV

RDDV fut peut-être un bon ministre, hélas mal épaulé par un cabinet dépourvu de sens politique. Le jeune Séverin Naudet, son conseiller pour les médias et les industries culturelles depuis 2004, est un ancien salarié de la major Virgin Music. Sa culture politique est encore trop tendre quand se présente l'examen de la loi protégeant le droit d'auteur à l'heure d'Internet. Son enthousiasme pour la musique se traduit par une bourde colossale. C'est à son initiative que, le premier jour du débat, les députés sont accueillis par des représentants de... Virgin, introduits jusque dans la buvette du Palais. Ils sont venus faire des démonstrations de piratage. Ce faisant, les majors donnent le ton de la façon la plus maladroite : ce débat ne leur échappera pas. Énorme scandale chez les députés, y compris ceux acquis à la défense du droit d'auteur qui ont le sentiment qu'on leur force la main. Le Parlement est sans doute sous l'emprise des lobbies, mais d'habitude on y met les formes...
RDDV ne pouvait commencer plus mal son entrée dans l'hémicycle. En pleine discussion parlementaire, Donnedieu est alors confronté à une révolte au sein de son propre parti. Une fraction des parlementaires de la majorité, menée notamment par Christine Boutin, Alain Suguenot et le jeune Laurent Wauquiez – qui a eu le malheur de confier ses doutes sur un tchat Internet –, mena une fronde très politique contre le projet. Sur le mode du « mon fils n'est pas un délinquant », Boutin avait fait mouche auprès du marais des députés de l'UMP, lequel pataugeait allègrement dans les lacis techniques du dossier. Surtout, les députés de la majorité faisaient l'objet d'une campagne très insidieuse des adversaires de toute régulation sur Internet. Chaque week-end, dans leur circonscription, ils se faisaient harceler par quelques internautes qui leur expliquaient que ce projet de loi allait les couper de la jeunesse. Ce qui n'était pas

complètement faux, mais comme les plus jeunes ne se déplacent pas en masse et votent plutôt à gauche...

Boutin et Wauquiez allèrent au bout de leur logique en faisant même voter, avec une vingtaine de camarades, à la veille de Noël 2006, le principe de la licence globale ! Ce jour-là, une partie de la droite et une partie de la gauche ont fait alliance contre le gouvernement. La « licence globale » revient à une forfaitisation de la consommation de biens culturels sur Internet : chaque internaute paie, en plus de son abonnement au Net, une somme qui l'autorise à télécharger ce qu'il veut sur la Toile.

Séduisant sur le papier, non ? Seul problème, la licence globale est une « usine à gaz » inapplicable. Personne ne sait aujourd'hui comment répartir les sommes perçues entre les artistes en respectant le principe fondamental du droit d'auteur : la rémunération doit être proportionnelle à la « consommation » de l'œuvre. C'est donc l'exemple parfait du sophisme technologique. Aucun pays développé ne l'a adopté à ce jour. Une très large part des artistes est radicalement opposée à cette mesure qui, comme le dit Pascal Rogard, le puissant patron de la SACD[1], les ramènerait « au temps de Joseph Staline ».

Au final, le texte DADVSI fut adopté par l'Assemblée le 21 mars 2007, après dix-huit séances homériques émaillées d'incidents de procédure. Nicolas Sarkozy a envoyé au Parlement ses « whips[2] » qui veillent à mater les tentatives de subversion au sein de son camp. Pris en étau entre les majors du disque et les adeptes de l'Internet gratuit, le ministre porte les traces profondes de ce combat. Le terrain est tellement accidenté que, pour éviter les flèches, Jack Lang, l'auteur de la loi de 1985 sur le droit d'auteur, ne s'est pas montré une seule fois dans l'hémicycle... Qu'on se rassure, on ne le verra pas non plus pendant l'examen de la loi Hadopi[3]. Pascal Nègre, le patron d'Universal, atteint un degré d'impopularité inouï

---

1. Société civile des auteurs compositeurs dramatiques, l'une des plus puissantes des sociétés de répartition des droits d'auteur en France.
2. Whips : chefs de file de Parlement britannique, chargés de surveiller les élus de leur parti, du nom des « whippers-in », chasseurs encadrant les meutes de chiens.
3. On le verra en revanche soutenir le texte d'Albanel sur les plateaux de télé, c'est-à-dire dans son élément.

chez les jeunes. Le « père fouettard » du droit d'auteur saura en tirer les leçons et se fera très discret durant le débat sur la loi Hadopi, en adoptant la « Jack Lang attitude ».

Afin de compenser l'impopularité de la loi, RDDV a tempéré, en deuxième lecture, la répression promise aux « petits gibiers de potence », à savoir les centaines de milliers de jeunes internautes : 38 euros le simple téléchargement illicite, 150 euros en cas de mise à disposition de l'œuvre ainsi volée via les réseaux d'échange « pair à pair » (le P2P). Pénalités réelles ou sanctions fictives ? Le doute est permis.

Mais un dernier coup du sort va achever de démonter la loi DAVDSI. Le Conseil constitutionnel fait voler en éclats ce dispositif d'amende, sur le motif qu'on ne peut traiter différemment la contrefaçon physique et le vol numérique. La censure entraîne le retour au droit commun : 300 000 euros d'amende et de la prison. Autant dire que la loi DADVSI est inapplicable. C'est un échec complet. Le piratage n'est pas inquiété une seule seconde et file bon train.

À LA RECHERCHE DE L'UNION SACRÉE

Quand Christine Albanel prend ses quartiers rue de Valois, près de deux ans se sont écoulés depuis que le sujet du téléchargement est sur la table : l'industrie du disque est désormais à genoux, le DVD un objet en voie de disparition, les séries américaines sont visionnées sur le Net en France le lendemain de leur diffusion sur les chaînes américaines, coupant ainsi l'herbe sous le pied de Canal +, TF1 et M6. En revanche, les entrées en salle continuent à se maintenir à la hausse. Rien ne remplacera la sortie amicale au cinéma... Et puis, les cartes illimitées UGC-MK2 et Pathé-Gaumont ont offert aux jeunes désargentés le moyen de réduire considérablement la note cinéma, ou du moins de casser dans leur esprit le « prix psychologique » du billet d'entrée.

La nouvelle ministre de la Culture a participé à la rédaction du discours de campagne de Sarkozy adressé au monde culturel. Henri Guaino était repassé derrière et y avait ajouté une grosse pincée de lyrisme. Le candidat avait choisi un lieu un peu étrange pour le prononcer : le *Showcase*, célèbre boîte de nuit située sous le pont des Invalides, d'habitude fréquentée par des éphèbes, parfois encore boutonneux. Le choix de ce lieu demeure à ce jour un mystère. Quand on veut s'adresser au monde culturel, il est un peu étonnant de le faire depuis une boîte de nuit. C'était probablement une forme nouvelle de rupture. Ou le signe avant-coureur du bling-bling des premiers mois du quinquennat...

Albanel déteste foncer tête baissée en faisant des déclarations tonitruantes. Pour cette fille de la bonne bourgeoisie toulousaine, cela n'est pas convenable. Avant d'agir, elle consulte, réfléchit, pèse longuement le pour et le contre, ce qui donne parfois un sentiment de lenteur et d'hésitation. Puis elle dresse un plan de bataille, une stratégie et s'y tient. Elle a du mal à supporter une politique faite d'une succession de coups médiatiques sans lendemain. Ceci explique le fait qu'elle se soit sentie souvent mal à l'aise dans ce gouvernement dans lequel l'effet d'annonce sans suite tient lieu de viatique et de politique. Il est amusant à ce titre de faire la cartographie des ministres dont elle est proche : Fillon au premier titre. Ils adorent parler de leurs malheurs. À savoir les emportements du chef de l'État à leur sujet... Elle s'entend bien avec Christine Lagarde et ne s'ennuie pas avec Éric Besson et Jean-Pierre Jouyet. Seule entorse au bling-bling, Albanel a toujours eu d'excellentes relations avec Rachida Dati. Leur proximité commune avec Cécilia explique cette alliance contre nature. Et puis, Rachida Dati n'a jamais abandonné sa copine Christine devant les difficultés.

Côté médias, Albanel a été façonnée à la vieille école de la politique auprès de Jacques Chirac. Et comme son ancien mentor, elle en conserve une méfiance instinctive. Sa timidité naturelle n'explique pas tout. La ministre, qui en privé n'a pas sa langue dans sa poche, craint de lâcher involontairement une de ces formules assassines et terriblement méchantes dont elle a le secret.

En reprenant le dossier du téléchargement, Albanel se trouve confrontée à trois défis. D'abord, réconcilier le monde du cinéma et celui de la musique, divisés lors de la loi DADVSI. Les « cultureux » du cinéma d'auteur (moins concernés par le piratage) ne supportent pas les mœurs parfois grossières des gens du disque, une population plus jeune, plus exubérante, plus prolétaire et qui ne néglige aucun des signes ostentatoires de l'enrichissement rapide.

Christophe Tardieu, le directeur adjoint d'Albanel, est ainsi le témoin du choc des cultures : « À ma première rencontre avec Pascal Nègre, il m'explique qu'il faut absolument mettre des radars sur Internet et à chaque téléchargement illégal, le fautif a droit à une amende. Je me suis dit que ce n'était pas gagné car, derrière une forme quelque peu expansive, j'ai bien senti une grande intelligence et une opiniâtreté qui ne l'était pas moins. » Pascal Nègre parle fort, avec de grands gestes démonstratifs, surtout quand il veut convaincre. Il s'agite tellement le jour de son rendez-vous avec Tardieu qu'il manque de passer par le balcon du ministère et de s'écraser dans la cour du Palais-Royal ! « J'ai rencontré ensuite peu de temps après Nicolas Seydoux, qui était le leader moral du monde du cinéma sur le sujet, poursuit Tardieu. Difficile de faire plus différent sur la forme, ce qui n'est pas grave, mais également sur le fond, ce qui est plus embêtant. Le cinéma voulait pour sa part des mesures plus *light* sur le téléchargement illégal, mais surtout aucune obligation contraignante le concernant comme la sortie plus rapide des films en DVD. »

Deuxième défi : Albanel doit convaincre les fournisseurs d'accès à Internet (FAI) de s'intéresser à la lutte contre le téléchargement illégal. Ce sont les grands gagnants de la piraterie. Leur commerce repose sur la promesse du haut débit dans les foyers et si leurs parts de marché ont crû si rapidement, c'est que la technologie offre aux internautes des débits suffisants pour télécharger illégalement quantité d'images et de sons. L'intérêt des FAI est au contraire que rien ne bouge. Mais la situation a un peu évolué : voilà les Français captifs de leurs abonnements. On peut éventuellement commencer à resserrer les mailles du filet...

Christine Albanel constate cette nouvelle disposition d'esprit en multipliant les rencontres avec Didier Lombard, de France Télécom, et Jean-Bernard Lévy, patron de Vivendi, qui sont les acteurs fondamentaux dans ce domaine. Jean-Bernard Lévy n'est pas difficile à convaincre. À la tête d'un groupe qui gère aussi bien des contenus, avec Canal + et Universal Music, que de la téléphonie mobile et de l'accès à Internet (via SFR et Neuf), il a décidé depuis longtemps de soutenir le monde des contenus, persuadé que le développement de Vivendi passe par cette activité. Il n'est d'ailleurs pas le dernier à crier au vol vis-à-vis de la Chine, si permissive avec les pirates.

Didier Lombard est plus difficile à convaincre, même si son entreprise fait de discrètes mais très remarquées incursions dans le domaine des contenus avec, par exemple, sa filiale de cinéma Studio 37, puis les chaînes de télévision cinéma et sport. Mais Lombard peine à reconnaître les deux arguments chocs de la ministre. Premier argument : le marché de l'abonnement à Internet va finir par se saturer en France, à l'instar du téléphone mobile. L'offre qui se distinguera sera celle qui proposera le plus de contenus possibles. Il faut donc les protéger efficacement. Second argument : le téléchargement illégal, après avoir assuré la prospérité des offres d'abonnement Internet illimité en ADSL, va finir par coûter très cher en bande passante aux fournisseurs d'accès.

Lombard sait qu'Albanel a raison mais il est entouré d'ingénieurs de très haut niveau pour qui le contenu incarne le diable. Il doit donc naviguer entre les rochers. Mais il ne faiblira pas sur ce dossier. Vivendi et France Télécom sont surtout inquiets des agissements de Free, fondée par Xavier Niel, le trublion dont la culture libertaire est très proche de celle des internautes. Pas question pour Lévy et Lombard de laisser Niel braconner seul sur les terres de la musique et du cinéma. Ils sont disposés à agir mais à la condition que Niel soit pieds et poings liés, tout comme eux. Et Dieu sait que l'unité des fournisseurs d'accès n'est pas gagnée...

Le troisième défi est législatif. Albanel devra aller chercher les députés et les sénateurs un à un pour voter une loi la plus équilibrée et la plus pédagogique possible. Elle n'ignore pas que, dans la majorité, beaucoup de députés et de sénateurs sont tentés par le dispositif de la licence globale. À gauche, les parlementaires devraient être favorables à la croisade contre le téléchargement illégal en bonne logique politique, mais l'implication de Nicolas Sarkozy dans ce dossier les invite à s'y opposer. Albanel est surtout effarée par la mauvaise connaissance que les parlementaires ont d'Internet... Les nouvelles technologies, ce n'est plus de leur âge.

Dans ce domaine, on peut même dire que certains vivent au crétacé... Au ministère de la Culture, on se souviendra longtemps de ce député de la majorité venu dire, très assuré de sa position, que le projet de loi Hadopi ne passerait jamais car « les jeunes sont contre ». À l'appui de sa conviction : 30 courriels émanant d'internautes hostiles au projet de loi. Très bien. Le cabinet Albanel lui demande ce que disent ces mails. Le député répond, un peu gêné : « Je ne sais pas car ma secrétaire n'est pas là le mercredi, et je ne sais pas ouvrir les mails sur ma messagerie. » On part de loin !

Albanel comprend aisément que le cas de ce pauvre député n'est pas isolé. En bombardant les députés de mails, les internautes pirates vont lui compliquer la tâche... La ministre se méfie mais pense que les temps sont mûrs pour arriver à un accord historique entre la musique, le cinéma et les fournisseurs d'accès. Mais elle craint qu'en se mettant trop en avant, elle ne brûle d'importantes cartouches qui lui seront indispensables pendant le débat au Parlement. D'où l'idée de trouver quelqu'un d'emblématique qui préparerait le terrain à sa place. En somme, un super VRP anti-piratage !

Chapitre 2

Les roublardises d'Olivennes

Très vite, entre Albanel et Sarkozy, Denis Olivennes apparaît comme le candidat idéal pour cette mission. À l'époque PDG de la FNAC, auteur d'un livre intitulé *La gratuité, c'est le vol*[1], très estimé des milieux culturels, Olivennes, énarque et normalien, est un touche-à-tout, issu de la gauche, qui connaît le monde entier et qui, surtout, est prêt à composer avec un Président de droite... « Mon positionnement politique n'a jamais été ambigu : je suis de gauche, j'ai voté pour Ségolène Royal, indique-t-il. J'ai même fait partie d'un groupe de travail d'une dizaine de personnes autour d'elle au début de la campagne présidentielle. » Olivennes fait partie des fondateurs des « Gracques », un groupe de hauts fonctionnaires de sensibilité socialiste ayant appelé à une alliance avec le Modem. Bref, son ouverture vers le centre le prédispose à accepter cette mission. Toutefois, avant de donner son accord, il consulte son ami François Hollande, alors secrétaire général du PS, lequel n'y voit aucun inconvénient. En tant que patron de la FNAC, Olivennes avait déjà été actif sur la question du piratage au moment de la loi DADVSI de 2006. À l'époque, il avait publié une tribune remarquée

---

1. Éditions Grasset, 2007.

dans *Libération* contre la licence globale. Positionné sur cette ligne, Nicolas Sarkozy, déjà en pleine campagne, l'avait convié à dîner Place Bauveau parmi moult autres artistes. Il y croise Albanel. Au sommet de l'État, tout le monde se dit que pour marier cinéma, musique et FAI, l'entregent d'Olivennes fera merveille...

L'ATTELAGE IMPOSSIBLE

Albanel-Olivennes, drôle d'attelage ! Difficile de trouver plus dissemblables que ces deux individus : l'ancien trotsko à la chemise toujours largement ouverte sur un poitrail velu, pratiquant encore régulièrement la boxe, et la catho bien à droite et bien comme il faut vont pourtant faire cause commune.

La veille de son entrée au ministère, le 18 mai 2007, Albanel rencontre Olivennes, au *Flore*. « Est-ce que tu peux me parler du piratage ? », demande-t-elle. Le patron de la FNAC lui livre son analyse : « Tu peux tirer partie d'une circonstance historique favorable : les fournisseurs d'accès à Internet n'ont plus besoin du piratage pour se créer un portefeuille d'abonnés. Ils vont désormais avoir besoin de vendre des contenus. Mon conseil : c'est ton sujet numéro 1, ne fais rien d'autre. Ou alors, si tu veux te consacrer à ton ministère, désigne une personne qui pourrait mener à bien cette mission. »

Un mois plus tard, au tout début de l'été 2007, Albanel rappelle Olivennes : « J'en ai parlé au président de la République. Est-ce que, éventuellement, tu ferais un rapport avec un groupe de travail dans lequel figurerait Didier Lombard, le patron d'Orange ? » Olivennes décline : « Non, Christine, l'heure des rapports est passée. Désormais, c'est une négociation qu'il faut engager. » Manifestement, le message passe et remonte au château où Georges-Marc Benamou, accompagné du conseiller technique Éric Garandeau, reçoit Olivennes. On discute. Olivennes veille à tenir Albanel informée de ses concertations élyséennes. Il n'ignore pas qu'entre Benamou et Albanel, on est déjà à couteaux tirés... Finalement, Benamou repose la question de confiance : « Est-ce que tu accepterais de mener la mission ? » Olivennes, qui n'a pas beaucoup de temps, vérifie que la famille Pinault, propriétaire de la FNAC, consent à cet « extra ». Feu vert. Puis, il pose ses conditions : « Je choisis mon équipe » et érige comme principe que cette mission n'aura pas de caractère « partisan ». Enfin, il se donne « un mois pour parvenir à un accord, entre septembre et octobre ». Le communiqué à propos de sa nomination tombe en plein mois de juillet 2007, à l'issue d'un Conseil des ministres. « On ne m'a pas prévenu », se souvient-il en souriant.

Qu'importe, Olivennes fonce ! Enfin, à sa manière. Il s'entoure de spécialistes, auditionne, rappelle, convainc. Nicolas Sarkozy n'est pas mécontent de cette nouvelle prise à gauche... Très vite, le patron de la FNAC arrive à un premier résultat : accorder le monde de la musique et du cinéma autour du constat très noir de la mort économique annoncée de leurs activités. Olivennes dramatise à outrance pour provoquer l'union sacrée. Belle gageure ! Le très protestant Nicolas Seydoux et le vibrionnant Pascal Nègre adoptent la même partition. C'est la preuve qu'Olivennes est l'homme de la situation. Albanel admire l'artiste. « Il est fort », lâche sobrement à ses collaborateurs cette femme économe de compliments.

On ne revient pas sur la répression : la loi devra manier le bâton avec légèreté. La pédagogie doit l'emporter sur la matraque. Avec le conseiller juridique d'Albanel Olivier Henrard et des petites mains du Conseil d'État, Olivennes finit par trouver un système dans lequel les internautes recevraient des messages d'avertissement, puis une lettre recommandée puis, si les téléchargements perdurent, une mesure de suspension d'abonnement. Aucune amende, aucune peine de prison. Albanel jubile intérieurement. Elle pense tenir la clé du problème. Il faut maintenant peaufiner juridiquement le texte et surtout le vendre à tous les acteurs.

En termes de négociations, Olivennes est un maître de l'aïkido. En bon ancien militant de l'extrême gauche, il segmente les discussions, manipule, dramatise, utilise ses réseaux. Albanel et Olivennes croisent leurs carnets d'adresses qui se complètent à merveille. Albanel cajole Didier Lombard et Jean-Bernard Lévy. Olivennes réussit à convaincre le plus rétif, Free. Mais la version du patron de Free diverge de la belle histoire officielle... Les deux hommes se rencontrent pour la première fois lors d'un déjeuner chez *Senderens*, un restaurant très chic de la place de la Madeleine. Par nature, Niel a une sainte horreur des mondanités. Il partage sa vie entre sa famille, son travail et les 1 000 mails par jour par le biais desquels il communique avec le monde extérieur. Un ours ? Pas du tout. Un homme très affable mais qui se préserve. « Olivennes me fait un numéro de charme extraordinaire, raconte-t-il. Il commence par me dire : "Je ne peux pas envisager ces accords sans que vous en soyez. Naturellement, nous ferons ce que vous pensez juste." En somme, il me dit que c'est moi qui vais rédiger les accords ! » Niel pose une condition sur laquelle il ne transigera pas : d'accord pour suspendre l'abonnement des pirates (ses abonnés), à condition que cette suspension soit prononcée par un juge. Niel étaie son argumentaire en raisonnant par l'absurde : « Quand on procède à des écoutes téléphoniques dans le cadre de la lutte anti-terroriste, on demande l'autorisation à un juge. Et là, quand il s'agit de fouiller dans les échanges électroniques pour défendre les revenus des maisons de disques, on s'en passerait ? » Denis Olivennes ne cherche pas à le contredire. Niel n'est pas non plus né de la dernière pluie : il sait très bien qu'un juge se montrera beaucoup plus réticent à sanctionner les internautes qu'une autorité administrative qui n'aurait que ce seul objectif. Sans compter que la justice est lente.

À la fin du déjeuner, petit gag : Xavier Niel sort du restaurant et affirme croiser... Jacques Veyrat, à l'époque le patron de Neuf, son concurrent ! Olivennes tiendrait-il permanence, ce jour-là, chez *Senderens* ? Niel réalise en une fraction de seconde que les flatteries d'Olivennes ne lui sont pas réservées. Étrangement, Olivennes n'a pas du tout souvenir d'avoir vu Veyrat ce jour-là.

Le texte d'un accord historique entre cinéma, musique, télévision et FAI est prêt. C'est ici que la roublardise de Denis Olivennes touche à l'art. Il négocie avec tous les futurs signataires mais s'arrange pour ne jamais leur laisser le texte de l'accord. Si bien que personne ne sait vraiment quelle est la version qui circule. Seul Olivennes a une idée précise de qui concède quoi... « Il s'agissait d'éviter les fuites dans la presse », explique-t-il. Certes, mais d'autres témoins conservent cette impression de flou, comme Maxime Lombardini, le numéro 2 de Free : « On a eu tellement de versions du texte, et seulement des morceaux, qu'à la fin on ne savait plus exactement ce qu'on était en train d'accepter. »

Les accords de principe de tous les syndicats du cinéma, de la musique et de la télévision tombent les uns après les autres. La signature est subitement fixée au 23 novembre 2007. Elle aura lieu en grande pompe, en présence du président de la République. « On ne sait ce qui s'est passé, la signature aurait dû avoir lieu plus tard, témoigne Olivier Henrard. On reçoit un coup de fil de l'Élysée qui avance la signature de dix jours. » Ce changement de calendrier va créer un dernier coup de chaud...

Le coup de chaud des télés

Le 20 novembre au soir, Tardieu est appelé au téléphone par Jean-Michel Counillon, le secrétaire général de TF1, qui veut l'inviter à dîner pour évoquer des choses ennuyeuses. Le rendez-vous est pris dans un restaurant de la porte d'Auteuil. Le message est grave. Denis Olivennes n'a pas suffisamment bien traité les grandes chaînes privées, qui lui en veulent. Chez Canal +, le PDG Bertrand Méheut n'a que « mépris » pour Olivennes car il considère que celui-ci a laissé Canal +, quelques années plus tôt, « dans un état lamentable [1] »... Ambiance.

TF1, M6 et Canal + refusent de signer le texte qui, à leurs yeux, fait la part trop belle aux sites d'échanges vidéo. En effet, la Une est en procès avec Dailymotion précisément pour contrefaçon et regimbe à signer un accord commun avec son pire ennemi, de peur d'affaiblir sa position. Olivier Henrard, le juriste, est également alerté. Il y a urgence à traiter le problème car le lendemain, 21 novembre, une grande réunion doit se tenir rue de Valois avec tous les participants pour obtenir une dernière fois leur accord avant la signature du document, deux jours plus tard à l'Élysée. Le risque que tout capote serait dramatique quand on sait le prix que Sarkozy

---

[1]. Un jugement sévère que Bertrand Méheut répète inlassablement dès qu'on l'interroge sur ses prédécesseurs à la tête de Canal +.

met à faire sa com' sur le piratage pour enfoncer un coin dans les rangs de la gauche...

Au sortir du dîner, Tardieu alerte sa ministre. Inquiétude. La pression est maximale sur les épaules d'Abanel. Elle décide alors de négocier directement au téléphone avec Méheut, Paolini et Tavernost. Méheut est un fervent supporter de la ministre. Ces deux grands timides qui se sont soignés s'apprécient beaucoup. Même s'il a conservé une dent contre Olivennes, Méheut se laisse convaincre. Le patron de TF1, Nonce Paolini, est plus difficile à persuader. Albanel finit par lui expliquer clairement que les enjeux majeurs pour TF1 ne sont pas là mais à venir... En effet, une directive européenne va permettre de desserrer l'étau qui comprime ses écrans de pub. Mais la ministre peut plus ou moins relâcher l'étreinte. À Paolini de se montrer raisonnable...

Nicolas de Tavernost, quant à lui, reste égal à lui-même : après une logorrhée ininterrompue de vingt minutes sur les fonctionnaires et le carcan législatif et réglementaire qui étouffe la France, le patron du groupe M6 rend les armes. En ronchonnant. L'essentiel est de ne pas l'interrompre pour éviter de relancer la machine. Le téléchargement illégal n'est pas stratégique pour M6 qui a décidé, de toute façon, de mettre gratuitement à disposition ses programmes sur son site Internet. Enfin Albanel contacte Patrick de Carolis qui se montre charmant et rassurant. L'audiovisuel public soutiendra sa ministre. Enfin un bon élève !

L'alerte a été chaude. Denis Olivennes demande à Albanel de co-présider la réunion de tous les futurs signataires. Elle préfère laisser sa place à Tardieu. Un participant évoque la scène : « Nous étions tous réunis dans le salon des Maréchaux. On était au moins 80 autour d'une immense table. Il y avait une ambiance de plomb. On voyait bien que les télés n'étaient pas contentes et que les fournisseurs d'accès à Internet regardaient tout cela avec intérêt en se demandant si le vent de l'histoire n'était pas en train de tourner. Tardieu a commencé un discours assez sec et agressif dans lequel il disait en gros que les plats ne repasseraient pas deux fois et que si un accord n'était pas possible, la ministre n'irait pas se suicider politiquement pour des milieux qui n'arrivent pas à s'entendre. »

Ce jour-là, on entend les mouches voler. Le secteur du cinéma a bien compris que Canal + n'est pas satisfait. Et comme personne n'a envie d'être mal dans ce secteur avec le grand argentier du cinéma, la mauvaise humeur de Méheut génère une certaine angoisse chez les producteurs de films. Seul Pascal Nègre, avec sa voix rocailleuse et son style imagé, arrive encore à plaisanter, mais l'angoisse est palpable. Olivennes et Tardieu ne lâchent rien sur le texte sauf un amendement au bénéfice de TF1. Henrard a été consulté afin d'ajouter une incise dans le texte des accords, histoire que TF1 n'ait pas le sentiment de perdre la face vis-à-vis de Dailymotion. Le ministère a préféré contenter TF1.

Le plus gros est fait. Pour éviter les fuites, Olivennes reprend lui-même le texte des accords qui a été remis aux participants en début de réunion. Le soulagement est visible sur tous les visages. Dans deux jours, les 46 signataires de la musique, du cinéma, de la télévision et les fournisseurs d'accès à Internet doivent se retrouver à l'Élysée autour de Nicolas Sarkozy.

Mais la veille de la signature, nouveau psychodrame. Il faut prévenir Dailymotion que le texte a été légèrement amendé... « La veille de la signature, vers 20 heures, Henrard m'appelle, se souvient Martin Rogard, le patron de Dailymotion. Je suis dans l'Eurostar. Nous revenons de Londres. Il me lit le texte au téléphone. Ça coupe de nombreuses fois. Il refuse de nous faxer le texte. Impossible de signer dans ces conditions. On décline l'invitation de l'Élysée qui nous est faite de façon acrobatique la veille pour le lendemain. » Ce n'est pas fini. Le lendemain matin, Martin Rogard est réveillé par un coup de fil de l'Élysée. Au téléphone, Éric Garrandeau, le conseiller audiovisuel, tente une nouvelle fois de convaincre le patron de Dailymotion de se joindre à la signature fixée à 10 heures du matin... « Je refuse une nouvelle fois. À bout d'arguments, il me dit un truc hallucinant : "D'accord, vous ne signez pas. Venez au moins pour la photo !" Je n'en crois pas mes oreilles... »

La controverse Niel-Olivennes

Le 23 novembre, c'est un Nicolas Sarkozy plutôt tendu qui entre dans la salle des fêtes de l'Élysée. Pour mettre un peu de fioritures, des artistes invités en toute hâte par la rue de Valois trônent comme des plantes vertes. Contrairement à une légende urbaine tenace, Carla Bruni ne fait pas partie des convives.

Nous sommes en plein conflit des régimes spéciaux des retraites et la SNCF roule au pas. Le Président commence son discours par un appel à la reprise du travail. L'heure est grave. Les artistes invités regardent leurs chaussures et se demandent ce qu'ils font là. Mais très vite le Président se met à lire le discours sur le téléchargement illégal, rédigé par son conseiller Éric Garandeau. Il précise que Denis Olivennes – qui pour une fois a mis une cravate ! – n'est pas du tout de son bord mais que, sur un tel sujet, l'unanimité prévaut. Le Président se détend, plaisante, lance quelques formules. Garandeau, qui est un chaud partisan du dispositif et du secteur culturel, a même ajouté – cerise sur le gâteau – l'annonce de mesures fiscales d'aide au cinéma et à la musique. Les conseillers d'Albanel jubilent de ce bon coup fait à leurs homologues de Bercy et de Matignon.

« La séance de la signature est assez absurde, raconte Niel. D'abord, on est convoqués la veille pour le lendemain. Ça tombe bien, mes bureaux sont à deux encablures de l'Élysée. On se retrouve tous à la queue leu leu comme dans un bureau de vote. L'accord se présente comme une grande page blanche avec nos noms et la place pour signer. Mais aucun texte n'est adjoint à la feuille de signature. Nous ne savons pas ce que nous signons ! » Le patron de Free pousse un peu car, comme toute cérémonie protocolaire, la signature est une mise en scène formelle d'un consentement. Personne ne prend le temps de lire le texte ce jour-là. Sinon la signature prendrait cinq heures ! Sauf que, pour le coup, Xavier Niel n'a jamais eu copie du texte définitif de l'accord afin de le lire tranquillement à tête reposée... D'où la controverse à venir avec Olivennes.

Quand vient son tour, Niel signe mais n'en pense pas moins. Petite subtilité : il signe les accords de l'Élysée au nom d'Iliad, la maison-mère de Free. En coulisse, il lâche : « Ce n'est pas Free qui s'engage à lutter contre le piratage. C'est Iliad, nuance. Free n'est pas directement engagée. » À chacun ses roublardises...

Pour célébrer les « accords de l'Élysée », Albanel organise un grand dîner rue de Valois avec tous les signataires. Xavier Niel accepte même d'y participer. À la table royale, Albanel s'est réservé la présence des plus grands du secteur : Bertrand Méheut, Patrick de Carolis, Pascal Nègre, Nicolas de Tavernost, Nicolas Seydoux... « On me place à côté d'Albanel », raconte Olivennes qui en profite pour désamorcer avec elle une rumeur qui court depuis quelques jours : Sarkozy se débarasserait d'elle pour le nommer, lui, rue de Valois. C'est faux, mais Albanel s'inquiète. Il la rassure. « J'arrive sans costume, en jean. Je ne savais pas que c'était habillé, s'amuse Xavier Niel. Et je me retrouve logé tout au fond, sur une petite table, très loin de la table des puissants [1]... Je sentais qu'Olivennes était un peu gêné. » « Je m'étais fait placer à côté de Niel, raconte Christophe Tardieu, car je voulais essayer de comprendre un peu sa personnalité. Alors que beaucoup le considèrent comme autiste, j'ai trouvé quelqu'un de très sympathique, ouvert, intelligent et... prudent. Il me posa des milliers de questions, ce qui lui permettait d'éviter d'avoir à répondre aux miennes. En tout cas c'est une personnalité tout à fait intéressante. »

Enfin le texte des accords parvient au siège de Free. Niel se souvient : « Mon collaborateur me prévient : ce n'est pas tout à fait la version du texte sur laquelle on s'était mis d'accord. La mention du juge a disparu. » Olivier Henrard proteste de sa bonne foi : « Je jure qu'on n'a rien changé à part trois mots pour faire plaisir à TF1. » « C'est une imputation calmomnieuse, clame Olivennes. J'ai vu Niel quatre fois ainsi que son chargé des affaires publiques. Free a participé à toutes les discussions. Le texte qu'il a signé est exactement celui qu'il a eu le loisir de lire auparavant. » En fait, le rapport adossé aux accords de l'Élysée envisage deux options quant à l'autorité chargée de suspendre l'abonnement des internautes contrevenants : soit un juge, soit une autorité administrative. Aucune des deux options n'est écartée. Pourquoi Free est-elle, a posteriori, la seule des 46 organisations signataires à protester ? Xavier Niel

---

1. Selon d'autres sources, Niel était à la deuxième table de la soirée, pas si mal traité.

aurait-il été mal informé par ses équipes ? On ne le saura jamais mais il jure mordicus qu'Olivennes l'a roulé dans la farine. Parole contre parole.

Nicolas Sarkozy est ravi du travail effectué par Olivennes. Dans les jours qui suivent, il charge sa directrice de cabinet, Emmanuelle Mignon, de proposer au patron de la FNAC d'entrer au gouvernement en tant que secrétaire d'État aux questions numériques. Olivennes décline sans hésitation. Il paraît que le chef de l'État en eut le souffle coupé. Olivennes en profite pour faire parvenir au Président une note qui complète sa réflexion. Il y est question, cette fois, de taxer faiblement le chiffre d'affaires des FAI afin de générer de nouveaux revenus pour les industries musicales, cinématograpiques et audiovisuelles. De quoi pourvoir trois secteurs culturels de ressources pérennes et qui ne feront que croître au fil des années. La note d'Olivennes a son petit effet. Malaxée par Alain Minc, l'idée de taxer les FAI va faire son chemin... pour supprimer la pub sur France Télévisions.

Chapitre 3

Le Sénat à la vitesse du TGV

Un nouveau combat commence. L'élaboration du projet de loi Hadopi va prendre six mois. C'est Olivier Henrard, le conseiller juridique de la ministre, qui est à la manœuvre. Ancien maître des requêtes du Conseil d'État, aussi brillant que modeste, Olivier Henrard, d'origine corse, promène sous sa calvitie un esprit perfectionniste qui ne supporte pas le travail mal fait. Le juriste du ministère mettra un soin tout particulier à avoir le texte le plus incontestable possible, même s'il ne sera pas toujours écouté par Matignon...

Bercy et la Chancellerie traînent des pieds

En vérité, à part Albanel et Sarkozy, personne ne veut de cette loi. Le travail interministériel atteste de la mauvaise volonté des autres ministres concernés. En premier lieu la Chancellerie, toujours réticente à faire évoluer la législation et qui n'a aucune envie d'encombrer ses tribunaux avec du menu fretin numérique. Olivier Henrard pousse au contraire pour que le prononcé de la sanction finale – la suspension unilatérale de l'abonnement à Internet – soit le fait d'un juge. Au niveau des garanties, c'est beaucoup plus sûr. La

Chancellerie bloque. Matignon arbitre contre Henrard. À tort, ce sera la principale raison de la censure du Conseil constitutionnel, dans quelques mois...

Le cabinet Albanel peut aussi compter sur l'hostilité sournoise d'une partie de Bercy, celle qui gère l'Industrie car les FAI y ont leurs entrées. Ils activeront leur réseau au sein de l'immeuble bâti par Chemetov. En revanche, la partie Budget de Bercy est fermée à toute idée d'indemniser les FAI chargés, dans le projet de loi, d'accomplir des travaux sur leurs réseaux pour permettre la traque des pirates... Si bien que d'une réunion interministérielle à l'autre, Bercy présentera tour à tour l'un et l'autre visage.

Christine Albanel a la mauvaise surprise de découvrir que les différentes étapes d'élaboration du projet de loi se retrouvent immédiatement sur les sites des internautes les plus violemment hostiles au projet, assorties de commentaires bien sentis... C'en est tellement systématique que certains membres du cabinet Albanel peuvent manquer une réunion interministérielle sans dégât. Il suffit d'aller faire un tour sur deux ou trois sites bien informés pour suivre l'évolution des débats avec les deux Bercy en quasi-direct.

Le cabinet d'Éric Besson, en charge de l'Économie numérique en 2007, n'est pas non plus en reste pour placer quelques peaux de banane sous les pieds des porteurs du projet. Enfin, Matignon lui-même ne montre pas un enthousiasme excessif sur ce texte. Les membres du cabinet du Premier ministre subodorent que le passé de François Fillon[1] et son goût assumé pour la technologie n'en font pas un zélateur du texte. Aussi, les arbitrages sont rarement rendus en faveur des positions du cabinet Albanel. La ministre et ses équipes s'appuieront autant qu'elles le pourront sur la volonté du Président et l'opiniâtreté de son conseiller, Éric Garandeau, qui multiplie les notes sur le sujet auprès de Claude Guéant – qui, un jour, s'en amuse auprès d'Albanel. En revanche, Franck Supplisson, le conseiller de l'Élysée en charge des nouvelles technologies, est hostile au projet.

---

1. Ministre délégué à la Poste, aux Télécommunications et à l'Espace, sous Jacques Chirac.

Les réunions préparatoires avec la Chancellerie, représentée notamment par Alexandra Onfray[1], sont épuisantes, et de plus en plus tendues. « Une fois, dans le bureau de Tardieu, on était tellement à bout qu'on rêvait d'en venir aux mains avec les mecs de la Chancellerie, se souvient Olivier Henrard. J'ai demandé à Christophe Tardieu de me rejoindre à la troisième réunion interministérielle pour éviter l'effet psychologiquement désastreux causé par le fait que j'étais la seule personne à m'exprimer en faveur du projet, contre une demi-douzaine de voix hostiles issues de Matignon, de la Justice, de Bercy et du conseiller nouvelles techno de l'Élysée. »

Le projet de loi passe la rampe du Conseil d'État. Ce dernier valide le dispositif préventif et pédagogique qui permet de lutter contre le téléchargement illégal. C'est un triomphe pour Olivier Henrard. Cerise sur le gâteau, un sondage Ipsos de mai 2008 révèle que 74 % des personnes interrogées approuvent « tout à fait » ou « plutôt » le mécanisme de « riposte graduée » prévu dans la loi Hadopi. Étude aussitôt contestée par la gauche et les internautes...

Baptême du feu pour Albanel

L'élaboration du projet de loi traîne, risquant de provoquer une démobilisation. Aussi Albanel demande-t-elle à son cabinet de réunir le plus souvent possible les principaux acteurs de l'accord signé à l'Élysée afin de déterminer une stratégie de communication. C'est ainsi que la loi évitera le mot anti-piratage, qui pointe du doigt les jeunes, pour adopter un patronyme plus rond : ce sera « Création et Internet », doux aux oreilles des parlementaires rétifs à ce type de loi. Pascal Nègre, qui avait cristallisé tant de haine en 2006, va se faire discret, ce qui n'est pas toujours simple pour le patron d'Universal...

Comme toujours, à l'Assemblée, les opposants n'ont pas désarmé. On retrouve exactement les mêmes qui avaient semé la panique dans les rangs de la droite : les socialistes Patrick Bloche et Christian Paul. Face à ces deux lascars, il faut bétonner les rangs de la

---

1. Conseillère de Rachida Dati pour les affaires pénales.

majorité. Nicolas Seydoux, Pascal Rogard, Pascal Nègre et Denis Olivennes ouvrent leurs carnets d'adresses et entament un siège des parlementaires. Albanel, pour sa part, se concentre sur deux personnages clés dans le dispositif : Jean-François Copé et le très actif Frédéric Lefebvre.

Albanel n'a guère de mal à convaincre Copé de l'intérêt de sauver les industries culturelles et lui fait comprendre que son soutien fera croître sa popularité dans les milieux artistiques, ce qui n'est pas neutre pour l'avenir. À l'inverse, s'il ne soutient pas le texte, les artistes s'en souviendront. Copé, qui penche spontanément vers les milieux culturels, n'hésite pas longtemps. Il se fait une joie d'orienter le groupe UMP en faveur de la loi Hadopi. L'UMP compte des adversaires acharnés du texte comme les députés Alain Suguenot, Marc Le Fur ou Lionel Tardy. Pas question de flancher. Albanel craint que la base des députés ne soit séduite par le discours de jeunisme que les adversaires du texte ne manqueront pas d'entonner.

Frédéric Lefebvre est un cas à part. Albanel n'a guère d'atomes crochus avec le porte-parole de l'UMP dont les sorties dans la presse sont calibrées pour choquer les esprits, provoquer la gauche. Pas de souci : Christophe Tardieu est un ancien camarade de fac du député des Hauts-de-Seine, par ailleurs l'un des plus anciens compagnons de route du président de la République. Lefebvre guigne depuis plusieurs mois un ministère, et pourquoi pas celui de la Communication tant son appétit pour les médias est grand. Il a trouvé sa place dans le cirque médiatique : il incarne l'aile dure du sarkozysme et s'arrange toujours pour dire tout haut ce que le Président pense en privé. Il ne recule devant aucune formule assassine, notamment quand il s'agit d'étriller Ségolène Royal. Cependant, Lefebvre n'est jamais là où on l'attend. Par exemple : son idole en politique ? Barack Obama ! Et certainement pas G.W. Bush... Quand les caméras de Canal+ viennent le filmer durant son footing pour les besoins d'un reportage, Lefebvre n'hésite pas à arborer un tee-shirt à l'effigie du candidat démocrate (lequel sera élu en novembre 2008). En fait, avec sa tignasse qui lui descend sur les épaules et son débit assez particulier, Lefebvre fait figure de « rocker de droite », qui aime la politique comme un boxeur aime le ring. La loi Hadopi l'intéresse, il sent qu'il va pouvoir frapper tout son soûl sur les internautes. Juste revanche, pense-t-il, tant le « buzz » des sites Internet l'accable de sarcasmes...

Il trouve un premier round d'échauffement lorsque, en ce mois de février 2009, le 16, Luc Besson, exaspéré que ses films courent sur le Net, rédige une tribune dans *Le Monde* pour dénoncer la « banalisation du piratage ». Le réalisateur du *Grand Bleu* accuse les sites de vidéo en *streaming*[1]. « Ces sites ne sont pas l'œuvre d'adolescents vaguement rebelles, mais les produits d'entreprises motivées par la recherche du profit généré par la monétisation de leur audience. [...] Il me semble que le code pénal dit clairement qu'en matière de délit, complicité vaut crime. Il faut donc étendre la loi à ce cas et poursuivre les dealers. » L'occasion est trop belle pour Frédéric Lefebvre d'emboîter le pas au cinéaste. Ni une ni deux, le député des Hauts-de-Seine rédige une lettre ouverte au président de l'Assemblée nationale, Bernard Accoyer, pour réclamer l'ouverture d'une commission d'enquête parlementaire... à quelques mois de l'examen de la loi Hadopi à l'Assemblée. Luc Besson accuse nommément le site Beemotion.fr, hébergé par le fournisseur d'accès Free. Xavier Niel, l'un des signataires des accords de l'Élysée, est mis en cause. La concorde péniblement construite par Olivennes peut rompre à tout moment.

Il faut absolument calmer les ardeurs de Frédéric Lefebvre. D'autant plus que le porte-parole de l'UMP est sorti ulcéré du débat sur la loi audiovisuelle, en décembre. Lui qui n'a cessé d'attirer les micros en fustigeant les programmes de France Télévisions était très attendu durant ce débat. Il rédige quinze amendements et fait montre d'une créativité extraordinaire : dans l'un, il propose que le CSA décerne des labels de bonne conduite aux sites qui protègent les enfants du porno, dans l'autre, il impose la fusion des chaînes parlementaires LCP-AN et Public Sénat. La fusion des chaînes parlementaires ? Une excellente idée... qui hérisse les sénateurs. Ils craignent comme la peste d'être avalés par les députés. Et ce n'est pas tout :

---

1. Le *streaming*, à la différence du téléchargement, permet aux internautes de visionner directement les films en se connectant sur des sites dédiés. Même chose pour l'écoute de musique en *streaming*. Le *streaming* se passe donc de tout échange de fichiers informatiques.

Lefebvre propose aussi la création d'une chaîne 100 % musicale sur la TNT, il veut imposer plus de musique aux chaînes W9 et Virgin 17. On sent bien que Pascal Nègre, le patron d'Universal, proche de l'UMP, est passé par là. Enfin, il s'associe à Jean-François Copé pour rehausser la diversité « ethnoculturelle » sur les antennes de France Télévisions...

Mais voilà, tout Frédéric Lefebvre qu'il est, il a besoin que le gouvernement soutienne ses amendements, faute de quoi toutes ses initiatives finiront dans la poubelle du Parlement. Il négocie donc avec le cabinet d'Albanel qu'au moins deux de ses quinze amendements soient adoptés : celui sur les labels des sites Internet et celui sur l'augmentation des obligations musicales sur W9 et Virgin 17. Manque de chance, le jour de la discussion, Christophe Tardieu, son officier traitant chez la ministre, est contraint de s'absenter pendant la discussion quand les amendements Lefebvre sont débattus. La ministre se retourne vers Laurence Franceschini, la patronne de la DDM, pour prendre son avis. Celle-ci la dissuade de soutenir les textes de Lefebvre, rompant en toute connaissance de cause avec les engagements pris par le cabinet. Le porte-parole de l'UMP est battu. Il se sent surtout trahi par Albanel... Son bilan au Parlement n'est pas fameux : sur quinze amendements présentés, il en passe six, parfois avec l'appui de Copé. Il en retire de lui-même quatre. Il ne prend pas la peine d'en défendre deux. Et deux sont rejetés. Pour un « vice-ministre de la communication », c'est assez modeste...

Incident en coulisse ! Certains collaborateurs d'Albanel craignent le pouvoir de nuisance de Lefebvre en raison de l'influence, plus ou moins réelle, qu'il exerce auprès de Sarkozy. Aussi, quand se présente le texte Hadopi, Albanel prend-elle les devants. Il faut s'occuper de Lefebvre. Tardieu s'en charge. Curieusement, le porte-parole de l'UMP ne déposera aucun amendement sur la loi Hadopi qui viendra à l'Assemblée en avril...

Nous n'en sommes pas encore là. Pour le moment, c'est au Sénat que la partie se joue. Comme toujours, la Chambre haute pose moins de difficultés. Depuis son arrivée au gouvernement, Albanel a pris soin de multiplier les réunions avec la commission des affaires culturelles du Sénat. Elle s'entend très bien avec son président Jacques Valade. C'est ainsi qu'elle l'embarque dans ses valises lors de sa première visite officielle à Abu Dabi. De petits gestes propices à créer un bon climat. Malheureusement, Jacques Valade a été emporté dans la défaite lors des sénatoriales. Si bien qu'en octobre, lorsque le projet de loi se présente devant la Haute Assemblée, Valade n'y est plus. Albanel connaît très peu le nouveau président de la commission des affaires culturelles, Jacques Legendre. C'est une bonne surprise : il saura être là quand il le faut.

Au Sénat, la gauche s'est embourgeoisée. Côté socialiste, Catherine Tasca, vice-présidente du Sénat et ancienne ministre de la Culture, ne va certainement pas s'opposer aux auteurs et aux artistes, son ancienne clientèle de la rue de Valois. Pareil pour les deux sénateurs communistes Yvan Renar et Jack Ralite qui fraient avec les milieux culturels depuis de trop longues années pour oser les aiguillonner. Ils partagent en outre avec la ministre les mêmes goûts pour les grands auteurs, même si Albanel est moins portée sur Aragon. Encore que l'esthétisme poétique dépasse la couleur politique des propos.

Pour tout dire, le véritable danger au Sénat vient davantage de la majorité. Côté UMP, Albanel se méfie de la commission des affaires économiques et, notamment de son rapporteur pour avis, Bruno Retailleau. Comme on l'a vu, ce jeune sénateur villieriste de Vendée, très porté sur les nouvelles technologies, voit d'un mauvais œil tout ce qui pourrait venir entraver le développement d'Internet. Albanel recommande à ses collaborateurs de le chouchouter, « comme il connaît son sujet et qu'il parle remarquablement bien, il est capable de retourner des sénateurs UMP qui ne comprennent rien aux enjeux de la loi ».

Il s'agit du premier texte important que Christine Albanel vient défendre au Parlement, elle s'y prépare comme au combat de sa vie. On la dit déjà en sursis, Sarkozy pensant à la remplacer par quelqu'un qui en jetterait d'avantage. Albanel a d'ailleurs songé à améliorer sa com'. Elle a recruté, en mars 2008, un *spin doctor* qui répond au nom de François-David Cravenne. Ce n'est autre que le fils de Georges Cravenne, le père des Césars du cinéma. Intelligent, drôle, énergique, Cravenne coache la ministre et lui fait passer des séances de media-training. Il a plein de projets de com' mais

Christine Albanel renâcle. « Elle disait non à tout, c'était un enfer ! », raconte-t-il. Albanel préfère le patient travail de fond.

Le Sénat à la vitesse express

Finalement, la longue préparation de ses équipes avec les différents sénateurs va payer. Le débat se déroule à la vitesse de l'éclair les 29 et 30 octobre. Une soirée pour la discussion générale, une séance du matin et de l'après-midi alors que la plupart des sénateurs de la majorité, Legendre le premier, ont prévu que le débat durerait jusqu'au vendredi 31. Jean-Claude Gaudin arrive même en catastrophe de Marseille le jeudi en fin d'après-midi, persuadé qu'il va présider la séance de nuit. Il ne tient la séance que quarante-cinq minutes, ce qui n'est pas pour lui déplaire...

La communication des alliés de la ministre est orchestrée aux petits oignons. Le jeudi 29 octobre au matin, les sénateurs découvrent dans *Le Figaro* une interview de Pascal Nègre. Le PDG d'Universal Music annonce qu'il va renoncer aux DRM, ces antivol informatiques censés protéger les œuvres du téléchargement illégal. En définitive, ces DRM empêchent de copier d'un support à un autre les œuvres légalement téléchargées alors que les musiques piratées circulent sans problème. Cette annonce, longuement mûrie avec les conseillers d'Albanel, est du meilleur effet sur les vénérables sénateurs. Hélas, les mêmes conseillers n'ont rien pu obtenir du cinéma, arc-bouté sur ses archaïsmes. Ces messieurs du Septième art, UGC en tête, ne veulent en aucun cas faire évoluer la chronologie des médias, c'est-à-dire la période entre la sortie en salle et l'exploitation en vidéo.

Le débat va en fait se cristalliser sur un point : Retailleau, qui est assez hostile à la philosophie du texte mais trop intelligent pour s'y opposer, veut remplacer la mesure de suspension de l'abonnement à Internet par une amende. Albanel s'y oppose. L'esprit de la loi est pédagogique et non répressif. L'amende rappelle trop le calamiteux projet de loi de Renaud Donnedieu de Vabres. En outre, elle pressent que cette amende risque de devenir, en fait, un permis de télécharger illégalement qui bénéficiera aux couches les plus favorisées.

Par ailleurs, si certains sénateurs ne voient pas d'inconvénients à la coupure d'Internet, auquel ils ne comprennent pas grand-chose, ils sont beaucoup plus inquiets des risques de suspension du téléphone et de la télévision.

Albanel et Thiollière, le rapporteur de la loi, rassurent. La loi précise que, pour les abonnements « triple play », on ne peut couper Internet si cela interrompt également le flux télévision et téléphone. Mais Retailleau a réussi à mettre le ver dans le fruit. Jacques Legendre et Christine Albanel demandent le report du vote de l'amendement Retailleau après le déjeuner, afin de pouvoir mener une intense action de lobbying, à laquelle se livre le conseiller parlementaire de la ministre, Richard Eltvedt, très apprécié des parlementaires. Olivier Henrard et Christophe Tardieu foncent dans les coursives du Sénat pour retourner les cartes. Un sénateur se justifie : « Je suis d'accord avec Retailleau mais c'est quoi cet abonnement triple chose ? » Au retour du déjeuner et après les questions au gouvernement, l'amendement Retailleau est battu.

Le projet de loi devait, à l'origine, favoriser l'accès à l'offre légale sur Internet. Toutefois, cela nécessite l'accord des professionnels. Très peu sont décidés à se mettre à la table des négociations tant que le piratage n'est pas réprimé... Si bien que la ministre se présente devant les sénateurs sans aucun accord de ce type dans sa besace. Par exemple, sur la date de sortie des DVD et des vidéos à la demande, pas moyen de faire avancer la discussion avec le syndicat des exploitants de salles... Le gouvernement pense qu'en avançant la sortie du DVD à trois ou quatre mois après la sortie en salles, on dissuadera les pirates de télécharger le film illégalement. Qui peut croire une minute qu'un gamin de quinze ans, derrière son ordinateur, va attendre trois mois au lieu de six la sortie du DVD d'un film qu'il peut télécharger en quelques minutes, le jour même de sa sortie, voire dix jours avant ?

En tout état de cause, Albanel ne veut pas aller trop loin face aux exploitants. Elle redoute une montée au créneau du syndicat des exploitants de salles qui dispose de relais efficaces auprès des élus locaux. Mais il faut bien donner des gages au développement de l'offre légale. Finalement, tout le monde se met d'accord sur un amendement de la centriste Catherine Morin-Desailly, que l'on retrouvera trois mois plus tard comme rapporteur du texte sur l'audiovisuel au Sénat. L'amendement, présenté comme une avancée phénoménale, demeure modeste : les professionnels du cinéma ont jusqu'au 1er avril 2009 pour se mettre d'accord et modifier la durée de la chronologie des médias. Ça ne mange pas de pain...

Albanel et ses conseillers guettent surtout la fin du débat et les explications de vote. Nul doute que les centristes, emmenés par Morin-Desailly, seront favorables. Les radicaux de gauche du RDSE suivent Jean-Pierre Plancade, un voisin toulousain d'Albanel. Ralite fait un long discours dans lequel il explique qu'il est favorable à l'esprit de la loi mais que, pour des raisons compliquées et embrouillées, son groupe s'abstient. Mais c'est l'intervention de Serge Lagauche pour le Parti socialiste qui est la plus attendue : ce sénateur est proche de Tasca et des milieux culturels. Pascal Rogard, qui a de nombreux relais à gauche, s'est beaucoup dépensé pour obtenir le ralliement des sénateurs socialistes. Finalement, Serge Lagauche annonce que les socialistes voteront le texte. Henrard, Eltvedt et Tardieu serrent les poings et émettent un sonore « YES ! » sous les regards courroucés des huissiers. Premier round gagné pour Albanel ! L'un des textes les plus emblématiques de la législature est adopté à l'unanimité au Sénat. Beau joueur, Retailleau félicite la ministre et file en courant attraper son TGV pour la Roche-sur-Yon. Il n'aura pas tout perdu...

Mais Albanel, en incorrigible pessimiste, prévient déjà ses troupes : « Au Sénat, c'est passé parce que l'on a des gens bien élevés et que les sénateurs de gauche sont intelligents et proches des milieux culturels, mais à l'Assemblée, on ne va pas rigoler du tout. » Elle ne croyait pas si bien dire...

En tout cas, au premier Conseil des ministres de novembre, Sarkozy en personne glisse une amabilité à sa ministre de la Culture pour le vote de la loi. Une grande première pour Albanel plutôt habituée à l'indifférence du Président, voire à ses douches écossaises.

Chapitre 4

De guerre lasse

Si le passage du texte au Sénat fut un parcours de santé, son arrivée en mars 2009 devant les députés est une tout autre paire de manches. C'est une ministre épuisée qui se présente devant l'hémicycle où bien des embûches l'attendent.

Christine Albanel arrive lestée par le long débat sur la loi audiovisuelle. Elle vient de passer tout le mois de février à reprendre pied sur les sujets culturels, de facto abandonnés depuis décembre. Ce sont les « Entretiens de Valois » : pour la première fois depuis des années, des représentants des institutions du spectacle, les artistes, l'État et les collectivités locales se parlent et échangent sur l'avenir du spectacle vivant, le tout sur fond de conflit latent des intermittents du spectacle. La grenade dégoupillée que constitue ce dossier ne lui saute pas au visage. Elle est, en effet, la première ministre de la Culture depuis Lang à assister à toutes les cérémonies des Césars, Molière et autres Victoires de la Musique sans aucun chahut, ni ces interpellations bruyantes qui avaient fait tant de mal à Jean-Jacques Aillagon et RDDV.

Le clivage sur la loi audiovisuelle était clair : la gauche reprochait à la droite le présidentialisme du régime et l'affairisme de Nicolas Sarkozy. C'était peut-être manichéen, mais cela permettait à l'UMP d'être soudée contre l'attaque du chef. En outre, la nomination des présidents de l'audiovisuel public par le chef de l'État était bien le cadet des soucis des électeurs UMP. Les députés de retour dans leur circonscription n'avaient aucune chance d'être interpellés sur les marchés à ce sujet.

Sur Internet, les lignes de partage sont beaucoup plus floues et traversent l'UMP. L'accès à Internet haut débit dans la France profonde est un enjeu considérable. De plus, les parlementaires sont, en général, d'une ignorance crasse en matière de nouvelles technologies. Ils sont harponnés par des jeunes qui les inondent de considérations techniques. Ils ont le sentiment que le gouvernement n'est pas davantage compétent qu'eux et qu'ils vont se couper encore davantage des jeunes électeurs. En ce sens, la loi Hadopi est beaucoup plus clivante que la loi sur l'audiovisuel. Plus dangereuse, donc.

L'ANCIEN CONTRE LE MODERNE

Le premier psychodrame se produit lors du choix du rapporteur de la loi. Au sein de l'UMP, le député Christian Vanneste, membre de la commission des lois, se pose en « candidat naturel ». Il considère que cette place lui revient de droit puisqu'il a été rapporteur de la loi DADVSI. Justement, vu le fiasco, le changement de casting s'impose... D'autant que la réputation de Christian Vanneste s'est lestée de quelques belles casseroles. Albanel ne le connaît pas mais elle n'a pas grande estime pour les propos homophobes et pro-colonisation que l'intéressé profère depuis deux ans. Un déjeuner rue de Valois avec quelques parlementaires achève de la convaincre : Vanneste se fait épingler en quelques secondes par Frédéric Lefebvre sur ses conceptions de la loi. Comme quoi, dégainer son « petit Frédéric » de temps en temps n'a pas que des inconvénients...

Certes, Lefebvre est un bon rhétoricien, mais Albanel comprend que Vanneste n'est vraiment pas le candidat adéquat et qu'il va causer plus de dégâts qu'autre chose. Et puis, disons-le, Vanneste a soixante-deux ans en 2009... Si on veut être crédible un tant soit peu sur les nouvelles technologies et éviter les sarcasmes des internautes sur l'âge du rapporteur, autant choisir un louveteau. Un excellent candidat semble correspondre au profil : Frank Riester. Le jeune député-maire de Coulommiers, trente-cinq ans, est chargé des questions des médias et des nouvelles technologies pour l'UMP.

« Je l'avais invité à un dîner-débat à la SACD, se rappelle Pascal Rogard, après l'annonce du Président sur la fin de la publicité. On y trouvait une cinquantaine de producteurs, auteurs, politiques, dont notamment Catherine Tasca et des membres de cabinets ministériels. Riester avait essayé de jouer la querelle des anciens et des modernes avec Tasca. Je ne l'avais pas trouvé très bon. Il s'était fait joyeusement rembarrer par Tasca. D'autant que le public était clairement à gauche. Même Tardieu, qui avait été beaucoup plus prudent, avait eu droit à son lot de sarcasmes sur la loi audiovisuelle en préparation. Il avait joué profil bas, heureusement car Tasca fut déterminante dans la discussion sur l'Hadopi au Sénat. Mais je revis Riester quelque temps après et j'ai compris que ce garçon était intelligent, qu'il apprenait vite. Il savait tenir compte de ses erreurs. Cela compensait son inexpérience politique et cela m'a rassuré. De toute façon, Vanneste ne passait pas. » Accessoirement pour Albanel, Riester présente l'avantage de travailler pour Xavier Bertrand à l'UMP et d'être très proche de Jean-François Copé.

Seul problème, Vanneste s'accroche à sa candidature et Riester n'est pas membre de la commission des lois compétente pour traiter ce sujet. Qu'à cela ne tienne, Copé donne un petit coup de main et, hop, le tour est joué : Riester change acrobatiquement de commission avec la complicité de son mentor. Dans la foulée, il se fait nommer, un peu « à l'arrachée », rapporteur de la loi. Albanel récolte néanmoins un nouvel opposant à sa loi et Vanneste lui fait payer sa mise à l'écart durant le débat.

Un concours de sobriquets

L'examen du projet de loi commence le 11 mars à l'Assemblée nationale. À droite, les opposants au texte sont connus. Outre les « historiques », Alain Suguenot, Marc Le Fur qui entraînent à leur suite une douzaine d'élus UMP, on compte aussi le jeune député des Alpes Lionel Tardy. Il adopte un comportement extrêmement agressif vis-à-vis d'Albanel, allant jusqu'à applaudir les députés de gauche. Tardy dépose une rafale d'amendements contre le texte, dont dix-huit qu'il signe seul. La plupart connaissent un sort funeste. Mais l'acrimonie dont il fait preuve lui vaut aussitôt un surnom de la part des collaborateurs d'Albanel : « le crétin des Alpes ». Un sobriquet peu flatteur qui a beaucoup fait rire la ministre [1]...

Du reste, trouver un surnom devient très vite un sport national sur les bancs du gouvernement. La loi audiovisuelle est passée par là et l'on reconnaît les opposants de gauche : Patrick Bloche est devenu « Casimir », Christian Paul, dont la figure ronde semble toujours réjouie, devient « Pierrot la Lune », et Martine Billard, élue Verte de Paris qui s'embarque dans d'obscures et longues considérations techniques, sans doute rédigées par les opposants à la loi, est surnommée « la lectrice ». Parfois, le député du Nord Patrick Roy, « la bête du Gévaudan », vient égayer l'hémicycle avec ses vestes colorées et ses fréquentes évocations de groupes de hard rock.

Albanel n'est pas épargnée par ses opposants. Sur la Toile fleurissent à son égard les « Anéfé », eu égard à la manière dont elle parsème ses discours de l'expression « en effet », colorée par son accent occitan. Plus cruels, les « Bécassine 2.0 », « Albanulle » et autres « la veuve cliquons » vont lui coller à la peau sur nombre de blogs hostiles à sa réforme. Un jour, au cours des débats, Albanel trébuche sur la marque Microsoft : « Microsotte », dit-elle. Et la voilà affublée d'un nouveau sobriquet.

Revenons aux choses sérieuses : les centristes, comme lors de la loi audiovisuelle, sont dans une position assez biscornue. Officiellement, François Sauvadet, le président du groupe, a rappelé solennellement son soutien au texte. Mais, une fois de plus, seul Jean Dionis du Séjour siège pour le groupe durant les débats. Et sa grande proximité avec le monde des télécommunications le pousse à devenir un opposant virulent au texte, à la grande colère de Jean-François Copé

---

[1]. Lionel Tardy finit par être ostracisé par ses pairs à l'UMP. Il ne méritait sans doute pas un tel traitement.

qui glisse un jour à Albanel : « Ces centristes commencent vraiment à me casser les c... »

Pendant ce temps-là, sur la Toile, les internautes se déchaînent. La gauche ralentit l'avancée des travaux mais avec moins d'efficacité. Le débat s'enlise néanmoins durant treize séances, jusqu'au 2 avril. La ministre s'agace du fait que les médias ne lui sont pas favorables. Le cabinet Albanel ne décolère pas devant le traitement réservé au débat par l'AFP, très critique. Pierre Louette, le patron de l'AFP, se souvient d'une réunion au ministère au cours de laquelle un collaborateur d'Albanel rentre fou de rage en brandissant une dépêche très sévère avec la loi Hadopi. « Putain, Pierre, tes journalistes, ils font vraiment ch..., ces gros c... », s'entend-il dire. Louette fait le gros dos. De toute façon, il n'y est pour rien. Les journalistes de l'AFP ne sont pas soumis à son autorité.

Pour le reste, les journalistes qui traitent ce sujet n'appartiennent pas aux services culture. Ce sont plutôt les spécialistes en nouvelles technologies, beaucoup plus hostiles au texte, qui y sont assignés. « Ceux de France Info étaient les meilleurs en matière de propagande anti-Hadopi, se souvient-on du côté de la rue de Valois. Quand on pense que certains accusent les médias publics d'être à la botte du pouvoir... » Mais au poulailler du Parlement, les plus nombreux visiteurs sont les blogueurs qui alimentent toutes sortes de sites militant contre la loi. C'est aussi cela la démocratie. Eux non plus n'échappent pas aux surnoms. « On les appelle les "pyjamas". Parce qu'ils passent leur journée devant leur ordinateur en pyjama », glousse Pascal Rogard, qui assiste à quelques séances à leur côté dans les tribunes du public.

François-David Cravenne convainc, non sans mal, la ministre d'un grand coup de com' : se faire inviter au 20 heures de TF1. N'importe quel politique vendrait père et mère pour répondre aux questions de Laurence Ferrari. Pas Albanel. Elle rechigne : « Je suis fatiguée. On ne peut pas faire ça plus tard, la semaine prochaine ? » Cravenne insiste deux heures avant qu'elle ne cède. La date est choisie avec minutie : Albanel apparaît au 20 heures de TF1 un soir de match de foot. Elle est interviewée juste avant la publicité. Courbe d'audience maximum. La ministre est souriante, détendue face à Laurence Ferrari.

Pascal Nègre agite ses artistes. La mobilisation met du baume au cœur d'une ministre passablement déprimée par le débat. « On a pu observer des choses extraordinaires, raconte Christophe Tardieu. Je me rappelle le chanteur Da Silva que nous avions invité lors de la première fête de la musique qu'organisa au Palais-Royal Christine Albanel en 2007. Il a chanté deux chansons puis s'est mis à faire une longue tirade anti-Sarkozy d'une extrême violence. J'avais expliqué à son agent qu'il viendrait chercher son cachet dans mon bureau pour que je lui demande s'il n'était pas mal à l'aise de toucher de l'argent venant d'un pouvoir aussi immonde. Un an et demi plus tard, tout au long du débat sur la loi, il a été absolument formidable, adorable avec la ministre qu'il embrassait affectueusement, toujours disponible. On le voyait parfois bouillir dans les tribunes. » La très grande majorité des artistes du monde de la musique ou du cinéma sont derrière Albanel. Les maisons de disques, majors et indépendants, les producteurs de cinéma, les sociétés de droit (SACEM et SACD) les ont travaillés au corps. En 2006, les artistes étaient souvent réticents à s'exposer contre leur jeune public... Là, ils abandonnent cette pudeur. Jeunes et moins jeunes, musiciens, auteurs, réalisateurs, acteurs se mobilisent. C'est bien ce qui gêne les adversaires de la loi.

Les députés socialistes deviennent hystériques quand ils découvrent dans les tribunes des artistes comme Gérard Jugnot, Jean-Jacques Annaud ou Thomas Dutronc. Leurs positions dans leur propre camp commencent à poser des problèmes au sein du Parti socialiste.

La loi finit par être votée le 2 avril 2009 au soir dans un grand soulagement.

La commission mixte paritaire, réunie quelques jours plus tard, modifie à la marge le texte de l'Assemblée nationale. D'une part, elle annule un amendement d'Alain Suguenot – voté par erreur – qui prévoit une amnistie des contrevenants pour les fautes passées. De toute façon, ce texte aurait été censuré par le Conseil constitutionnel.

Le deuxième sujet est simple mais donne lieu à de multiples échanges : l'abonné qui voit suspendu temporairement son abonnement doit-il continuer à le payer ? Ce sera tout le débat sur la « double peine ». « Une personne qui s'est vu suspendre son permis de conduire pour excès de vitesse doit-elle cesser de payer à la banque les traites de son véhicule même s'il reste au garage, par exemple ? », répond le ministère.

Le 9 avril au matin, Christine Albanel est au Sénat. Le texte de la Commission mixte paritaire est voté sans difficulté. Les sénateurs socialistes s'abstiennent. La ministre se rend ensuite à l'Assemblée nationale. Elle est confiante. Seuls son conseiller parlementaire et Olivier Henrard l'accompagnent.

C'est alors que va avoir lieu l'incident le plus grave de la législature au Parlement : le « coup du rideau ».

Chapitre 5

Le coup du rideau

Patrick Bloche et Christian Paul, les deux leaders socialistes les plus actifs sur ce projet de loi, sont écœurés et épuisés. Ils ont déposé quatre-vingt-seize amendements, ont mené une intense bataille de quarante heures en séance... pour trois fois rien. Le gouvernement leur a fait grâce d'en passer douze tout à fait accessoires et qui ne modifient en rien la philosophie du projet. Tout le reste a été rejeté ou est tombé de soi-même...

Le SMS qui tue

L'opposition de Bloche et Paul tient en trois points. D'abord, la loi Hadopi divise les créateurs et leur public. Ensuite, c'est un pari perdu d'avance car les usages des internautes ont déjà évolué. Le problème n'est plus le téléchargement comme en 2006 mais le *streaming*, par nature indétectable. « Enfin et surtout, ce projet de loi ne rapporte pas un euro de plus à la création », s'égosille Bloche en vain dans l'hémicycle. Il invite le gouvernement à réfléchir à de nouveaux modes de rémunération. « J'ai un regret, me confie-t-il peu avant le début du débat. On a détourné la taxe sur les fournisseurs d'accès Internet et les télécoms de la création pour financer le manque à gagner publicitaire de France Télévisions. Ce que nous proposons, c'est de réunir tous les acteurs concernés, y compris les associations de consommateurs et d'internautes, afin de définir quelle part de l'abonnement à Internet devrait être reversée à la filière artistique. » Bloche et Paul ne parlent plus de « licence globale » comme en 2006 mais de « contribution créative ». L'idée, bien qu'imparfaite [1], n'est pas si sotte... Du reste, les équipes d'Albanel ont pensé à quelque chose qui y ressemble beaucoup. Après l'adoption de la loi, Albanel a prévu de monter une commission chargée de réfléchir aux nouveaux modèles économiques de la culture sur le web. En vérité, elle ne pense pas à autre chose qu'à taxer les moteurs de recherche [2]. Elle n'aura cependant pas le temps de la mettre en œuvre. Son successeur, Frédéric Mitterrand, reprendra aussitôt l'idée : ce sera la Commission Zelnick.

Mais la politique reste un terrain d'affrontement. Droite et gauche ont donc tiré toutes leurs cartouches lorsque le texte revient de la commission mixte paritaire pour une ultime ratification de pure forme devant l'Assemblée. En début de semaine, Jean-Marc Ayrault, le patron des députés PS, zappe la conférence des présidents. C'est un rendez-vous formel où chaque formation peut demander un vote solennel sur un texte, qui aura lieu dans la semaine. L'absence d'Ayrault laisse à penser que la gauche abandonne le champ de tir. Jean-François Copé, du coup, démobilise ses troupes. Si bien que ce jeudi 9 avril, veille des vacances parlementaires, les travées de l'hémicycle ne sont guère embouteillées. Une poignée de députés UMP assure un service minimum... Ayrault a quitté Paris pour rejoindre sa mairie de Nantes. Olivier Faure, le secrétaire général du groupe, assure la permanence.

Les débats commencent. Douze députés de la majorité sont présents dans l'hémicycle contre 10 députés de l'opposition. Les

---

1. La contribution créative pourrait certes compenser la baisse des revenus du disque, une industrie modeste. Mais elle ne répond pas à la problématique du cinéma, une industrie aux coûts bien plus élevés.

2. Albanel voulait créer un fonds de soutien pour la musique qui serait alimenté par cette taxe et qui fonctionnerait sur le modèle du CNC. Autant d'idées que Denis Olivennes avait développées pour elle.

fantassins Patrick Bloche et Christian Paul font évidemment partie de ce petit cénacle. Ils sentent qu'un coup est jouable.

Puis, les deux camps se retrouvent à 12 contre 12. Olivier Faure envoie un SMS explicite à une dizaine de députés socialistes qui végètent dans leur bureau : « Un coup est possible. » L'UMP sent monter le danger et fait venir en urgence les 3 députés qu'elle a « en stock » à l'Assemblée. « Heureux hasard, nos stocks sont plus importants ! », constate Bloche. Mais il ne faut surtout pas éveiller les soupçons des gardes-chiourmes de l'UMP. Les députés de l'opposition s'amassent à l'entrée de l'hémicycle et guettent le moment opportun. Lorsque Albanel entame son discours, ils se cachent alors derrière le rideau rouge du côté gauche de l'Assemblée, chemin d'accès des députés socialistes et très exceptionnellement emprunté par les députés de la majorité. Les socialistes savent que la ministre, comme à son habitude, ne pérorera pas.

Ce jour-là, la séance est présidée par le socialiste Alain Néri, l'auteur de l'épisode « Hubert Schlag ». Selon l'ordre du jour, il est prévu qu'un dernier orateur de l'UMP doive prendre la parole. Il s'agit de Frédéric Lefebvre. Patrick Bloche, qui s'était inscrit pour une « explication de vote », renonce à exercer son droit. Constatant l'absence de Lefebvre, Néri déclare que la discussion est close et ouvre le vote. Trop tard pour l'UMP qui n'a pas demandé de suspension de séance. Néri se met à compter très lentement avec sa règle les députés favorables au texte du côté droit de l'Assemblée. Même si Albanel sait que Néri, soixante-sept ans, est un peu fatigué, elle ne comprend pas trop pourquoi il compte aussi lentement.

C'est alors que surgissent de derrière le rideau les 9 députés socialistes qui attendaient cachés. Ils gagnent leurs bancs. L'UMP est dépassée par le nombre. Le décompte des voix est sans appel : 21 députés votent contre le projet, 15 votent pour. La loi Hadopi est rejetée au milieu des cris de joie des députés de gauche. Et pour ajouter à l'humiliation 2 députés dits de la majorité ont donné leur voix à la gauche. Il s'agit de Nicolas Dupont-Aignan (plutôt un franc-tireur) et de Jean Dionis du Séjour, député du Nouveau Centre... Où est passé Frédéric Lefebvre ? Il est accaparé par les « journées du changement » à l'UMP. Dernier gag de l'histoire :

l'UMP décide de confier la rédaction de son communiqué de protestation à... Frédéric Lefebvre ! Cette fois, il répond présent.

Sarkozy voit rouge

C'est une « Albanulle » totalement effondrée qui rentre rue de Valois. Elle fait et refait le match avec ses collaborateurs et essaie de vérifier si l'on aurait pu éviter cette affaire. Mais ils ont beau chercher, le coup des socialistes est imparable. Impossible de demander une interruption de séance, un rappel au règlement ou n'importe quelle autre manœuvre à partir du moment où Néri lance le décompte. On peut toujours arrêter une discussion. Pas un vote. « Et si j'avais fait semblant de m'évanouir ? », demande Albanel. « Cela n'aurait rien changé, explique son conseiller parlementaire. Le président aurait demandé aux huissiers de s'occuper de vous et il aurait poursuivi le décompte. »

Après plusieurs douloureuses heures de recherche, la martingale permettant d'éviter le drame n'est toujours pas trouvée. À droite, on avait raclé les fonds de tiroir pour rameuter le maximum de députés. Chez Albanel, l'humiliation laisse la place aux regrets. Un commis voyageur de Copé était même allé jusqu'à la buvette. On aurait pu espérer que le ministre des relations avec le Parlement ou ses collaborateurs aient des informateurs du côté de l'opposition, ce qui est très fréquemment le cas. Mais pas cette fois-ci. Le coup était d'autant plus imparable qu'il n'y a jamais de remise en cause des textes issus d'une commission mixte paritaire.

« Sarkozy ne m'aime guère, il va me virer à la première occasion », soupire la ministre. Depuis de longues semaines, Albanel essaie de nouer des relations cordiales et sympathiques avec Carla Bruni-Sarkozy. Ses tentatives échouent systématiquement. Pierre Charon, conseiller de Carla, surnommé « Monsieur rire et chanson de Sarkozy » qui ne supporte pas Albanel, « beaucoup trop flûte à bec » selon son expression, fait barrage. Impossible donc d'arracher cette étiquette de « proche de Cécilia » qui lui colle à la peau.

Pourtant en apprenant le « coup du rideau », la fureur du Président ne s'abat pas immédiatement sur sa ministre de la Culture. Sarkozy explose de colère contre... Copé ! Le chef de file du groupe UMP au Parlement est qualifié de « gros connard » et Roger Karoutchi accusé de ne pas savoir tenir le Parlement. Selon les observateurs, l'ire présidentielle est classée 8 ou 9 sur l'échelle de Richter. Les injures se succèdent. Hortefeux, pour le plaisir d'en rajouter, considère qu'Albanel a probablement péché par inexpérience. D'autant que Karoutchi charge Albanel en disant qu'elle a laissé le débat s'enliser. C'est la défausse générale...

Les médias pressent la rue de Valois de réagir. Au fond du gouffre, Albanel n'a pas envie de répondre. Mais ses collaborateurs insistent. Elle décide de prendre un risque calculé. Elle annonce, sans l'avoir vérifié au préalable, que le Premier ministre et le Président vont demander au plus vite un nouveau débat sur le texte au Parlement, que ce texte est fondamental pour le monde de la création et que, s'il n'est pas adopté, cela voudrait dire que sa présence rue de Valois n'aurait plus de sens.

Écoutons bien : Albanel ne menace pas de démissionner. Elle décide simplement de lier son sort à celui du texte. Le monde de la création est sous le choc et proche de jeter l'éponge de découragement. Des artistes l'assurent chaleureusement de leur soutien, dont Da Silva. Même Jean-Bernard Lévy, le patron de Vivendi, décroche son téléphone et aura des mots aimables et galvanisants. Toujours pas de nouvelles de l'Élysée... Est-ce bon ou mauvais signe ?

Durant le week-end qui suit, Nicolas Sarkozy compose le numéro de portable de sa ministre. Il est calmé et veut surtout essayer de comprendre cette histoire qui lui paraît rocambolesque. Albanel détaille les raisons pour lesquelles le « coup du rideau » était imparable. Sarkozy émet alors quelques nouvelles amabilités à l'égard de Copé et Karoutchi. Puis il lâche en substance : « Ne t'inquiète pas, on va le faire repasser ce texte, que ces connards le veuillent ou non. » Albanel est un peu rassurée mais le coup a été rude.

MARTINE AUBRY SORT LE MARTINET

Côté socialiste, on jubile. Mais c'est une victoire à la Pyrrhus. Quelques jours plus tard, le 22 avril, une tribune paraît dans

Libération. Elle dénonce un « joli coup politicien » des socialistes qui ont porté « un mauvais coup à la création et un bras d'honneur à tous les artistes ». De qui émane cette tribune ? Pas de Christian Clavier ou de Didier Barbelivien mais de vingt-deux artistes qui ne passent pas précisément pour des zélateurs du président Sarkozy. Pêle-mêle : Bertrand Tavernier, Gérard Jugnot, Alain Corneau, Coline Serreau, Nadine Trintignant, Costa Gavras ou Roschdy Zem dressent un constat d'une extrême sévérité sur l'absence d'idées du Parti socialiste sur la création.

Cette lettre ouverte, intitulée « Mauvais film à l'Assemblée », répond à une première tribune artistique, parue dans le même journal, le 7 avril, signée par Catherine Deneuve, Chiara Mastroianni, Chantal Ackerman, Louis Garrel, etc. La star Deneuve et sa fille ont pris fait et cause contre la loi Hadopi, qui « ne fait qu'instaurer un mécanisme de sanctions à la constitutionnalité douteuse et au fonctionnement fumeux ».

La gauche et la droite se disputent le monde des arts à coups de pétitions. Quelques jours plus tard, *Le Monde* publie une véritable bombe adressée à Martine Aubry :

Madame la Première Secrétaire,

Depuis toujours nous avons soutenu la gauche. Chaque fois que vous avez fait appel à nous, nous avons répondu présent. Pas par devoir. Moins encore par intérêt. Par désir et par conviction.

La gauche – notre famille –, c'était le refus d'un ordre purement marchand. C'était la protection du faible contre le fort. En particulier pour la culture. En ne les abandonnant pas à la seule loi du marché, la gauche avait sauvé les artistes dans notre pays. C'était vrai, en particulier, des dispositions prises sous François Mitterrand. Ceux de nos voisins qui n'ont pas fait ce choix-là n'ont plus de cinéma ni de musique.

En vous opposant, à l'occasion de la loi « Création et Internet », à ce que des règles s'imposent aux opérateurs télécommunications (comme vous les aviez imposées naguère aux opérateurs de télévision et de radio) pour qu'ils cessent de piller la création, vous venez de tourner le dos de manière fracassante à cette histoire commune.

Vous étiez la résistance à la déréglementation, à la loi de la jungle et du plus fort qui assassine la diversité culturelle. Vous êtes désormais, par l'effet d'une étrange ironie de l'histoire, les avocats du capitalisme débridé contre les droits des artistes à l'heure du numérique.

Souvenez-vous-en : le droit d'auteur est un droit de l'homme. Ce n'est pas parce que les PDG des nouvelles multinationales portent des jeans et des tee-shirts que leur âpreté et leur cupidité sont moindres. Pour être cool en apparence, le capitalisme numérique n'en est pas moins sauvagement prédateur ! Héraclite nous enseigne : « Le Peuple doit combattre pour ses lois comme pour ses murailles. »

En faisant échec au vote de cette loi à l'Assemblée vous nous avez adressé un message de rupture. Par la présente, nous en accusons réception.

Vous avez perdu notre soutien – peut-être n'est-ce pas si grave après tout ? Mais il nous semble aussi, et cela est plus fâcheux, que vous avez également perdu votre âme.

Quant à nous, nous restons de gauche, comme ça, quand vous le redeviendrez, vous saurez où nous trouver.

Veuillez croire, Madame la Première Secrétaire, en l'expression de nos salutations attristées.

Pierre Arditi, Juliette Gréco, Maxime Le Forestier, Bernard Murat, Michel Piccoli.

Des artistes emblématiques de la gauche qui lancent un message de rupture aussi fort inquiètent beaucoup Martine Aubry. Les sénateurs socialistes sont atterrés. Depuis des semaines, ils font savoir que « l'opposition hystérique » d'une poignée de députés socialistes est en train de couper durablement le PS du monde de la création. Mais ils ne sont pas entendus, notamment par Jean-Marc Ayrault qui reste sur une stratégie visant à pilonner les initiatives parlementaires de Sarkozy. Aubry, qui peine à trouver ses marques au PS, n'intervient pas. En fait, la position du PS a été discutée lors d'un bureau national qui s'est déroulé entre le moment où la loi a été examinée au Sénat et celui où elle arrive à l'Assemblée. Catherine Tasca ne fait pas partie du bureau national. C'est Bloche qui a instruit le dossier et l'a présenté. Il a obtenu un vote à l'unanimité. Arnaud Montebourg s'est abstenu pour des raisons personnelles.

La gauche s'était fait une spécialité lors des campagnes électorales de ces grands parterres d'artistes, laissant à la droite Johnny et Barbelivien. Il suffit de se rappeler le pathétique concert de la Concorde lors de l'élection de Nicolas Sarkozy où l'on sentait le Président impatient que Mireille Mathieu en finisse avec sa chanson sur les « milles colombes et les millions d'hirondelles... ». Tous les artistes n'ont pas viré à droite pour autant, mais il se passera du temps avant qu'ils ne reviennent soutenir la gauche. Jack Lang ne s'y trompe pas. Il annonce publiquement qu'il votera la loi, « en conformité, en fidélité, en harmonie avec mes convictions ». Il enfonce le clou : « d'un côté un président libéral propose une loi de protection des droits des auteurs et des artistes, de l'autre, mon parti, ennemi de l'ultralibéralisme économique, ami supposé des créateurs, s'oppose à un tel texte et veut laisser libre cours au piratage et au pillage ».

Pour Aubry, il est temps de remettre les pendules à l'heure et de s'expliquer avec les créateurs. Elle ne variera pas d'un iota par rapport à la position du bureau national du PS. Le 12 mai, vers 14 h 30, Pierre Arditi et Bernard Murat pénètrent dans son bureau rue de Solférino, au siège du parti. Aubry a tenu à s'entourer de Patrick Bloche, Christian Paul et Sylvie Robert. Elle en veut beaucoup à Murat, un ancien trotskiste proche de Jospin, qu'elle soupçonne d'être la cheville ouvrière du texte assassin. L'explication est assez franche mais on est entre amis. Arditi réaffirme son engagement à gauche, il met de la rondeur et se situe plutôt dans l'idée d'une réconciliation. Avec Arditi, Aubry reste cool. En revanche, elle ne va pas lâcher Murat pendant près de deux heures. « Dès qu'il disait quelque chose, ou à chaque fois qu'il reprenait son souffle, Martine lui envoyait un uppercut », se souvient Bloche.

Puis, vers 18 h 30, Aubry aborde le deuxième round de sa journée. Cette fois, elle reçoit les représentants de la SACD. La puissante organisation réclame un rendez-vous depuis de nombreuses semaines. Débordée, la première secrétaire n'a pas pris la peine d'y répondre. Derrière son président, Jacques Fansten, la SACD a décidé d'envoyer rue de Solférino une délégation de réalisateurs : Bertrand

Tavernier, Pascal Thomas, Pierre Jolivet, Jean-Jacques Beineix, Jean-Jacques Annaud, Jean-Paul Salomé, Bertrand van Effenter. Guillaume Prieur, un membre de l'administration de la SACD, se joint au groupe.

Fansten attaque le premier et accable Bloche qui, selon lui, a tenu des propos offensants et « scandaleux » contre les créateurs durant les débats parlementaires. Bloche est dans le collimateur. Fansten cite une phrase pour appuyer son accusation : « Les majors ont fait défiler les artistes comme l'armée soviétique défilait jadis les 1er mai sur la place Rouge. » Sous-entendu : les artistes n'ont aucun libre-arbitre et se comportent en bons petits soldats aux ordres des majors... Patrick Bloche se récrie : « Je n'ai jamais dit ça ! » Fansten a tout prévu. Il sort le compte-rendu officiel des débats. On vérifie. Pas de chance pour Fansten : la citation litigieuse a été prononcée par... le socialiste Didier Mathus. Fansten bafouille d'embarras. Martine Aubry s'énerve : « C'est scandaleux, ce que vous faites. Je vous interdis d'attaquer Bloche ! » En fait, le plus virulent avec les artistes fut Christian Paul. Le député de la Nièvre n'a pas lésiné en clamant dans l'hémicycle que les artistes étaient manipulés par les majors.

Fansten passe à autre chose puis distribue la parole à ses colistiers. Jean-Jacques Annaud prend la parole et s'adresse à Bloche : « Je suis venu un soir pour suivre le débat au Parlement. J'étais tellement horrifié par ce que j'ai entendu que le lendemain, j'ai pris le premier avion pour les États-Unis. » Quel rapport avec Hadopi ? À notre connaissance, Annaud réside toujours en France. Par charité, Bloche ne relève pas. Puis c'est au tour de Bertrand Tavernier, toujours prompt à s'enflammer. Là, il commence en partant de très loin, puisqu'il reproche à Martine Aubry « la vente de la Cinq à Berlusconi par Mitterrand ». Il enchaîne avec le fait que la gauche n'a pas supprimé « la double peine ». Aubry bondit : « Pas du tout ! C'est l'UMP qui a introduit la "double peine" dans le texte. Nous sommes contre ! » En fait, il s'agit d'un quiproquo. Bertrand Tavernier ne parle toujours pas de la loi Hadopi. Il est toujours fixé sur son bilan de la gauche : la « double peine » dont il parle est celle qui frappait les sans-papiers et que le gouvernement de Lionel Jospin n'a pas supprimée... Martine Aubry, elle, pense qu'il évoque la

« double peine » qui frappe les internautes dont l'abonnement est suspendu et qui doivent, néanmoins, continuer de le payer. Évidemment, un dialogue de sourds s'installe entre elle et Tavernier. Bloche intervient pour éclairer Martine Aubry : « Non, mais là, il parle des sans-papiers, Martine... » La première secrétaire commence à en avoir assez des remontrances de « cette bande de guignols » qui parlent de tout sauf du motif de leur visite : la loi Hadopi. Heureusement, elle n'entend pas, dans le brouhaha, l'interjection d'un participant : « Plutôt le viol que le vol ! » Elle en aurait fait du petit bois...

Bref, la leader socialiste synthétise la position du PS : elle rappelle qu'il ne peut pas y avoir de gratuité en matière de culture. Elle admet par ailleurs que la seule idée, émise par Patrick Bloche au cours du débat, à savoir une contribution créative qui ressemble comme une goutte d'eau à la licence globale, n'est pas adaptée à l'économie du cinéma, et seulement à celle de la musique. En revanche, elle maintient que la loi Hadopi est techniquement inapplicable. La réunion s'achève vers 20 heures. À vrai dire, tout le monde a l'impression d'avoir perdu son temps.

Le soir même, Christian Paul tente un grand coup de bluff. Il publie un communiqué dans lequel il affirme que la réunion avec les cinéastes de la SACD relève du « cercle de famille » et que les cinéastes seront d'accord pour « chercher un nouveau mode de financement de la création ou une nouvelle manière dont les droits d'auteur peuvent vivre dans le monde numérique ».

La SACD, qui a porté les revendications devant Aubry, ne cache pas sa fureur. Elle sort aussitôt un communiqué vengeur dans lequel elle déclare : « Les cinéastes qui sont des hommes libres n'ont jamais parlé de *cercle de famille* à propos de cette réunion ni affirmé collectivement une position politique quelconque autre que leur défense de la loi et leur désir que le Parti socialiste revienne à des valeurs qui avaient longtemps été les siennes. Les choix politiques regardent chacun de ceux qui étaient là, ils sont, d'ailleurs, divers, et ils sont consternés que Christian Paul ait pu dire publiquement qu'ils ont affirmé qu'ils restaient des gens de gauche et qu'ils n'étaient pas en train de virer à droite. » Le rapprochement des artistes et du PS aura besoin de temps... Martine Aubry reçoit encore le coup de fil de Maxime Leforestier. Elle subit ses reproches. Et cette fois, elle craque et verse des larmes dans le combiné[1].

L'UMP SERRE LES RANGS

Côté majorité, ce n'est guère plus brillant. Tout le monde est déprimé à l'idée de travailler une nouvelle fois sur ce texte. La procédure est simple. Le texte de la commission paritaire est considéré comme nul. On doit repartir de la Chambre qui l'a rejeté, à savoir l'Assemblée nationale, et se fonder sur la version votée par les députés.

Afin d'éviter de repasser devant la commission, il faut parvenir à ce que l'Assemblée et le Sénat adoptent la loi Hadopi dans des termes strictement identiques. Comment accorder les violons ? Quelques jours après le « coup du rideau », François Fillon réunit dans ce but les acteurs du drame. Sont donc conviés à Matignon les deux ministres Karoutchi et Albanel, Copé et Riester, le rapporteur, Bernard Accoyer, le président de l'Assemblée nationale et Gérard Larcher, son homologue du Sénat. Il faut s'assurer que les groupes centristes suivent. Sont donc invités, côté Assemblée, Alain Sauvadet, du Nouveau Centre, et Michel Mercier pour l'Union centriste du Sénat. Côté UMP, les sénateurs Jacques Legendre et Michel Thiollière font le déplacement ainsi que divers collaborateurs dont Olivier Biancarelli, le conseiller parlementaire du président de la République. C'est vers lui que Copé se précipite dès son arrivée : « Vous direz à votre patron qui me traite de gros connard que connard, je veux bien, mais gros, avec tous les efforts que je fais pour maigrir, cela va trop loin. » Le ton est donné. Il est vrai que les « compliments » du Président ont fuité dans la presse... « Les insultes ? Je n'ai pas cette conception de la relation entre les hommes », confie Copé.

---

1. C'est en tout cas ce que me rapporte Maxime Leforestier à l'époque. François Lamy, le conseiller de la première secrétaire, qui a assisté à l'entretien téléphonique, dément formellement la moindre activité lacrymale.

En fait, il n'y a qu'un débat. C'est celui sur la « double peine » : l'internaute qui voit son abonnement suspendu doit-il continuer à le payer ? Accoyer, très remonté, considère que cette double peine n'est pas envisageable. Copé le suit dans cette analyse. Les sénateurs commencent à s'inquiéter. Albanel intervient et rappelle ses arguments sur le sujet : la plupart des abonnés disposent d'une offre « triple play », ils paient pour trois services (télévision, téléphone et Internet). Si on leur coupe l'Internet, il sera très compliqué d'isoler une partie de l'abonnement pour en extraire le prix de la part « Internet ». Son deuxième argument est plus tactique : dispenser les contrevenants suspendus de payer leur facture revient à pénaliser les FAI. Pourquoi ces derniers devraient-ils perdre de l'argent en raison d'une faute commise par leurs abonnés ? Albanel songe surtout que leur collaboration est indispensable à la mise en œuvre de la loi. Xavier Niel n'est déjà pas très chaud. Mais si, en plus, il doit subir un manque à gagner...

L'intervention d'Albanel rallume les braises. Accoyer, très rouge, s'emporte. Il a été remonté par Lionel Tardy, le député UMP anti-Hadopi, dont il a promu la carrière. Doucement, à sa manière, Albanel ne lâche pas. Fillon vole à son secours. Lui non plus ne comprend pas pourquoi les FAI seraient pénalisés. Finalement, Copé rompt : « C'est nous qui avons fait la connerie, alors on assume et on va tenir. On garde la double peine. De toute façon, ce n'est plus un débat technique mais politique avec les socialistes qui veulent notre peau. C'est la guerre ! », lâche-t-il, martial. Il mobilise. Tout le monde repart.

Le débat reprend à l'Assemblée pour dix séances entre le 29 avril et le 12 mai. Les opposants ont de nouveau déposé 214 amendements. Bloche et Paul en signent 70. Les dissidents de l'UMP, Tardy et Suguenot, n'ont pas désarmé : 35 amendements, tous rejetés sauf 2 purement rédactionnels.

Les discussions sont rudes. Albanel est interrompue tous les trois mots. On lui reproche de ne jamais avoir été élue, on l'enjoint de retourner à Versailles [1]... Bloche s'amuse à rappeler que l'UMP a

---

[1]. Elle fut la présidente de l'établissement public du château de Versailles de 2003 à 2007, avant d'être nommée ministre de la Culture.

« piraté » une chanson lors de l'un de ses meetings et va devoir débourser 32 500 euros de dommages aux auteurs « au lieu de l'euro symbolique si généreusement proposé par l'UMP ».

Les affrontements sont plus violents entre Copé et les socialistes. On s'étripe notamment sur le fait que deux députés socialistes ont introduit des mini-caméras pour filmer les travaux de la commission des lois, acte contraire au règlement.

Tout est pénible. Jusqu'à la fin du débat, marquée par un incident qui va faire la une des journaux et remuer la blogosphère. Le mercredi 7 mai, la veille de la fin du débat à l'Assemblée, le communiste Jean-Pierre Brard dépose un rappel au règlement pour évoquer un article de presse très embarrassant pour Christine Albanel : l'affaire du salarié licencié de TF1 s'invite dans le débat Hadopi. Le ministère de la Culture tangue... Albanel est au bout du rouleau. Du caviar pour la tartine des socialistes !

Chapitre 6

Un scandale final

Le mercredi 7 mai 2009, vers 20 heures, je reçois d'une source l'information selon laquelle un salarié de TF1 a été licencié en raison d'un mail privé, adressé à sa députée, Françoise de Panafieu, et dans lequel il priait l'élue UMP de voter contre la loi Hadopi. Ce mail aurait été transféré à la direction de TF1 en passant par le ministère de la Culture.

Un « Bourreau » guillotiné

J'appelle aussitôt le ministère concerné pour vérifier. Mathieu Gallet, l'un des collaborateurs de la ministre, est mal à l'aise. Son nom circule. Il pourrait être l'auteur du reroutage... Il me rappelle, très inquiet et me jure qu'il n'y est pour rien. D'ailleurs, il vient d'être appelé par *Libération* qui a visiblement eu le même tuyau. C'est la panique !

Le collaborateur licencié se nomme Jérôme Bourreau-Guggenheim. À trente et un ans, il est le responsable du pôle web de TF1. Ce n'est donc pas un béotien en matière d'Internet. Je laisse un message sur le portable de son hiérarque direct, Arnaud Bosom, directeur des activités Internet de TF1. Il ne me rappelle pas.

Comme il est tard et que nous n'avons pas tous les éléments, nous attendons le lendemain pour publier les détails. Entretemps, la lettre de licenciement dudit Bourreau arrive sur mon bureau. Le plus fou est que TF1, dans cette lettre de la direction des ressources humaines, mentionne clairement l'origine du mail litigieux : « Cette correspondance nous est parvenue via le cabinet du ministre de la Culture qui l'a adressée le jour même à la société TF1 », écrit une certaine Caroline Dupecher, DRH du pôle web. Inconscience totale ? Mystère.

Les faits, qui remontent à la surface début mai, datent du 19 février. Durant sa pause déjeuner, Jérôme Bourreau-Guggenheim adresse, via sa propre messagerie (et donc, sans utiliser son adresse profesionnelle @tf1.fr), ce courriel vindicatif à Françoise de Panafieu, élue du XVIIe arrondissement de Paris et pour laquelle Bourreau affirme déposer son bulletin dans l'urne. Il se fonde sur ses connaissances professionnelles de responsable Internet chez TF1 pour dézinguer le projet de loi Hadopi. Panafieu s'adosse au cabinet d'Albanel afin qu'il lui fournisse un argumentaire en réponse. En fin de journée, Christophe Tardieu, harassé, reçoit ce mail et, sans trop réfléchir, le fait suivre à Jean-Michel Counillon, secrétaire général de TF1, le lobbyiste en chef, sur le mode : « Vous avez des salariés qui, manifestement, aiment tirer contre leur camp. » Counillon répond laconiquement : « Je m'en occupe. » Le directeur de cabinet d'Albanel est loin de se douter que TF1 va procéder au licenciement pour faute grave de Jérôme Bourreau-Guggenheim. Tout au plus imagine-t-il que le cadre va se voir rappeler à un devoir de réserve, fort discutable d'ailleurs.

Non, TF1 va chausser ses gros sabots. Arnaud Bosom a plusieurs discussions avec l'impétrant, lequel reste attaché à ses convictions qui sont aussi celles d'un professionnel aguerri. Il n'y renonce pas et refuse de rentrer dans le rang. Pour TF1, c'est l'impasse. La Une se croit obligée de frapper fort contre cet importun qui, selon ses termes grandiloquents, se met en travers de la « stratégie industrielle du groupe ». Jamais Jérôme Bourreau-Guggenheim n'a prétendu que le piratage devait être la règle. Simplement, à ses yeux, la loi Hadopi est inepte.

Rien n'arrête la machine TF1. Nonce Paolini, le PDG, n'est à aucun moment informé de l'incident. On écrase en silence un tâcheron dans un recoin de la Tour TF1, ce n'est pas de son niveau. Sauf quand l'affaire débarque dans les journaux... Pas question de désavouer la direction des ressources humaines. En effet, Dominique Rousseau, le DRH, fait partie de la garde rapprochée avec laquelle Paolini a pris les rênes du groupe en mai 2007. L'avocat de Jérôme Bourreau-Guggenheim saisit la HALDE [1] au motif que ce licenciement pour faute grave a tout l'air d'une « discrimination pour des raisons politiques ». L'affaire fait scandale, y compris auprès des 3 000 salariés, secoués depuis des mois par les contre-performances de la chaîne. Le représentant de la CFTC, Marcel Caron, un vieux de la vieille qui n'a pas sa langue dans sa poche, se fend d'un communiqué où il « s'inquiète pour les libertés individuelles ». En vérité, même au sein de la hiérarchie de TF1, l'affaire provoque des remous. Laurent Solly, le patron de TF1 Digital, est catastrophé par ce licenciement contre nature. Mais rien ne filtre et Paolini impose à tous le silence derrière sa voix officielle.

En outre, l'affaire éclate après une histoire de mœurs qui avait déjà terni l'image de TF1 vis-à-vis du ministère de la Culture. En effet, un an plus tôt, à la mi-avril 2008, *Le Point* révélait que le patron de TF1 International, Patrick Binet, avait été mis en examen pour homicide involontaire [2]. À la suite d'une partie, un de ses convives avait trouvé la mort par surdose médicamenteuse pour avoir absorbé une drogue, le GHB. Il se trouve que le défunt travaillait au ministère de la Culture en tant que chef du bureau du cabinet. Les deux affaires n'avaient strictement rien à voir.

Évidemment, à l'Assemblée, le scandale Bourreau-Guggenheim tombe à pic pour la gauche : on réprime par l'intrusion dans ses mails un opposant à la loi Hadopi. Ça promet !

---

1. Patrick Binet a été renvoyé devant le tribunal pour homicide involontaire. La date du procès n'est pas encore fixée. Les parents de la victime ont retiré leur constitution de partie civile.
2. HALDE : la Haute autorité de lutte contre les discriminations et pour l'Égalité.

« Ce mercredi, alors que je viens de découvrir l'affaire, j'appelle Christine Albanel à 9 heures du matin, raconte Nonce Paolini, le PDG de TF1. Je dis à la ministre : Votre gars [Tardieu] a fait son boulot. Il n'a rien à se reprocher et il ne nous a jamais demandé la tête de notre salarié. »

Le chahut atteint son paroxysme dans l'hémicycle. « Démission ! », lui hurle l'opposition. Albanel s'explique : « À ma connaissance, rien n'a été transmis. Et d'autre part, je n'ai jamais demandé la tête de quiconque, bien entendu. » Christophe Tardieu présente immédiatement sa démission à Albanel. Elle refuse. Sous la pression médiatique et politique, quelques jours plus tard, il est suspendu de ses fonctions durant un mois. « Cette sanction n'était pas justifiée », estime Paolini qui n'émet, quant à lui, pas le moindre signe de regrets. M6 décide alors de jouer un coup : le dimanche soir (11 mai), Nicolas de Tavernost m'appelle : « Dites donc, ce Jérôme Bourreau-Guggenheim, il m'a l'air très bien, ce garçon. Vous avez ses coordonnées ? Il aura peut-être besoin de retrouver du travail. »

TF1 tentera en vain de se faire entendre dans les médias. Un débat est organisé le 15 mai par France 3, dans l'émission « Comme un vendredi », animée par Samuel Étienne. Jean-Claude Dassier, le patron de l'info de TF1, ne parvient pas à décrocher la présence d'un membre de la Une. Olivier Metzner, l'avocat de la chaîne, n'est pas non plus *persona grata* dans les locaux de France 3. Les téléspectateurs de la Trois n'entendront donc qu'une version : celle de Jérôme Bourreau-Guggenheim.

Le 12 mai, le texte Hadopi est enfin adopté. Albanel peut souffler, mais pas longtemps.

La censure

Très vite, Albanel reçoit des informations en provenance du Conseil constitutionnel. Les nouvelles ne sont pas bonnes. Marc Guillaume, le secrétaire général du Conseil, a lancé une grande croisade contre le texte. Les conseillers ne connaissent pas le sujet et vont suivre Guillaume, reconnu comme un brillant juriste. On parle aussi de l'influence de Guy Canivet, ancien premier président de la

Cour de cassation, désormais membre du Conseil constitutionnel. Les différentes auditions montrent que les services du Conseil sont très hostiles à l'Hadopi. La pierre d'achoppement porte sur – devinez quoi ? – l'autorité qui doit prononcer la suspension de l'abonnement. Une fois de plus, le juge, que Matignon a écarté du dispositif répressif lors des travaux préparatoires, revient comme un boomerang ! La chancellerie ne voulait pas impliquer ses magistrats dans le projet de loi...

Obéissant à l'arbitrage de Matignon, Olivier Henrard et les petites mains du Conseil d'État avaient fait machine arrière et tricoté un dispositif de telle sorte que la Haute autorité pour la diffusion des œuvres et la protection des droits sur Internet (Hadopi) offre à peu près les mêmes garanties qu'une juridiction : respect du contradictoire, présence d'un avocat, possibilité d'appel, composition de l'Hadopi avec des magistrats issus du Conseil d'État et de la Cour de cassation. Du reste, le Conseil d'État, lui, n'avait rien trouvé à redire à ce texte d'un point de vue constitutionnel lors de son examen préalablement à la discussion parlementaire.

Le 10 juin, la décision du Conseil constitutionnel tombe et censure le dispositif de sanction. La décision « Guillaume » va encore plus loin : elle précise que l'accès à Internet est un droit fondamental issu de la liberté d'expression. Et qu'en conséquence, la décision de couper l'abonnement ne peut être prononcée que par un juge et non par une autorité administrative [1]. C'est le pire des camouflets pour Albanel et Sarkozy.

La gauche exulte ! Et avec elle, Xavier Niel, le fondateur de Free, qui estime avoir été floué lors des accords de l'Élysée. Chacun y va de sa pique. Pour Patrick Bloche, « c'est Nicolas Sarkozy qui est censuré ». Christian Paul prévient : « Replâtrer Hadopi, ce serait persister dans l'erreur. » Jean-Marc Ayrault : « Il ne reste plus rien du texte. » Rue de Valois, François-David Cravenne, le *spin doctor* de la ministre, s'essaie à une formule pour tenter de faire bonne figure : « 90 % du texte a été validé », répétera Albanel, sans conviction. Le texte n'a plus que les jambes, sa tête a été guillotinée.

---

[1]. La commission des sanctions de la Hadopi était constituée d'un juge de la Cour de cassation, d'un conseiller d'État et d'un membre de la Cour des comptes.

On se perd encore en conjectures sur les raisons du Conseil constitutionnel. Instruction de Jean-Louis Debré visant à contrarier Nicolas Sarkozy ? Possible. On voit néanmoins mal Chirac accepter de signer l'arrêt de mort de son ancienne plume, qu'il appelle encore affectueusement Kikinette. Volonté des sages du Palais-Royal qui ne comprennent pas grand-chose aux nouvelles technologies et qui décident de « faire djeun's » ? Haine de certains membres du Conseil vis-à-vis des autorités administratives indépendantes ? Prise de pouvoir des services juridiques et de Marc Guillaume ?

Peu importe, le résultat est là et il faut aller une troisième fois devant le Parlement. Quel chemin de croix ! Mais Albanel sait que son arrêt de mort est signé. Elle en est d'autant plus convaincue qu'un article du *Canard enchaîné* rapporte cette sentence susurrée par Carla : « Il n'y a pas de juristes chez Albanel ? » Sarkozy décide de se séparer de celle qu'il n'aime guère. Le coupable de cet échec : Matignon et son arbitrage anti-juge. François Fillon échappera cependant à tous les reproches.

Exit Albanel. C'est donc son successeur Frédéric Mitterrand, et Michèle Alliot-Marie, à la Justice, qui achèveront le travail au cours de l'été, après le remaniement ministériel. La ministre déchue subit un dernier outrage : contre tous les usages républicains, Frédéric Mitterrand n'attend pas le communiqué de l'Élysée, il annonce lui-même sur France 2 qu'il va la remplacer... Une maladresse dont il s'excusera platement.

Les accords de l'Élysée ont été signés en novembre 2007. Plus de deux ans se sont écoulés. Le texte n'est toujours pas entré en application, ses décrets sont en cours d'écriture. Et une dernière chose trouble Xavier Niel : « Les mesures techniques pour filtrer les messages vont coûter autour de 80 millions d'euros sur trois ans aux fournisseurs d'accès Internet. L'État, qui crée cette charge, va donc nous indemniser. Savez-vous quel est le budget inscrit dans la loi de finances pour mettre en œuvre l'Hadopi en 2010 ? 5,3 millions d'euros. Soit juste de quoi couvrir les frais de roulement de la nouvelle autorité... Tant que la somme couvrant nos frais ne sera pas inscrite au budget, nous ne bougerons pas le petit doigt. »

Le message est clair : quand Frédéric Mitterrand affirme que les premiers mails d'avertissement seront envoyés au printemps 2010, est-il certain de tenir sa promesse ? La loi Hadopi, Nicolas Sarkozy et Carla Bruni attendront bien encore un an, non ?

Enfin, trois chercheurs[1] on publié en mars 2010 une première évaluation des effets psychologiques de la loi sur les internautes. Leurs observations sont édifiantes : moins de 15 % des internautes adeptes du peer-to-peer ont définitivement abandonné cette forme de piratage depuis le vote de la loi. Cependant, deux tiers d'entre eux sont passés au *streaming* illégal, une pratique qui échappe au filet de l'Hadopi. La conclusion de l'étude est implacable : les pirates sont aussi les plus gros acheteurs de musique en ligne. Couper leur connexion Internet reviendrait à tuer le microbe et le patient. Le marché de la musique en ligne pourrait potentiellement chuter de 27 % : la loi Hadopi serait donc totalement néfaste pour les industries culturelles. Cocasse...

---

1. Sylvain Dejean, Thierry Pénard et Raphaël Suire, de l'université de Rennes 1.

ÉPILOGUE

Au mois de mai 2009, le mandat de Jean-Paul Cluzel à la tête de Radio France est arrivé à son terme. Ses résultats sont bons. Il n'a plus que trois ans à patienter avant de faire valoir ses droits à la retraite. Il tente en vain de défendre son bilan face à un Président qui ne l'écoute que d'une oreille distraite. Son sort est scellé. Nicolas Sarkozy a usé de son nouveau pouvoir pour hisser Jean-Luc Hees à la tête de Radio France. Un choix cruel pour Cluzel qui, en 2004, avait poussé Hees vers la sortie de France Inter... La vengeance de Hees, qui a dû réclamer ses indemnités aux Prud'hommes, se déguste froidement. L'ancien humoriste Philippe Val, un ami de Carla et fidèle compagnon de route de Hees, prend la direction de France Inter. Le chroniqueur Stéphane Guillon se déchaîne contre la Sarkozie et provoque ses patrons. Cette fois, Hees ne laisse plus rien passer et commence à rendre coup pour coup en recadrant Guillon dans la presse. Le patron de Radio France présente les « excuses du groupe » à Éric Besson, le ministre de l'Immigration, sérieusement égratigné sur son « physique de traître » par le virulent Guillon. Les syndicats se disent outrés par ce patron « le petit doigt sur la couture du pantalon ».

En vérité, Guillon ou pas, la moindre initiative de Jean-Luc Hees est aussitôt dénoncée par les syndicats comme étant téléguidée par le pouvoir. La paranoïa chronique de la Maison Ronde s'aggrave d'un coup. C'est la conséquence directe du hold-up de Nicolas Sarkozy sur la nomination des présidents de l'audiovisuel public.

Un peu plus loin, sur l'autre rive de la Seine, au sommet France Télévisions, Patrick de Carolis observe le petit manège de ses collaborateurs qui, voyant sa fin arriver, prennent des rendez-vous auprès des ministres réputés proches de Sarkozy. Certains vont taper à la porte d'Alain Minc, à qui l'on prête une influence sur le monarque élyséen. Carolis possède des mouches un peu partout. Il ne perd pas une miette du spectacle qui se déroule dans les alentours fatigués de son pouvoir.

Mais les derniers mois de sa présidence sont de nouveau parasités par la politique. Conséquence directe de la suppression de la publicité, Carolis a engagé un processus de privatisation de la régie publicitaire de France Télévisions. À l'origine, son plan relevait d'une intention louable : Carolis et l'État, co-décideurs, souhaitaient éviter le plan social qui menace les 280 salariés de la régie. D'où la vente à un tiers qui, lui, saurait développer un volume d'affaires suffisant pour maintenir un maximum d'emplois. Problème : la meilleure offre émane de Stéphane Courbit, un soutien officiel de Nicolas Sarkozy. L'intéressé est également conseillé par Alain Minc, lui même porteur de 3 % des parts d'une filiale de la holding de Courbit. Alain Minc, l'inspirateur de la suppression de la pub, serait ainsi l'un des bénéficiaires de la privatisation ? Voilà qui ferait tache. Aussitôt, le soupçon d'affairisme est brandi par les détracteurs de Minc, lequel se défend comme il peut : « Je possède, en effet, 3 % du capital de Financière LOV, mais ce n'est pas cette société qui porte l'offre de Stéphane Courbit. À mon initiative, Stéphane Courbit a formulé son offre via la société LOV group, qui lui appartient à 100 %. Je n'ai donc aucun intérêt patrimonial dans l'avenir de la régie publicitaire de France Télévisions. Du reste, de manière générale, tant que Nicolas Sarkozy sera au pouvoir, je ne prends aucun intérêt patrimonial dans des opérations liées à l'État français et je refuse d'avoir comme client des entreprises publiques. »

Carolis pressent que son blanc panache pourrait recevoir quelques éclaboussures. Il temporise. Mais la colère gronde : les salariés de la régie, désireux de quitter le giron public afin de percevoir 15 % des actions du nouvel ensemble privatisé, se débattent avec leur collègues de la maison-mère pour qui cette privatisation revient à « vendre les bijoux de famille ». Querelles intestines entre salariés, qui se doublent d'une empoignade entre les lieutenants de Carolis : Patrice Duhamel pourfend ce choix alors que Philippe Santini, le patron de la régie, acclame la venue de Courbit. Les deux hommes sont à couteaux tirés depuis des mois... Pour refuser l'offre de Courbit, Duhamel soulève une « incompatibilité déontologique ». En effet, cet homme d'affaires contrôle la société de production de Nagui, l'animateur dont les jeux sont situés aux cases horaires stratégiques (le midi et avant 20 heures) pour le tiroir-caisse publicitaire de France 2, la chaîne amirale. Selon Duhamel, Courbit pourrait ainsi user de sa position de régie pour actionner un levier intolérable sur la direction de la chaîne afin de favoriser ses productions. Il est bruyamment rejoint dans cette analyse par les syndicats de producteurs audiovisuels, vent debout contre leur concurrent Courbit... Ce dernier se sent bien seul parmi ses pairs et se défend d'avoir sollicité le moindre appui de l'Élysée. Il argumente sous la mitraille : « Objectivement, mon offre est-elle la meilleure ? Oui. Les salariés de la régie l'ont-ils approuvée ? Oui. Peut-on m'opposer un texte de loi ? Non. Alors, où est le problème ? » Stéphane Courbit réagit surtout à l'opposition de Duhamel : « Il prétend que je pourrais peser sur les choix de programmes du service public, c'est donc que la direction des programmes de France Télévisions serait corruptible... Cela en dit long sur le mépris que Duhamel affiche pour ces collaborateurs ! »

Pour compliquer le tout, Courbit n'a pas déposé cette offre seul. Son partenaire, Maurice Lévy, le patron de l'ogre Publicis, draine lui aussi son lot d'opposants, lesquels pointent une acquisition incompatible avec le droit de la concurrence... Misère.

Ficelé dans ce sac de nœuds, Carolis a cessé de gigoter. Il attend. Quoi ? Comme d'habitude, un coup de main de son fidèle allié : Jean-François Copé. Comme la cavalerie, le chef de file de l'UMP à l'Assemblée nationale sonne la charge le 6 avril, sur le site Internet du *Point* : « Je ne crois pas que la suppression de la publicité avant 20 heures soit nécessaire. L'intérêt par rapport au coût est trop faible. [...] Et il faudrait prévoir une compensation supplémentaire de 200 millions d'euros. Je ne vois pas comment l'État peut assumer une telle charge compte tenu de ce que sont ses finances. » Pour Copé, la messe est dite. Mais Nicolas Sarkozy ne s'en laisse pas compter si facilement. Selon son porte-parole, Franck Louvrier, la suppression totale de la publicité reste un objectif. Le milieu politique observe avec intérêt cette joute entre les deux ténors de la droite. Carolis, lui, ne sait plus sur quel pied danser.

Après la défaite cuisante de l'UMP aux régionales, le chef de l'État est au plus bas dans les sondages. L'été approche. Et avec les beaux jours, le moment est venu d'examiner qui pourrait succéder à Patrick de Carolis. Sarkozy n'est plus en état de faire avaler des couleuvres à son camp. C'en est fini des « nominations d'ouverture ». Carolis sait qu'il ira au terme de son mandat, en août 2010. Une victoire décisive devant le TGI de Paris, le 30 mars, a garanti le maintien de la date butoir du 7 juin 2010 pour faire signer aux syndicats la nouvelle convention collective de l'audiovisuel public. Un timing qui l'arrange. Il va ainsi pouvoir terminer son quinquennat par cette cerise sur le gâteau : la « modernisation » totale des conditions de travail dans l'entreprise. Les syndicats, eux, parlent de « démolition de 25 ans d'acquis sociaux ».

Sarkozy consulte. Rodolphe Belmer, le brillant patron de Canal +, a été reçu. Pour une fois, le Président s'est tu et à écouté la démonstration du professionnel de la télé payante. Séduit, Nicolas Sarkozy. Cependant, Belmer n'est pas candidat. Il sait trop à quel point le président de la République peut se montrer « casse bonbon » pour réclamer tel ou tel menu service : recaser untel, retransmettre tel opéra, inviter plus souvent untel... Il arrive que Duhamel et Belmer se parlent si bien que le patron de la chaîne cryptée sait à quoi s'en tenir. Ainsi de ce concert dans une église à Venise (à la Toussaint 2009) que Nicolas Sarkozy tenait absolument voir retransmis sur France Télévisions. Pourquoi celui-ci en particulier ? En fait, il s'agissait d'un hommage au père de Carla Bruni, un industriel, musicien à ses heures perdues. Duhamel fit la sourde oreille. Même la Rai n'avait déplacé aucun moyen technique, c'est dire si Duhamel n'allait pas s'empresser d'engager l'argent de la redevance pour faire plaisir au couple présidentiel.

Carolis n'attend rien du président. Pas un parachute doré. Rien. C'est sa force. Il veut pouvoir « rester libre » de dire ce qu'il veut après France Télévisions. Un livre ? Possible. « Je suis relativement jeune, j'ai encore envie de faire mon métier », explique-t-il. Un retour à la télé, donc.

En tout cas, le Tout-Paris ne parle que de sa succession. On avance jusqu'à s'en saouler les mêmes sempiternels candidats de l'ombre : Emmanuel Hoog, le patron de l'INA, Rémy Pflimlin, le patron des Nouvelles Messageries de la presse parisienne, Alexandre Bompard, le jeune patron d'Europe 1, Denis Olivennes, le patron du *Nouvel Obs*, la productrice Simone Harari... Avec les ides de Mars, la dernière mode était aux jupons : la documentariste Yamina Benguigui, Véronique Cayla, la directrice générale du CNC, et même Anne Lauvergeon, présidente d'Areva. L'usine à rumeurs tourne à plein régime dans les colonnes de la presse. Certains se sont amusés à recenser les noms distillés çà et là dans les journaux : près de 30 patronymes en l'espace de quelques mois. Presque autant que les boules du loto ! Camille Pascal en a même fait un jeu de société au sein de la petite équipe qui entoure Carolis : « Celui d'entre nous qui avance un nom pas encore sorti dans la presse marque un point quand l'article qui le mentionne paraît. Et deux points si la suggestion a fait rire plus de trois personnes. » À ce petit jeu, Aurélie Ferton, l'attachée de presse la plus proche de Carolis, a longtemps possédé une longueur d'avance sur les autres joueurs...

On s'amuse comme on peut sur le paquebot France télévisions pendant que, à Bruxelles, le commissaire européen Neelie Kroes affûte ses couteaux contre la taxe Sarkozy sur les télécoms...

Moins Nicolas Sarkozy sera haut dans les sondages, plus sa majorité sera indisciplinée. Le chef de l'État ne l'ignore pas. Le choix du successeur de Carolis sera un vrai test politique. Ses conseillers, Henri Guaino, Catherine Pégard, lui murmurent qu'une simple reconduction de l'actuel PDG serait la meilleure solution politique. Et bien sûr, ça l'énerve, ça l'énerve... Un nouveau pouvoir et il ne l'utiliserait pas ? Comment résister à cette tentation quand on s'appelle Nicolas Sarkozy et que l'on n'a pas cessé de jouer la « surprise du chef » ?

Durant le week-end des 10 et 11 avril, on croit enfin toucher au but. Des fuites en provenance de l'Élysée annoncent que le Président a arrêté son choix : ce serait Alexandre Bompard. L'homme est à la fois proche de Fillon et claque la bise au Président.

Alain Minc, qui couve ce jeune poulain depuis quelques années, s'est copieusement répandu au cours du week-end : le conseiller du Président a trop parlé. La colère du chef de l'État est à la hauteur de la clameur médiatique. Déjà certains médias pointent du doigt le rôle joué par Minc, à la fois conseiller de Stéphane Courbit, de Nicolas Sarkozy et proche de Bompard... Tout cela au moment où l'avenir de la régie publicitaire est en jeu. Voilà qui fait désordre. Furieux, Nicolas Sarkozy organise en urgence une réunion de crise au cours de laquelle il passe un savon mémorable à ses troupes et suspend pour un temps la nomination. À la suite de cette réunion, dimanche 11 avril, l'Élysée publie un communiqué indiquant qu'« aucune décision n'a été prise ». Le nouveau pouvoir de désignation du Président est une source inépuisable d'ennuis. Un « hold-up » sans cagoule où les coups de feu sont dirigés contre lui.

TABLE

Introduction 7

I / SARKOZY, LE TÉLÉCRATE

1. Les secrets d'un casting	13
2. Le tango de l'été	30
3. Plus de culture, donc plus de pub	34
4. La deuxième offensive	42
5. Carolis à la Cour	47
6. Le big bang de la pub	55
7. Le « concours Lépine » de la taxe	63
8. La « grosse Commission »	72
9. La surprise du chef	84
10. « Faux, stupide et injuste »	96
11. Les petits déjeuners du jeudi	107
12. Le couperet de la loi	116
13. Un Vietnam parlementaire	123
14. Quelques « petits arrangements »	132
15. Le palais de la monnaie	142
16. Copé, toujours vivant !	155
17. Il faut sauver le soldat TF1	160
18. Neuf « Sages » en folie	178

II / OPÉRATION COMMANDO POUR CHRISTINE OCKRENT

1. L'hydre à trois têtes	193
2. Un trublion chez les diplomates	201
3. Kouchner joue « To be or not to be »	210
4. Le coup de Jarnac de TV5 Monde	220
5. Attention, terrain miné	228

III / HADOPI : SARKOZY FACE AUX JEUNES PIRATES

1. Un paysage calciné	237
2. Les roublardises d'Olivennes	246
3. Le Sénat à la vitesse du TGV	256
4. De guerre lasse	266
5. Le coup du rideau	273
6. Un scandale final	286

Épilogue 293

www.ingramcontent.com/pod-product-compliance
Lightning Source LLC
Chambersburg PA
CBHW050135240426
43673CB00043B/1679